朱伟珏 主编

同济大学社会学系 主办

城市社会学评论

URBAN SOCIOLOGICAL REVIEW 1

第一辑

社会科学文献出版社
SOCIAL SCIENCES ACADEMIC PRESS (CHINA)

罗　　兰（法国国家科研中心社会学研究员、里昂高等师范学院教授）

周　　俭（同济大学建筑与城市规划学院教授）

郑时龄（同济大学建筑与城市规划学院教授、中国科学院院士）

莎伦·佐金（美国纽约市立大学布鲁克林学院与研究生中心社会学教授）

唐子来（同济大学建筑与城市规划学院教授）

《城市社会学评论·第一辑》
编辑委员会

发刊词

　　喜闻《城市社会学评论》（第一辑）出版，我由衷地祝贺同济大学社会学系和城市与社会研究中心在理性发展与学术活力这两方面所取得的新进展。本刊不仅包括同济大学的社会学学者们自己的理论概念和实证成果，还包括了日本和美国的著名社会学家，如莎伦·佐金和约翰·罗根等学者的现场演讲实录，这种结合是推动同济城市社会学事业发展的明智途径。同济大学拥有一流的建筑与城市规划学院，是发展广泛的跨学科城市研究的最佳阵地之一。为了充分利用此优势并在有利环境的基础上寻求突破，同济大学社会学系通过出版本刊，将社会学的研究方法融入同济内外更广阔的城市研究学术格局中。此外，同济城市社会学形成了一个小而关键的群体，他们是年轻的、未来可期的社会学学者，他们有着互补的方法论方向和数据来源。这些学者把他们的文章集中在本刊中，传达了一个明确的信息：他们的共同兴趣是进一步合作，比如城市更新和社会分层的结合，使城市研究融入更长远的学科发展规划。

　　本刊的内容反映了在中国发展城市社会学的双重挑战和机遇，尤其是在上海这座城市。一方面是同济大学城市社会学在中国城市研究不断拓展的领域中寻找并占据一个有利位置；另一方面，则是建立和维系着中国，尤其是同济大学城市社会学和西方城市社会学的理论、分析传统及进展之间的双赢关系。同济大学城市社会学和本刊都还十分年轻，未来他们面对的是一个长期的挑战。然而，他们的结合提供了一个很好的契机来迎接挑战，并能够将其转变为具有战略意义的相对优势。基于上海，同济大学社会学和本刊有能力且正在利用这个伟大的城市建立和发展新的城市社会学项目，并反映在本刊上。与20世纪初的芝加哥，20世纪70年代至80年代的洛杉矶和过去几十年的纽约相似，上海在过去二十五年间经历了深刻的城市转型，成为丰富多彩的社会学研究的沃土。各种城市现象和问题，如全球城市建设、移民融入、文化复兴、遗产保护、城市管理和区域一体化等都是绝佳的研究议题。这为同济大学城市社会学的成长和本刊的产生提供了可能，而这个平台所集结的研究成果也进一步揭示了上海及其他中国城市正在经历的变化。此外，在同济成长起来的城市社会学上海学派和跨学科城市研究机构也有助于丰富从全球及比较的视野理解城市动态的洞见。

作为致力于帮助克服上述挑战及迎接机遇的学术委员会的一员，我很高兴看到以社会学视野为特色的《城市社会学评论》的及时出版。我对此表示祝贺，也非常乐观地看到，同济大学社会学学者和其他城市学者所做出的有趣又十分重要的实践。上海城市研究将继续发展壮大，并走向国际，这一光明的前景将不断地通过本刊及其他学术成果的出版而显现。

美国三一学院都市与全球研究中心主任　陈向明教授

2017 年 10 月

Foreword for the Special Issue
of TUSR

To mark the publication of the Urban Sociological Review, I am very pleased to compliment this significant new development associated with the intellectual growth and vitality of the Sociology Department and the Center for the Study of City and Society at Tongji University. This special issue not only features the conceptual and empirical works by Tongji's own sociologists but also includes a variety of translated articles by renowned international sociologists in Japan and the United States like Sharon Zukin and John Logan. This combination represents a sensible approach to advancing the enterprise of urban sociology at Tongji. With a top-ranked College of Architecture and Urban Planning, Tongji University is best positioned to develop a broad interdisciplinary field of urban studies. Taking advantage of but moving beyond this favorable environment, Tongji's Sociology Department, through the publication of this special issue, will put the sociological approach to the study of cities on the academic landscape at Tongji and beyond. Moreover, Tongji's urban sociology has formed a small critical cluster of junior but upcoming sociologists who share complementary methodological orientations and data sources. By pulling their articles together in this special issue, these scholars send a clear message about their collective interest in collaborating further, for example the interaction between urban regeneration and social stratification to make urban studies more integral to the Sociology Department at Tongji University.

The content of this special issue reflects the dual challenge and opportunity for developing urban sociology in China, especially in Shanghai. One side of the challenge is to for urban sociology at Tongji to identify and occupy a niche in the ever expanding field of Chinese urban studies. The other side of the challenge is to forge and nourish a mutually productive relationship between urban sociology in China, Tongji in particular and the theoretical and analytical traditions and advances of urban sociology in Western contexts. This is a long-term challenge as urban sociology at Tongji and this journal are quite young. Yet their coupling presents a great opportunity for taking on this challenge and turning it into a strategic comparative advantage. Based on Shanghai, Tongji sociology and its new journal can and is using this great city to generate and develop new urban sociological projects as reflected in this special issue. Similar to Chicago in early 20th century, Los Angeles in the 1970s – 80s, and New York over the past few decades, Shanghai, with its profound transformation over the last quarter century, has become a fertile ground for rich and diverse sociological inquiries into varied urban phenomena and problems such as global city making, migrants' incorporation, cultural renaissance, heritage preservation, city management, and regional integration. They allow urban sociology at Tongji and this new journal to become a new platform for producing and disseminating research findings revealing urban change that is distinctively Shanghai and broadly China. Moreover, this growing body of Shanghai-based sociological and interdisciplinary urban research at Tongji can contribute insights that will enrich a global and comparative understanding of urban dynamics.

As someone on the editorial board of this journal who is positioned to help bridge the above challenge and opportunity, I am very pleased to see the timely publication of this special issue of Urban Sociological Reviewon urban studies featuring the work of mostly sociologists. With my congratulations in order, I am also very optimistic that urban studies through the interesting and important work of Tongji's sociologists and other urbanists will continue to grow and internationalize. I am confident that this bright prospect will be reflected from time to time through the pages of this journal and other academic outlets.

(Xiangming Chen, Director of Urban and Global Studies, Trinity College, Connecticut, Oct., 2017)

卷首语

　　中国的现代化进程已经持续了一百多年。在这一个多世纪的时间里，现代化在不同历史阶段呈现截然不同的方式。改革开放以来的30多年，中国的现代化很大程度上可以概括为城市化。在此期间，城市得到了极大发展，城市化率由1980年的19.4%上升到2015年的56.1%。进入21世纪之后，现代化和城市化步伐进一步加快，出现了超大规模的城市和城市群。当前，中国社会正处于由城市化带来的深刻转变中，如何理解与把握这一时代变化，成为社会学的重要课题。

　　从本质上讲，社会学是一门专门研究现代性的学科。19世纪初，随着西方工业化和现代化的进一步推进，社会发生了根本性改变。这些转变不仅体现在社会结构和人的组织形式的改变上，而且反映在日常生活世界的方方面面，尤其是因时空结构和秩序变化产生的影响上。当时，各种冲突和矛盾不断爆发，社会内部出现了严重撕裂。为了应对各种新的社会现象和问题，部分社会思想家开始寻求制度内部的社会变革。社会学便在这样的背景之下应运而生。

　　作为现代性的主要特征之一，城市研究贯穿于社会学的各个历史时期。早期社会学家们十分关注城市空间结构变化带来的影响。马克思、韦伯、涂尔干和齐美尔等人虽然并未预料到此后世界范围内城市化的惊人发展，却都从各自的角度对城市问题进行了探讨。马克思和恩格斯既将城市看作资本积累的空间投射，也将其看作社会进步力量发展最为充分的空间。韦伯指出西方文明本质上乃是一种城市文明，城市不仅为塑造现代世界的多元要素提供了极为重要的物理空间，其本身也作为多元要素之一参与建构了各种文明形态。涂尔干将城市研究置于社会分工论视野之下，认为城市对于打破传统的道德纽带，发展有利于社会分工的某种社会联系方式，即"有机团结"至关重要。但与此同时，他也十分关注现代城市中反传统道德力量的反常发展，并开创了城市社会问题研究的先河。齐美尔重点考察了大都市个人心理品质与精神体验。他认为在货币经济迅速发展的现代化背景下，个体的心理发生了巨大的嬗变，而作为货币经济根据地的现代都市也对个体的性格和心理基础产生了巨大影响。一方面，都市生活提供了个人自由与发展自我意志的机会，另一方面，个人也因此变得孤独和冷漠。

城市社会学确立于 20 世纪初叶。当时，欧美各国纷纷进入城市化高速发展阶段，人们的社会生活和行为方式随之发生了根本性改变。与此同时，城市化也带来了各种"都市问题"，如贫困、社会动荡、拥挤、失业、丧失家园等。当时的欧美社会学基本围绕着城市发展动力与城市化冲击而展开。这其中，最具代表性的是芝加哥社会学派。芝加哥学派是一个以分析城市化现象、解决具体的城市问题而形成的学术团体。芝加哥学派代表人物罗伯特·帕克（Robert Park）在 1915 年发表了著名的《城市》一文。在此文中，他提出城市"是一个实验室或诊所，在其中，人类本性和社会过程可以被有效地进行研究"的主张，确立了城市社会学的学科地位。

中国早期的现代化与城市化发展同样始于 19 世纪下半叶，与欧美各国主要由工业化导致的城市化不同，早期中国的城市化主要由贸易和商业所推动，上海、广东、天津等近代城市都是重要的贸易港口。由于受世界列强的侵略以及军阀割据的困扰，城市发展并不均衡，而日本的对华侵略战争直接打断了中国城市化进程。真正意义上的城市化，则开始于改革开放以后。这 30 多年来，中国的城市化几乎走完了欧美发达国家用一百多年时间走过的历程。今天，上海、北京、深圳已经发展成可以和纽约、东京、伦敦比肩的全球性大都市。

城市化极大地推动了中国社会和经济的发展，改善了普通民众的生活。然而当前，中国的城市化道路面临着巨大的机遇与挑战。城市发展的进一步动力何在？如何理解与把握城市化带来的新课题并积极应对各种"都市问题"，成为社会学家与城市规划与研究者的紧要任务。《城市社会学评论》的创刊正是为了回应这一时代要求。本刊旨在展示中外社会学家和城市问题研究者的最新成果。这些成果将从城市社会学角度，把握正处于重大历史转换期的现代中国社会，并对即将到来的新时代作出具有开拓性的展望。

朱伟珏

于上海寓所

2017. 10. 3

目 录
CONTENTS

大师论坛

城市研究

我们需要怎样的居住空间

——社会资本理论视野下的城市社区空间研究

朱伟珏　范　文[*]

摘　要： 本文借助同济大学社会学系 2014 年实施的"上海市社区综合调研"数据，从"信任"、"互惠"、"社会网络"三个维度测量社区空间的开放程度与社区社会资本存量之间的关联，并从社区层面发掘社会资本的主要影响因素。研究发现，保持居住地稳定性和开放的社区空间有利于社区社会资本的积累。在封闭式社区（主要指新建商品房）中，住户的社会网络无法有效转化成邻里间的互惠意愿和行为，加剧了社区的碎片化和社会分异。在大规模城市建设告一段落的情况下，本文的研究为将来不增加额外投入提升社区凝聚力和生活品质提供有益的参考。

关键词： 社会资本　社区空间　封闭式社区　社区规划　共同体

一　问题与背景

（一）问题的提出

居民住房的拆除和重建是近 20 多年来我国城市建设的重心，全国各地大量的单位公房、老式平房、里弄、城中村等住区类型被清一色的新建商品房取代，从硬件设施上改善了中国人的居住环境。然而，城市改建的热潮也留

---

* 朱伟珏，同济大学政治与国际关系学院社会学系主任，教授；范文，上海财经大学人文学院经济社会学系讲师。

下了值得关注的问题，绝大部分新建商品房都是"封闭式"小区，用围墙将社区隔离，社区内部也用门禁、监控、防盗门窗架起一道道防线，不仅新建小区如此，很多老式住宅也被封闭起来，"从1991到2000年，上海83%的居住小区均以某种方式被封闭起来。同期中我国广东省封闭了54000个小区，覆盖70%以上城乡面积及80%以上人口"（缪朴，2004：46）。值得深思的是，虽然封闭式社区的规划模式起源于20世纪六七十年代的美国，并在随后的十年间逐渐出现在世界各地，但目前国内封闭小区的规模之大和普及程度之高，从全球范围来看也绝无仅有。

将住宅围起来在我国有着一定的文化根基，我国古代的住宅主要以家庭、家族以及宗族为单元聚拢在一起，围成院落，现在遗存的有北京四合院、福建土楼、徽派古民居等。不过传统住宅的"围"规模小，围墙之内主要居住着同一家族的成员，而现代城市中的封闭式社区与大型街区结合，形成"超级封闭社区"（徐苗、杨震，2010），将成百上千的陌生住户围在一处，出入口设有门亭，严格限制外来人员的进入。从外观上看似乎封闭式社区和我国传统住宅都有"围"的特征，但封闭式社区给住户的日常社交、生活体验、归属感、社区凝聚力乃至社会结构都带来了诸多不良影响，如加剧社会排斥、降低社区活力、分割公共设施、阻碍日常生活功能等（邓锋，2011；缪朴，2004）。本文借助罗伯特·帕特南（Robert D. Putnam）的社会资本理论，和2014年同济大学社会学系主持的"上海市社区综合调研"数据，从社会学角度系统分析社区的物理空间结构对社区生活造成的影响。

现有的一些研究表明封闭式小区一定程度上阻碍了邻里间的日常交往，降低了社区认同，减少了居民间的互惠行为，导致社会资本流失严重。而社会资本的下降又会造成社区安全性降低、贫富差距加剧、自然和人文环境遭破坏、社区抵御外界危害的能力降低、人际关系冷漠、公共事务参与度下降等负面效应（陈福平、黎熙元，2008；黎熙元、陈福平，2008；方亚琴、夏建中，2014；罗伯特·帕特南，2011）。

实际上社会团结的弱化不仅发生在社区，也不仅是由社区空间格局的改变造成的，从更宏观的视野来看，这是现代化带来的必然结果。早期社会学家西美尔（Georg Simmel）、罗伯特·帕克（Robert Park）都描述过大城市人际关系的冷漠（齐奥尔特·西美尔，2001：186～199；帕克，1987），重建社区共同体被认为是平衡现代社会个体化趋势的一剂良药（安东尼·吉登斯，2000：82~83）。原本社区概念就是指人与人关系紧密的共同体，如果仅仅是一块陌生人的聚居地就不能称其为社区，只能称为"社会"了。美国社会学家帕特南于20世纪末将社会资本理论引入社区和公民共同体问题的研究中，将抽象的社区共同体概念转化为能被观测的具体指标，从而将如何重建社区的理论探讨转化为一个具有可操作性的问题——如何提升社区的社会资本。

在社会资本理论框架下，本文以上海市的6种主要住区类型（新建商品房、公房、新式里弄、老式里弄、动迁安置房、经济适用房）为研究对象，系统分析社区空间的开放程度对社区社会资本的影响，并进一步从社区层面分析社会资本的其他影响因素。在大规模城市建设告一段落的情况下，为将来不增加额外投入提升社区凝聚力和社区生活品质提供有益的参考。

（二）理论背景

1. 社区概念谱系

与其说"社区"是一个确定的概念，不如说它是一个处于两种极端状态之间的概念范畴。谱系的一端是一个纯粹的空间概念，一个互不相关的陌生人的聚居地；谱系的另一端是居民高度一致、联系紧密的共同体。在迈向现代性的过程中，共同体必然会面临一定程度的衰退，但这不等于社区可以不具备任何共同体的特性，事实上社区最初和共同体是同一个概念。中文的"社区"、"共同体"和英文中的"community"都译自同一个德文概念"Gemeinschaft"，滕尼斯用"Gemeinschaft"指基于亲密关系和共同意志结成的生活有机体，用目前国内公认的说法就是共同体，在滕尼斯看来村庄是共同体的典型形态。与共同体相对立的概念是"社会"（Gesellschaft），滕尼斯认为当城市发展到一定规模时就几乎丧失了共同体的特征，成为一个"社会"，因此"社会"是现代性和工业化的伴生物。大城市中的个体是松散分离的，"在这里，人人为己，人人都处于同一切其他人的紧张状态之中。他们的活动和权力的领域相互之间有着严格的界限，任何人都抗拒着他人的触动和进入，触动和进入立即被视为敌意"（滕尼斯，1999：95）。

在工业社会的早期阶段，滕尼斯就预见了人类从"共同体"走向"社会"不可逆转的趋势，并试图通过对二者差异的分析，寻找新的人与人的联结方式，在新的联结方式下人们可以获得类似于共同体的归属感。如何重建新的社会团结也成为后来社会学界探讨的焦点。

美国学者查尔斯·罗密斯（Loomis）于 20 世纪 20 年代首次将"Gemeinschaft"翻译成"community"。此后，早期芝加哥学派的代表人物帕克又将"community"作为一个独立的概念进行了界定，指生活在同一区域内、相互依赖的有组织的群体（Robert Park，1936），也就更接近于我们通常所说的"社区"。可以看出，当社区被当作一个独立概念提出时，就已经与"共同体"相分离，维系社区最重要的因素是共同的地理空间，而不是滕尼斯认为的"一致性"（如共同的风俗、信仰、生活方式等）。随着大都市的发展和共同体的衰落，社区概念还应不应该保留共同体的属性曾引发了一场争论。以路易斯·沃思（Louis Wirth）为代表的学者认为，城市的本质是异质性的，城市的发展将消解社区中人与人之间的紧密联系，从而带来共同体的消失，社区仅仅是一个空间上的概念（参见 Louis Wirth，1938）。赫伯特·甘斯（Gans）、斯塔塞（Stacey）、桑德斯（Sanders）等学者则坚持认为社区中的邻里互动仍然大量存在，并没有因为城市化而消失，共同体的特质和归属感仍然是社区的主要特征（Gans，1962；Stacey，1969；Sanders，1975）。区域性占主导还是共同情感占主导的分歧，使得社区的定义非常庞杂，乔治·希拉里（George A. Hillery）就曾梳理出不少于 94 种社区的定义（George A. Hillery，1955）。

费孝通先生是国内社区研究的先驱者之一，1933 年费孝通等燕京大学的青年学生将滕尼斯的"community"翻译为"社区"，表明社区的两个含义，社群性（也就是共同体性质）和地域性，生活在同一个区域并且共享同一种生活方式、风俗习惯和价值观念是"社区"的核心内容。费孝通早期的田野调查以乡村为蓝本，随着研究视野从农村转向城市，他对社区的理解也发生了变化，受政治体制和社会环境影响，社区成为一个有中国特色的基层行政管理组织（费孝通，2001，2002），并且由于城市中住户的异质性和社区问题的复杂性，"居委会的工作所涉及的面可以包含一个小社会"（费孝通，2001：52），换句话说每一个社区都像一个社会，不能再用共同体概念对其进行理解和分析，社会资本概念更适用于现代意义上的社区。

2. 社会资本与社区重建

帕特南于 20 世纪末系统地运用社会资本理论研究了意大利和美国的社区，较大程度上解决了社区研究的两个困境。一方面终结了社区概念的分歧，社区应在多大程度上具备共同体的特征问题被搁置起来，社会资本概念将居民的社会交往转化为可感知、可测量的"社会事实"；另一方面，相比于难以达成共识的"共同体"概念，社会资本可以更明确地界定和测量，社会资本由信任、互惠（或规范）、社会网络三个要素构成。已有大量的研究表明社会资本的提升能带来积极效应，有助于提升社区的健康、安全、教育、经济福利、职业发展、政治参与水平，和居民的生活质量（Sara. Ferlander，2007；Kraig Beyerlein & John R. Hipp，2005；孙立平，2001），甚至被认为是一种自下而上地改善社区贫困问题的有效方式（Michael Woolcock，1998；Susan Saegert，2001）。

相比而言，共同体带来的未必都是益处，鲍曼指出，共同体成立的前提就是内部的一致性和外部的异质性，而为了维持内部的一致性就不得不时刻排除异己，造成人际关系的紧张（齐格蒙特·鲍曼，2003）。在人类历史上尝试建立社区共同体却最终失败的案例并不鲜见，如苏联、一些东欧国家曾经建立的集体农庄，虽然这些都不是滕尼斯意义上的共同体，但也能间接佐证强制建立共同体可能造成居民的隐私得不到尊重，以及"人盯人"的紧张关系。与此不同的是，社会资本概念强调的是某些特定因素在社区中的存量，如信任、互惠性和自愿加入的社会网络。这与滕尼斯意义上的共同体有着很大不同，并不刻意保持社区成员的一致性，反而提倡多样性，人际关系也更为松散。尽管也有学者质疑社会资本高可能造成内外有别，对社区外部群体的淡漠和排斥（Butler & Robson，2001；Halpern，2005），不过帕特南用数据证明社会资本高的地方社会融合度也更高。

将社会资本用于社区研究的另一个优势在于，它所遵照的是社会生活的自然规律，从而避免了一厢情愿的强制管理。因此社会资本理论迅速成为社区研究的主流思想，帕特南开辟了社区研究的新天地，也提供了迄今为止最具操作性的改善社区人文环境的途径。社会资本因其积极效应，和不需要大量资金投入就能保存和提升的特征，被作为一种重要的社会资源受到了学界的广泛关注。

随着我国房地产市场趋于饱和，在可预见的未来社区治理与建设的重心将从物质设施的建设转向社区无形资产的保护。提升社区社会资本是改善社区生活品质的有效途径，它关涉的是居民的感受、意愿和需求，如果不从这里出发，人们也许完成了一个城市的重建，却远离了慰藉心灵的"社区"。

二 研究维度与研究假设

(一) 理论框架与研究维度

本文基于帕特南的理论,从宏观的社区层面测量社会资本的保有量及其影响因素。社会资本主要指人与人之间的相互联系,"社会关系网络和由此产生的互利互惠和互相信赖的规范"(罗伯特·帕特南,2011:7)。需要强调的是,帕特南认为社会资本产生于集体,也隶属于集体,应该作为一种集体财富与资源使集体受益,不同于科尔曼(Coleman)等学者将社会资本视作个体层面考察对象的理论主张,对于二者的区别笔者已在另一篇论文中作出了详细论述,在此不再赘述(朱伟珏,2015:70~71)。社区层面社会资本的构成要素有多种说法,比如信任、互惠、社会网络、社区参与、合作、社会规范等,本文采用的是一种比较普遍的区分法,将信任、互惠(或规范)[①] 和社会网络作为社会资本的主要构成要素(Monica M. Whitham,2012;Seong Kyu Ha,2010)。其中,社会网络包括正式(民间团体、协会等组织)与非正式(家庭、邻居等)的网络;信任包含对周围人、机构、制度的信任;互惠性是一种互动的交往,既指帮助他人,也指获得他人的帮助。

(二) 研究假设

社区社会资本主要的影响因素来自两个层面,个体层面(如人口变量)和社区层面(如社区空间、居住稳定性等)。个体差异无法人为改变,而社区层面的客观特征可以通过社区规划、政策制定等措施改善,因此个体变量在本文的研究中仅作参照,重点关注社区因素对社会资本的影响。

目前上海有6种主要的住区类型:新建商品房、公房、新式里弄、老式里弄、动迁安置房、经济适用房,分别代表3种空间格局:(1)以新建商品房为主的封闭式社区空间,动迁安置房、经济适用房同属封闭式居住空间。(2)以公房为代表的半封闭式居住空间,它是介于新、老里弄和新建

[①] "互惠"和"规范"是相通的概念,互惠强调个体层面的互惠互利行为,规范指宏观层面的共识。因此,无论在概念上使用互惠还是规范,均可认为这是社会资本的同一个维度。

商品房之间的一种空间类型。公房的建造理念是从集体生活出发，由国家和单位统一进行资源分配和管理，90 年代以后，随着公房硬件环境的提升、"住宅户权制度改革"和住房商品化改革，公房中熟人化的集体居住模式也逐渐瓦解（杨上广、王春兰，2006；杨辰，2009；杨辰，2012），加上 90 年代"封闭式"社区模式的推广，一部分公房社区也建起了围墙和门禁（缪朴，2004），这些变化使公房在制度层面和空间格局上都越来越私密化、封闭化。不过，如若不是拆除重建，要彻底改变一个已经存在数十年的社区几乎是不可能的。同时，相比于新建商品房，局部改造后的社区仍然比新建商品房社区更具开放性，因此归为半封闭式空间类型。（3）以新式里弄和老式里弄为代表的开放式社区空间，这类社区要么没有围墙，要么围墙上有一个或多个无门禁的出入口，大部分住户都要共用厨房和卫浴设施。

自从我国启动大规模城市改造以来，新建商品房几乎都是清一色的封闭社区，这种社区类型在世界其他国家并没有受到追捧，正如国外的大学没有围墙一样，社区也很少构筑围墙，那么封闭式社区是否应该不假思索地在我国推广下去，我们究竟需要怎样的居住空间，这是本文想要探讨的。

除了空间因素外，居住稳定性也是影响社会资本积累的关键（C. B. Flora & J. L. Flora，1993），包括上海在内的国内绝大多数城市在近 20 年间都进行了大规模的拆建，破坏了原有的社区社会资本，同时，大城市的年轻人也广泛接受一种新的居住理念，事业起步时先暂居一处，等经济条件宽裕后再搬到条件更好的社区，这种搬迁模式丢失了长期积累下来的社区归属、社区记忆和人际网络。本文的研究也将分析居住时间对社区社会资本的影响，反思现代都市人的居住和搬迁模式。

本文主要借鉴从时空角度分析社区社会资本的相关文献，并在此基础上提出研究假设。黎熙元、陈福平分析了广州的三种社区类型，分别是"城中村"、"老城居民区"和"商品住宅区"，研究发现城中村居民的社区信任度比商品住宅区高得多。商品住宅区的居民与邻居仅限于相互认识，社区内的支持网络薄弱，城中村社区内部的支持网络最高。就社会网络来说，该研究发现从城中村、老城居民区到商品住宅区，居民的社会网络逐渐从社区内扩散到社区外，换句话说城中村居民社区内的社会网络较多，商品住宅区较低（黎熙元、陈福平，2008）。

谭日辉依据经济、文化背景的差异，将长沙的社区划分为"高端社区、中端社区、普通社区、移民社区、贫困社区"5 种空间类型。结果表明社会交往在社会空间层次较高（较富裕）的高档社区和中端社区中较多，随着社区空间层次的降低（尤其是经济实力的下降），居民社会交往的频率和积极性也降低。不过高端社区、中端社区、普通社区居民的社会交往主要在社区外，社区内的交往低于贫困社区居民，移民社区居民社交面较窄，集中在以前的同学、朋友和老乡。这和黎熙元、陈福平的研究结果有相似的地方，都体现出经济条件较好的商品房居民在社区内的社会交往较少，经济条件一般的老式社区居民在社区内的社会交往较多（谭日辉，2012）。

此外，杨青青、苏秦通过 2005 年"中国综合社会调查"（CGSS）的数据分析发现，居住时间越长，政治参与、熟人交往等行为也越多，可以说居住时间与互惠性和社会网络都有正向相关（杨青青、苏秦，2012）。韩国学者 Ha Seong - Kyu 在首尔的研究发现，具有 50 年租期的公租房小区的社会资本高于只有 5 年租期的公租房小区，房屋的所有权也会影响社会资本（Seong Kyu Ha, 2010）。

基于上述研究，本文得出以下研究假设：

假设 1：新建商品房居民的信任度较低，老式里弄、新式里弄居民信任度较高。

假设 2：新建商品房居民的互惠性较低，老式里弄、新式里弄居民互惠性较高。居住时间越长，互惠性越高。

假设 3：新建商品房居民社区内的社会网络较少，老式里弄、新式里弄居民社区内的社会网络较多。居住时间越长，社区内的社会网络越多。

三 数据、变量与统计模型

（一）数据描述

本文采用 2014 年"上海社区综合调研"数据，调查选取上海市 13 个不同层次、特点的居民社区为抽样对象，包括新建商品房、公房（单位房房改房、公租房）、新式里弄、老式里弄、动迁安置房和经济适用房，基本涵盖了上海市区几种主要的住区类型。上海现代意义上的住宅始于"石库门"住宅的兴起，以江南传统住宅为原型，吸纳西方住宅形态的特点，老式里弄就属于早期石库门建筑，社区是开放式的，房屋密度较大，住房的硬件设施较为普通，以上海本地居民为主，且居住时间较长。新式里弄是上海租界①时期遗留下来的一批高档居民住宅，比石库门建筑更接近欧洲民居风格，在那个年代就有现代化的卫浴和煤气设施，这是老式里弄不具备的，部分质量较高的新式里弄目前仍属于较为高档的住宅区。公房是一种制度特征鲜明的住区类型，是中国特色的"单位制"产物，从 20 世纪 90 年代后期开始，大量公房中的居民搬迁到了商品房小区。动迁安置房的住户以旧城改造的拆迁户为主；经济适用房是为收入较低、拥有本地户口的居民而建的。新建商品房现代化程度最高、制度化程度最低，居民构成最多元，流动性也最强，居民的收入水平也较高。以上几种住区类型分别代表三种主要的社区空间结构：封闭式社区（包括新建商品房、动迁安置房、经济适用房）；半封闭式社区（主要指公房）；开放式社区（包括新式里弄和老式里弄）。

"上海市社区综合调研"在这几类社区中，按照性别和年龄比例随机抽取 18 周岁以上的居民为调查对象，共获得有效样本 1040 人，剔除与本研究相关变量信息不全的样本，剩余有效样本 915 人，为本文的分析对象。

（二）变量

1. 因变量——社会资本

本文分别针对 3 个因变量进行测量，即①信任、②互惠、③社会网络。3 个指标的具体内容和分值参见表1。经过转换，信任、互惠和社会网络均为 0 - 2 分的三分类变量，将采用多项逻辑斯蒂回归（multinomial logistic regression）进行统计分析。关于社会资本各指标的描述性统计分析参见表2。

2. 自变量——住房及社区条件

基于上海市社区的实际情况，以及以往研究的关注点，本文选取住区类型（居住空间）、居住年份和居住面积作为自变量。住区类型包括新建商品房、公房（单位房房改房、公租房）、老式里弄、新式里弄、动迁安置房、经济适用房，居住年份体现的是居住地的稳定性，二者是本文重点分

---

① 上海的旧租界主要分成法租界和公共租界（英美租界），分布在上海市中心城区，以徐汇区、卢湾区（现已并入黄浦区）、静安区和虹口区为最多。

析的自变量。此外，居住面积也是住房条件的一个重要指标，在已有的研究中不受关注，我们将其作为一个待考察变量纳入模型。关于住房及社区条件各指标的描述性统计分析见表2。

表1 社会资本指标赋值

信任

　　1. 是否让小孩独自在小区玩耍

　　　　0 = 不会；1 = 会

　　2. 小区居民关系是和睦的

　　　　0 = 强烈不同意、不同意、中立；1 = 同意、强烈同意

信任总分值：0 = 程度低；1 = 程度中；2 = 程度高

互惠

　　1. 能否顺利从邻居借到扳手、螺丝刀

　　　　0 = 完全不可以、基本上可以；1 = 完全可以

　　2. 小区里大部分人都愿意互相帮助

　　　　0 = 强烈不同意、不同意、中立；1 = 同意、强烈同意

互惠总分值：0 = 程度低；1 = 程度中；2 = 程度高

社会网络

　　1. 是不是小区下列团体或组织的成员（社区党组织、社区协商议事委员会、志愿者组织、专业协会、社区工会、社区治安团队、业余兴趣组织）

　　（原题中的选项包括"业主委员会"，由于业主委员会在新式里弄和老式里弄中没有，因此将其删除）

　　　　0 = 没有参加任何组织；1 = 参加了1个及以上组织

　　2. 是否参加过小区组织的公共活动

　　　　0 = 从不参加、偶尔参加；1 = 有时参加、经常参加

社会网络总分值：0 = 程度低；1 = 程度中；2 = 程度高

3. 控制变量——社会人口变量

　　社会人口变量在本文的研究中仅作控制变量，包括年龄层、性别、教育程度、收入、居住人数，描述性统计分析见表2。

表2 回归模型中所用变量的操作化和描述性统计结果（$N = 915$）

分类变量			分类变量		
	样本数	百分比		样本数	百分比
性别			居住年份		
女	529	57.81	1 ~ 5 年	328	35.85
男	386	42.19	6 ~ 15 年	319	34.86

续表

分类变量	样本数	百分比	分类变量	样本数	百分比
16～30 年	158	17.27	动迁安置房	135	14.75
30 年以上	110	12.02	经济适用房	156	17.05
年龄层			信任		
29 岁及以下	101	11.04	程度低	191	20.87
30～39 岁	124	13.55	程度中	505	55.19
40～49 岁	84	9.18	程度高	219	23.93
50～59 岁	257	28.09	互惠		
60～69 岁	245	26.78	程度低	205	22.40
70～79 岁	76	8.31	程度中	378	41.31
80 岁及以上	28	3.06	程度高	332	36.28
教育程度			社会网络		
初中及以下	304	33.22	程度低	305	33.33
高中/中专/高职	306	33.44	程度中	231	25.25
大专及以上	305	33.33	程度高	379	41.42
住区类型			连续变量		
新建商品房	288	31.48		均值	标准差
公房（单位房改房、公租房）	148	16.17	个人收入（千元）	4.905	12.087
新式里弄	91	9.95	居住人数（人）	2.983	1.169
老式里弄	97	10.6	居住面积（m²）	75.23	38.912

（三）统计模型

社会资本的三个维度（信任、互惠、社会网络）都是三分类变量，因此采用多项逻辑斯蒂回归作为统计模型，基本形式是：

$$\log it \frac{\pi_i}{\pi_m} = \alpha_i + \beta_{i1} \chi_1 + \Lambda\Lambda + \beta_{ik} \chi_k$$

模型中 $\frac{\pi_i}{\pi_m}$ 表示因变量中第 i 个类别相对于参照类别 m 的发生概率，其中 $i = 1, 2, \cdots, m-1$，χ 为自变量，β 为回归系数，α 为截距。在具体分析中，本研究使用3组多项逻辑斯蒂模型（共6个模型），因变量分别为"信任"、

"互惠"和"社会网络"。

四 研究结果分析

（一）社会资本的分布特征

1. 不同住区类型的社会人口特征

首先描绘的是不同住区类型的社会人口特征，如图1所示，从居民的平均年龄来看，差别并不大，新式里弄、老式里弄的住户平均年龄最高，为57岁多，平均年龄最低的是公房（50岁）、新建商品房（近52岁）和经济适用房（近52岁）。相比之下，居民的平均居住年限有明显的差异，老式里弄和新式里弄平均居住年限高达近30年，年限最低的是经济适用房（约2年）和动迁安置房（约6年），新建商品房居民的平均居住年限达到近11年。

不同住区类型居民的收入水平差距巨大（见图2），新建商品房居民月均收入达到7722元，其他类型社区居民的收入水平在3200至4000元之间，新建商品房居民的收入是后者的近两倍，动迁安置房居民收入水平最低。

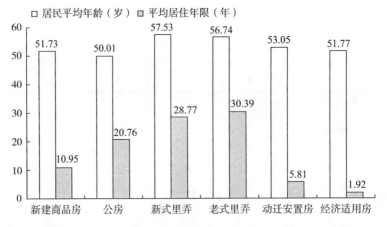

图1 居民平均年龄、平均居住年限在不同住区类型中的分布（$N = 915$）

数据来源：2014年"上海社区综合调研"。

教育程度在不同住区类型中的差异如图3，新建商品房住户的受教育水平最高，超过半数接受过"大专及以上"教育，新式里弄居民教育程度仅次于新建商品房，接受过"大专及以上"教育的比例达40%。老式里弄住

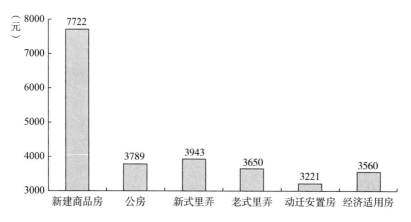

图2　平均收入水平住区类型分布（*N* = 915）

数据来源：2014年"上海社区综合调研"。

户受教育水平最低，接受过"大专及以上"教育的比例仅有不到10%。可以看出，无论是收入水平还是各教育程度，新建商品房居民都最高，尤其收入水平远超过其他社区的居民，老式里弄居民的收入和教育水平都处于劣势。

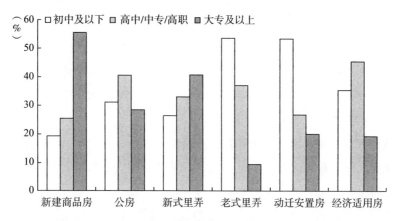

图3　不同住区类型居民受教育程度比例（*N* = 915）

数据来源：2014年"上海社区综合调研"。

2. 社会资本住区类型分布

不同类型的社会资本在不同住区中的分布情况见图4，为了能够更直观地呈现社会资本的整体情况，将社会资本三个维度的分值加总获得"社会资本"总量。如图所示，老式里弄的"互惠性"最高，"社会网络"最少；新建商品房的"互惠性"较低，"社会网络"较多。这些特征与假设2基本相符，与假设 3 截然相反。为什么老式里弄的社会网络最少，反而在新建商品房中较多，本文稍后进一步分析。

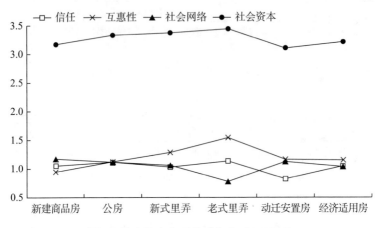

图 4　社会资本住区类型分布（N = 915）

数据来源：2014 年"上海社区综合调研"。

"信任"水平在老式里弄中最高，动迁安置房中最低，在其他住区类型中差异不大，部分验证了假设 1。从社会资本总量的分布情况来看，老式里弄社会资本量最高，动迁安置房的社会资本量最低，新建商品房和经济适用房也处于较低水平。结合前文内容，老式里弄平均居住年限最高，经济适用房、动迁安置房、新建商品房的平均居住年限较低。这也反映出居住稳定性能有效提升社会资本的积累。

最值得本文关注的是，尽管新建商品房居民的收入水平和教育程度占有绝对优势，但拥有的社会资本总量很低，并且封闭式社区的社会资本总量低于半封闭和开放式社区（见图 4、图 5）。较多的社会网络并没有为商品房居民带来切实的益处，邻里间的互惠性最低（见图 4），开放式社区（新、老里弄）居民的互惠性远高于封闭式和半封闭式社区（见图 5）。黎熙元、陈福平、谭日辉的研究证实了商品房或中高档社区居民在社区以外的社会网络比社区内的丰富，进而推断这一定程度上平衡了社区内社会网络的缺失，谭日辉认为这是一种优势，富裕社区的居民具有更广泛的社会交往，社交圈的扩大自然而然就能转化为较高的社会资本（黎熙元、陈福平，2008；谭日辉，2012）。同样，陈福平、黎熙元也只关注了单一指标——社会网络，这一定程度上表明他们认为社会网络最能代表社会资本（陈福平、黎熙元，2008）。然而，本文的研究至少在社区层面证实了社会网络仅仅是社会资本的一个维度，不能代表社会资本的全貌，也无法顺畅转化成邻里间的互惠意愿和行为，实际上相当一部分社会交往和陌生人之间的短暂接触没有本质区别。

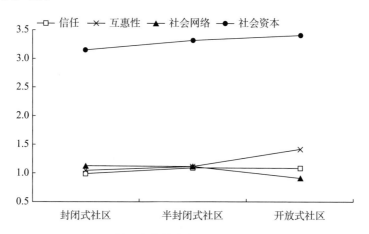

图5　社区资本居住空间分布（*N* = 915）
数据来源：2014 年"上海社区综合调研"。

接下来将细分不同社区居民社会网络的构成情况，"上海社区综合调查"涉及社区社会网络的问题都立足于社区之内，和黎熙元、陈福平、谭日辉的关注点不同，社区外的社会网络不在考察范围内，但仍然存在一些社区内外皆有的社会组织，如"志愿者组织"、"专业协会"和"业余兴趣组织"，其中新建商品房居民对"志愿者组织"和"业余兴趣组织"的参与率较高，老式里弄的居民则参与度较低（如图6）。如果不看"志愿者组织"和"业余兴趣组织"，商品房居民"社区党组织"的参与率也较高，但社区党组织是由政治身份带来的，并不能代表居民参与社会组织的真实意愿。

基于这些考虑，在图7中仅保留"社区协商议事委员会"、"社区工会"、"社区治安团队"3个明确属于社区内部的组织。由图7可见，并没有出现住区类型导致社区组织参与意愿一致偏高或一致偏低的统一倾向。就此可以得出基本的结论，其一，不同住区类型居民对社区组织的参与存在类型上的差异，如公房和经济适用房居民参与"社区治安团队"的程度更高，动迁安置房居民参与"社区工会"和"社区协商议事委员会"的程度更高。

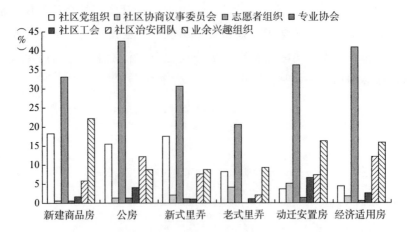

图 6　居民社会团体参与率在不同住区类型中的分布（全部）（$N=915$）
数据来源：2014 年"上海社区综合调研"。

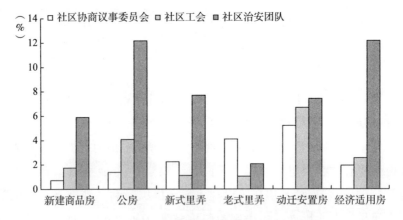

图 7　居民社会团体参与率在不同住区类型中的分布（筛选）（$N=915$）
数据来源：2014 年"上海社区综合调研"。

其二，新建商品房居民社区内的社会网络不占有优势，但也不低于一般水平；新、老里弄居民社区内的社会网络依然较少。其三，在所有住区类型中，社区内的社会网络整体都偏少，"社区协商议事委员会"、"社区工会"、"社区治安团队"三项在绝大多数社区中参与率不足 10%。

总而言之，居民对社区内的组织参与度普遍不高，不同住区类型之间整体上差异不大。综合社区内、外的所有社会网络来看，新建商品房较多，新、老里弄偏少。

（二）多因素综合影响分析

1. "信任"影响因素分析

按照多项逻辑斯蒂模型，各自变量与信任的关系可以表述为：

模型1：

$$logit \frac{\pi_i}{\pi_{\text{信任程度低}}} = \alpha_i + \beta_{i1}\chi_1 + \beta_{i2}\chi_2 + \cdots + \beta_{i5}\chi_5$$

模型1中因变量为"信任度中"、"信任度高"分别与"信任度低"的发生比对数，共有两个数学表达式，以模型1.1和1.2表示。数学公式中χ_1至χ_5为控制变量，分别是性别、年龄层、教育程度、收入、居住人数。从模型1的输出结果来看（表3），社会人口变量并不影响社区信任度。

模型2：

模型2在模型1的基础上加入了两个自变量，"居住年份"和"居住面积"。由于住区类型和居住年份之间存在多重共线性①，因此在模型3中将住区类型单独作为自变量②。

模型2并没有因为加入新的自变量而得到明显改善，卡方值（LR chi2）由模型1的29.61小幅提升到46.95，整个模型具备了较低的显著性。值得一提的是，与"信任程度低"的群体相比，居住16年以上的居民比少于5年的居民选择"信任程度中"和"信任程度高"的概率都更高（虽然没有体现出显著性）。

模型3：

模型3在模型1的基础上加入"住区类型"1个自变量，与模型2相比卡方值改善不大。与"信任程度低"的组别相比，老式里弄比新建商品房的居民选择"信任程度中"的概率显著提升1.14个log odds（对数发生比），动迁安置房居民选择"信任程度高"的概率比新建商品房居民显著低0.67个log odds。换言之，老式里弄居民的信任度高于新建商品房，动迁安

---

① VIF检验，住房年份的VIF取值范围为2.16～2.44，住区类型的VIF取值范围为1.73～2.54。

② 经VIF检验，住区类型不能和住房年份、住房面积放在同一个模型中，将其分开后，模型2中住房年份的VIF取值范围降至1.36～1.45；模型3中住区类型的取值范围降至1.19～1.45。

置房居民的信任度低于新建商品房。

总体来看，社区信任度并未受社会人口变量的影响，居住年份和住区类型对信任产生的影响也十分有限，因此上海市不同社区的社区信任的整体状况比较均衡，动迁安置房居民的信任水平最低，这一现象值得我们关注。

表3 "信任"影响因素发生比及显著性检验（$N = 915$）

自变量	模型 1		模型 2		模型 3	
	模型 1.1 信任程度中/信任程度低	模型 1.2 信任程度高/信任程度低	模型 2.1 信任程度中/信任程度低	模型 2.2 信任程度高/信任程度低	模型 3.1 信任程度中/信任程度低	模型 3.2 信任程度高/信任程度低
性别：男	0.75	0.9	0.75	0.9	0.74	0.89
年龄层：30~39 岁	1.18	1.11	1.27	1.17	1.23	1.19
40~49 岁	0.68	1.31	0.69	1.3	0.66	1.22
50~59 岁	0.88	0.89	0.83	0.86	0.88	0.87
60~69 岁	0.91	0.88	0.83	0.83	0.91	0.88
70~79 岁	1.04	0.75	0.92	0.7	1.05	0.73
80 岁及以上	2.26	1.41	1.93	1.22	2.07	1.23
教育程度：高中/中专/高职	0.85	1.34	0.82	1.34	0.84	1.22
大专及以上	0.81	1.45	0.79	1.45	0.82	1.33
个人收入（千元）	0.99	0.98	0.99	0.98	0.99	0.98
居住人数	0.97	0.93	0.99	0.95	1	0.95
居住年份：6~15 年			0.79	1.33		
16~30 年			1.68	1.74		
30 年以上			1.74	1.4		
居住面积（m²）			1	1		
住区类型：公房					1.27	1.23
新式里弄					1.1	0.91
老式里弄					2.14 *	1.82
动迁安置房					0.73	0.33 **
经济适用房					0.92	0.95
LR chi²	29.61		46.95 *		51.62 *	
degree of freedom	22		30		32	

注：* $p < 0.05$；** $p < 0.01$；

"年龄层"的参照组为"29岁及以下"，"教育程度"的参照组为"初中及以下"，"居住年份"的参照组为"1~5年"，"住区类型"的参照组为"新建商品房"。

2. "互惠"影响因素分析

模型1

从输出结果（见表4）可见，年龄和教育程度会影响互惠意愿，并且二者都是部分影响，非线性影响。与"互惠程度低"的群体相比，70～79岁居民选择"互惠程度高"的概率显著高于29岁及以下居民，教育程度为大专及以上的居民选择"互惠程度高"的概率比教育程度为初中及以下的居民显著降低。

模型2

在引入居住年份和居住面积两个自变量以后，整体模型的卡方值有了小幅的提升，年龄层的影响不再具有显著性，教育程度的影响不变。居住30年以上居民的互惠性显著高于居住5年及以下的居民。

模型3

在模型1的基础上加入住区类型，卡方值有了较大提升（112.82），模型的可靠性提升显著，说明住区类型（居住空间）比居住时间更能有效影响社会资本。与模型1相比，年龄和教育程度带来的影响基本不变，50～59岁居民的互惠性也显著高于29岁及以下的居民。在住区类型中，新式里弄和老式里弄的互惠程度显著高于新建商品房，并且老式里弄的互惠性最高，这与前文分析结果一致。

总体而言，除了年龄层和教育程度的影响外，居住时间和居住空间都会影响互惠性，且居住空间的影响程度更高。属于开放式社区的新、老里弄居民的互惠性显著高于其他住区类型。

表4 "互惠"影响因素发生比及显著性检验（N = 915）

自变量	模型1		模型2		模型3	
	模型1.1互惠程度中/互惠程度低	模型1.2互惠程度高/互惠程度低	模型2.1互惠程度中/互惠程度低	模型2.2互惠程度高/互惠程度低	模型3.1互惠程度中/互惠程度低	模型3.2互惠程度高/互惠程度低
性别：男	0.87	0.75	0.86	0.72	0.85	0.72
年龄层：30～39岁	1.16	1	1.17	1.07	1.14	1.09
40～49岁	0.98	1.01	0.94	0.99	0.98	1.05
50～59岁	1.12	1.96	1.07	1.82	1.14	2.05 *
60～69岁	1.71	1.99	1.55	1.73	1.77	2.04

续表

自变量	模型 1		模型 2		模型 3	
	模型 1.1 互惠程度中/互惠程度低	模型 1.2 互惠程度高/互惠程度低	模型 2.1 互惠程度中/互惠程度低	模型 2.2 互惠程度高/互惠程度低	模型 3.1 互惠程度中/互惠程度低	模型 3.2 互惠程度高/互惠程度低
70~79 岁	2.18	2.66*	1.95	2.39	2.33*	3.08*
80 岁及以上	1.04	1.02	0.84	0.75	1.07	0.94
教育程度：高中/中专/高职	1.28	0.9	1.26	0.88	1.38	0.98
大专及以上	0.84	0.41***	0.81	0.43**	0.98	0.54*
个人收入（千元）	0.99	0.99	0.99	0.99	0.99	1
居住人数	1.09	1.01	1.09	1.05	1.1	1.06
居住年份：6~15 年			1.1	0.91		
16~30 年			1.27	1.35		
30 年以上			1.91	2.5*		
居住面积（m²）			1	1		
住区类型：公房					1.11	1.51
新式里弄					0.8	2.48**
老式里弄					3.12*	8.81***
动迁安置房					1.23	1.59
经济适用房					0.95	1.44
LR chi²	69.47***		87.78***		112.82***	
degree of freedom	22		30		32	

注：* $p < 0.05$；** $p < 0.01$；*** $p < 0.001$。

"年龄层"的参照组为"29 岁及以下"，"教育程度"的参照组为"初中及以下"，"居住年份"的参照组为"1~5 年"，"住区类型"的参照组为"新建商品房"。

3. "社会网络"影响因素分析

模型 1

从表 5 可见，社会网络受到社会人口变量的影响高于信任和互惠，年龄、教育程度、收入都显著影响社会网络。与选择"网络程度低"的居民相比，年龄层在 30~39、50~59、60~69、70~79、80 岁及以上的居民比 29 岁及以下居民选择"网络程度高"的概率要高，且从数值上看，在 50~79 岁的年龄段，社会网络呈递增状态，80 岁以后出现明显回落（仍高于 29 岁及以下居民）。

　　年龄层带来的影响主要和人生阶段有关，29岁及以下居民的社会交往较单一，因此社会网络最少，此后随着工作的稳定和年龄的增长，逐渐参与到社区组织中，30～39岁阶段社会网络开始显著上升，这与养育孩子有密切的关系，40～49岁是人生最忙碌的阶段，没有太多的时间和精力参与社区组织，社区社会网络又出现了回落。50～79岁阶段有更多的时间，也更有意愿参与社区组织，因此这一阶段社会网络稳步提升，80岁及以上的居民受身体健康情况限制，社会网络出现明显下降。

　　此外，高中教育水平的居民社会网络显著高于"初中及以下"和"大专及以上"教育水平的居民。随着收入的升高，社会网络也会下降，不过收入影响不及年龄和教育程度强烈。可以看出，高收入和教育水平较高的居民并不愿意参与社区组织，甚至不愿与邻里来往，他们更有能力建立社区以外的社交圈，自主选择与志同道合的朋友来往。

　　模型2

　　引入居住年份和居住面积后，模型的可靠性小幅提升（卡方值上升到157.94），年龄、教育程度和收入的影响不变，居住6～15年、16～30年的居民社会网络更多，居住30年及以上居民的社会网络下降至较低水平。模型1的分析表明80岁及以上居民的社会网络出现明显下降，而居住在30年及以上的居民有相当一部分已经80岁以上，因此出现这种情况在情理之中。

　　模型3

　　模型3的卡方值最高（173.34），住区类型的引入显著提升了模型的可靠性。年龄层、教育程度和收入的影响不变。新式里弄、老式里弄、经济适用房居民的"社会网络"显著低于新建商品房，与前文图示分析相同。

　　结合三个模型的结果，除了年龄层、教育程度和收入的影响外，居住年份和住区类型（居住空间）是影响社会网络的重要因素。

表5　"社会网络"影响因素发生比及显著性检验（$N=915$）

自变量	模型1		模型2		模型3	
	模型1.1网络程度中/网络程度低	模型1.2网络程度高/网络程度低	模型2.1网络程度中/网络程度低	模型2.2网络程度高/网络程度低	模型3.1网络程度中/网络程度低	模型3.2网络程度高/网络程度低
性别：男	0.88	0.78	0.92	0.84	0.89	0.81

续表

自变量	模型 1		模型 2		模型 3	
	模型 1.1 网络程度中/网络程度低	模型 1.2 网络程度高/网络程度低	模型 2.1 网络程度中/网络程度低	模型 2.2 网络程度高/网络程度低	模型 3.1 网络程度中/网络程度低	模型 3.2 网络程度高/网络程度低
年龄层：30~39 岁	1.39	4.28 ***	1.41	4.23 ***	1.33	3.99 ***
40~49 岁	0.87	1.86	0.86	1.73	0.84	1.68
50~59 岁	1.1	6.48 ***	1.11	6.59 ***	1.13	6.68 ***
60~69 岁	1.34	8.98 ***	1.41	9.44 ***	1.37	8.99 ***
70~79 岁	1.78	14.85 ***	1.74	13.57 ***	1.7	12.55 ***
80 岁及以上	0.78	3.7 *	0.77	3.51 *	0.81	3.22 *
教育程度：高中/中专/高职	1.62 *	2.11 ***	1.62 *	2.12 ***	1.64 *	1.99 **
大专及以上	0.75	1.18	0.63	0.9	0.63	0.82
个人收入（千元）	0.99	0.97 *	0.99	0.96 *	0.99	0.96 *
居住人数	1.04	1.11	0.99	1.01	1.03	1.07
居住年份：6~15 年			1.48	1.55 *		
16~30 年			1.83 *	2.05 **		
30 年以上			0.89	0.88		
居住面积（m²）			1	1.01 ***		
住区类型：公房					1.25	0.64
新式里弄					0.8	0.5 *
老式里弄					0.39 **	0.19 ***
动迁安置房					1.16	0.58
经济适用房					0.42 **	0.4 ***
LR chi²	127.1 ***		157.94 ***		173.34 ***	
degree of freedom	22		30		32	

注：* $p<0.05$；** $p<0.01$；*** $p<0.001$
"年龄层"的参照组为"29 岁及以下"，"教育程度"的参照组为"初中及以下"，"居住年份"的参照组为"1~5 年"，"住区类型"的参照组为"新建商品房"。

五　结果与讨论

基于帕特南的社会资本理论和"上海社区综合调研"数据，本文呈现了社区社会资本的空间分布，并从社区层面分析了社会资本的主要影响因素。

　　首先，研究发现，居住时间与互惠、社会网络基本呈正相关，保证住地的稳定性能有效提升社区社会资本。缺少时间的累积，再多的互动也无法有效提升社区凝聚力，现代大都市的典型特征就是熟人互动减少，陌生人之间的短暂接触占据社会交往的绝大部分，这也是大都市人际关系冷漠的根源。霍利（Hawley Amos）、亨特（Albert Hunter）、萨普森（R. J. Sampson）等学者将持续性、稳定性作为社区存在的基础（Hawley Amos，1950；Hunter. Albert，1974；R. J. Sampson，1988），没有稳定的居住环境将不能称其为社区，只能称为住地而已。频繁的搬迁也许改善了物质生活条件，却失去了看不见的人际资源，这将直接关系到居住者的内心体验。

　　其次，社区的空间格局同样会影响社会资本的积累，在6种住区类型中，最值得关注的是新建商品房与新、老里弄之间的差异。商品房代表了封闭式社区空间，这在目前我国的城市中居于主流地位，新、老里弄是传统开放式社区的代表，本文的研究发现新、老里弄居民的互惠性高于其他住区类型，虽然老式里弄的社会网络较少，但这点劣势能够被足够高的互惠性抵消，其社会资本总量仍然高于其他住区类型。

　　用高墙隔离已经成为中国式现代社区的基本模式，而国外的社区绝大多数都是开放式的，实际上早在二战以后西方国家就开始探索社区空间规划方式，英国曾为了缓解住房短缺启动了"英国新城"（New Town）计划，第一代规划强调社区空间的分区与独立，造成了邻里间交流的减少和隔离，第二代规划便开始弱化社区边界，整合不同的区域，从而提升了居民交往的积极性。此后的90年代，西方国家普遍兴起了"新城市主义"的设计理念，将提升人际交往作为城市空间规划的目标（金峰、朱昌廉，2001；顾慧君，2010），遗憾的是西方国家在城市化过程中积累的经验和教训并没有体现在我国的城市居住空间规划中。

　　目前我国随处可见的商品房单方面强调封闭性和私密性，这种封闭空间的负面影响已经引起国内社区研究者的关注，他们从不同角度论证了封闭式社区造成的隔离效应。江立华、谷玉良（2013）在湖北的研究发现封闭程度较高的社区不利于农民工的社区融合；金峰、朱昌廉（2001）在回顾西方城市建设发展史的基础上，提出我国社区建设该如何平衡"独立性"（封闭性）和"开放性"的问题；杨力、邱灿红、康彬（2008）也从社会资本的角度，呼吁加强社区公共空间的建设。

　　并不是所有研究者都认为有必要打破物理空间的封闭，陈福平、黎熙元（2008）和方亚琴、夏建中（2014）都认为现代通信手段拓展了社区居民的交往空间，因此物理空间的限制显得不那么重要。谭日辉（2012）认为经济条件更好的中高档社区的居民拥有更广泛的社交圈，从而享有更好的社区生活。本文的研究也发现教育程度在大专及以上的居民和收入水平更高的居民参与社区组织的意愿较低，固然这部分群体更有条件建立广泛的社交圈，较高的教育程度也意味着更强的独处能力，并非所有人都需要在社区内建立人际交往。英国学者瑞·福里斯特（Ray Forrest）在一篇名为《谁来关注邻里》的文章中指出，相比于"属于中产阶层的单身职业人士"，邻里的作用对于老人、儿童、家庭工作者、失业者、病残人士来说更重要，尤其是对老年人，"邻里保留着发展友谊、提供社会支援等许多传统功能"（瑞·福里斯特，2008：139）。但从另一个角度来说，社区社会资本对所有居民都是有效的，富裕且文化水平更高的居民不会是例外，因为他们也会有孩子，有父母，也许有一天会突然失业，也许某一天会遭受疾病困扰，并且一定会老去。笔者在另一篇针对社会资本与老年人健康的实证分析中证实，社区社会资本与老年人的"主观健康感"、"心理健康"均存在显著相关性（朱伟珏，2015）。那么问题的关键不在于高档社区（新建商品房）居民是不是需要邻里间的交往和互惠，而是当他们有一天需要时，这些珍贵的人际资源无法像有形的财富那样招之即来。人与环境之间存在着互构关系，一方面为了独善其身而自愿与他人隔离，住进封闭社区，另一方面，封闭式社区又阻碍了邻里交往和互惠，反过来让孤立无援成为别无选择的现实。

　　本文在可观可感的物理范畴上使用空间概念，而非抽象意义上的"交往空间"或阶级分层意义上的"社会空间"。俗话说"远亲不如近邻"，可用脚丈量的有限空间对于居民的日常生活具有不可替代的作用，社区之外的社会网络对社区生活作用有限。高档社区（新建商品房）居民的社会网络无法转化成邻里间的互惠意愿和行为，并且，即便商品房居民社区之内的社会网络与新、老里弄居民处在同样的水准，邻里间的互惠性也远低于后者。模型分析验证了这种差异是由社区空间和居住稳定性带来的，其中空间格局的影响程度更强烈。可以想见互惠性才是社区生活温馨与否的关键，当遇到困难时周围的人都不愿伸出援手，那将只是个陌生人的聚集区。

　　如果不从社会资本的角度考量，围墙最主要的功能是保障社区安全，不过效果未必如愿。建筑设计师缪朴在一篇专门探讨封闭式小区问题及对策的文章中举了一些例证，如"北京西城区在 1997 年开始建封闭小区，但 1998 年在已封闭的小区中仍然发生了 228 起入室盗窃案，不少广为报道的盗窃凶杀案发生在封闭式小区中"（缪朴，2004：46）。他认为由人们的视线形成的"自然监视"是维持社区安全的关键，围墙令社区外围毫无生机，造成了视线的真空区，同时还阻挡了居民对附近街区的关注。失去了视线的防卫，在动辄十几公顷的社区仅靠门口的保安很难防范犯罪行为的发生。简·雅各布斯（Jane Jacobs）在其名著《美国大城市的死与生》中也专门分析过视觉秩序对城市空间的重要性，并认为不合理的"视觉隔断"会造成某些空间的衰败和灭亡（简·雅各布斯，2005：428 – 429），大规模的围合式社区在城市中造成的大量视觉盲区无疑会降低社区空间的活力，从而减少人际交往发生的概率，不利于社区的安全稳定。刘羽（2012）、黄怡（2006）等人的研究都指出熟人或邻里间的交往能够建立起无形的防卫机制。"上海社区综合调研"实施过程中，黄浦区一个新式里弄的社区居委会主任告诉笔者，该社区近几年犯罪率为 0，可以看到在开放式的熟人社区，即便没有围墙的保护仍然可以获得安全上的保障。封闭反而打破了社区的天然防线，围起了一群对邻里漠不关心的住户，他们将不再对彼此承担友爱互助的职责，一切都交由物业，一切又都交还给了孤立的住户。

围墙不仅可能降低社区的天然防范能力，还会加剧社区的碎片化、社会排斥和人群之间的隔离（李强、葛天任，2013；轩明飞、陈俊峰，2004；景晓芬、李世平，2011），反过来助长了社会的不安定因素，令社区的安全更得不到保障。实际上重重防范不仅不会阻挡盗贼的光顾，反而标榜着财富，吸引着不法之徒。本文证实了上海新建商品房居民的平均收入是其他社区的两倍，高收入人群经过房地产市场的筛选，集中在一处，难免成为窃贼垂涎的目标。

综上所述，过去数十年快速的城市建设实实在在地改善了城市人口的硬件居住环境，与此同时却破坏了必须依靠长期自发的社会交往才能积累的社会资本，加速了社区的衰落。建立围墙的本意是为了安全和促进社区内部的资源聚集，然而其防范作用也并不如人们想象的那么有效。有形物理空间的封闭导致了邻里间互惠意愿和行为的急剧下降，围墙之外加剧了社会分化和社会排斥，围墙之内亦不能有效促进社会资本的聚集，造成内部分散、外部孤立的现状，在居住方式上否定了社会的公平性和城市的包容性。目前看来，封闭式社区在我国快速的城镇化建设中还没有带来严重问题，但在未来数十年内，封闭社区埋下的隐患很可能会逐渐凸显。对此，本文试图从社会学角度提出改善建议，尽量保持居住地的稳定，同时在空间上拆除一些不必要的隔离，从而拆除邻里间的那道心墙。

补记：

本文构思于 2014 年，写作于 2016 年。在文章写作过程中，中国社区建设的政策背景发生了重大转变。中共中央、国务院于 2016 年 2 月 6 日发布《中共中央　国务院关于进一步加强城市规划建设管理工作的若干意见》（下文简称《意见》），这份文件明确提出"原则上不再建设封闭住宅小区"，"已建成的住宅小区和单位大院要逐步打开"。《意见》一经发布就引发了社会各界的广泛关注和讨论，赞成与反对意见尖锐对立，尤其是居住在城市封闭社区中的中产阶级更是担心围墙拆除后住区安全得不到保障、私有产权受到侵犯。

由于数据的限制，这些因政策调整而出现的新动向，在本论文中并未得到深入研究。围合式住宅空间在我国古已有之，然而大规模的封闭式社区仅仅是近 30 年的产物，尽管造成了城市空间的区隔，却受到中产阶级的欢迎，那么封闭式社区应不应该打开，如果打开该如何进行，打开的同时如何兼顾住户对安全和环境的需求，这些问题都有待进一步的研究。因此，本研究是从社会资本角度探讨社区空间的阶段性成果，从社区物理空间的角度探讨社区生活品质的问题还远未结束。笔者计划在此后的研究中，针对居住在封闭社区中的城市中产阶级对于拆除围墙的消极态度和利益诉求，以及非封闭式社区住户如何看待"社区围合"展开进一步实证考察，深入分析我国社区空间问题的复杂性并在此基础上提出具有可操作性的政策建议。

参考文献

R. E. 帕克、E. N. 伯吉斯、R. D. 麦肯齐，1987，《城市社会学》，宋俊岭等译，北京：华夏出版社。

安东尼·吉登斯，2000，《第三条道路：社会民主主义的复兴》，郑戈译，北京：北京大学出版社、生活·读书·新知三联书店。

陈福平、黎熙元，2008，《当代社区的两种空间：地域与社会网络》，《社会》第5期。

邓锋，2011，《我国封闭式小区与西方私有社区比较研究》，《城市问题》第11期。

方亚琴、夏建中，2014，《社区、居住空间与社会资本——社会空间视角下对社区社会资本的考察》，《学习与实践》第11期。

费孝通，2001，《中国现代化：对城市社区建设的再思考》，《江苏社会科学》第1期。

费孝通，2002，《对上海社区建设的一点思考——在"组织与体制：上海社区发展理论研讨会"上的讲话》，《社会学研究》第4期。

顾慧君，2010，《社区公共空间对于社区社会资本的影响——研究综述与理论解释》，《理论界》第9期。

黄怡，2006，《大都市核心区的社会空间隔离——以上海市静安区南京西路街道为例》，《城市规划学刊》第3期。

简·雅各布斯，2005，《美国大城市的死与生》，金衡山译，南京：译林出版社。

金峰、朱昌廉，2001，《空间与社会的整合——对中国城市社区规划建设中社会可持续发展的探讨》，《重庆建筑大学学报》（社科版）第1期。

江立华、谷玉良，2013，《居住空间类型与农民工的城市融合途径——基于空间视角的讨论》，《社会科学研究》第6期。

景晓芬、李世平，2011，《城市空间生产过程中的社会排斥》，《城市问题》第10期。

罗伯特·D.帕特南，2001，《使民主运转起来：现代意大利的公民传统》，王列、赖海榕译，南昌：江西人民出版社。

罗伯特·帕特南，2011，《独自打保龄：美国社区的衰落与复兴》，刘波等译，北京：北京大学出版社。

黎熙元、陈福平，2008，《社区论辩：转型期中国城市社区的形态转变》，《社会学研究》第2期。

刘羽，2012，《城市社区管理需要重构熟人社会》，《党政论坛》第10期。

李强、葛天任，2013，《社区的碎片化——Y市社区建设与城市社会治理的实证研究》，《学术界》第12期。

缪朴，2004，《城市生活的癌症——封闭式小区的问题及对策》，《时代建筑》第5期。

齐奥尔特·西美尔，2001，《时尚的哲学》，费勇等译，北京：文化艺术出版社。

齐格蒙特·鲍曼，2003，《共同体：在一个不确定的世界中寻找安全》，欧阳景根译，南京：江苏人民出版社。

瑞·福里斯特，2008，《谁来关注邻里》，《国际社会科学杂志》（中文版）第2期。

孙立平，2001，《社区、社会资本与社区发育》，《学海》第4期。

滕尼斯，1999，《共同体与社会——纯粹社会学的基本概念》，林荣远译，北京：商务印书馆。

谭日辉，2012，《社会空间特性对社会交往的影响——以长沙市为例》，《城市问题》第 2 期。

徐苗、杨震，2010，《超级街区 + 门禁社区：城市公共空间的死亡》，《建筑学报》第 3 期。

轩明飞、陈俊峰，2004，《城市空间社会结构变迁三论》，《社会》第 2 期。

杨青青、苏秦，2012，《我国社会资本形成的影响因素分析》，《华东经济管理》第 3 期。

杨上广、王春兰，2006，《上海城市居住空间分异的社会学研究》，《社会》第 6 期。

杨辰，2009，《日常生活空间的制度化——20 世纪 50 年代上海工人新村的空间分析框架》，《同济大学学报》（社会科学版）第 6 期。

杨辰，2012，《城市移民化社区中的居住流动——上海工人新村 N 的实地调查》，《国际城市规划》第 6 期。

杨力、邱灿红、康彬，2008，《基于社会资本视角下的城市社区空间规划研究》，《山西建筑》第 11 期。

朱伟珏，2015：《社会资本与老龄健康——基于上海市社区综合调查数据的实证研究》，《社会科学》第 5 期。

Beyerlein, Kraig & Hipp, John R. 2005, "Social Capital, Too Much of a Good Thing? American Religious Traditions and Community Crime." *Social Forces* 84 (2).

Bourdieu, P. 1986, "The Forms of Capital." In *The Handbook of Theory and Research for the Sociology of Education*. New York：Greenwood Press.

Butler, T. & Robson, G. 2001, "Social Capital, Gentrification and Neighbourhood Change in London：A comparison of Three South London Neighbourhoods." *Urban Studies* 38.

Coleman, S. 1988, "Social Capital in the Creation of Human Capital." *American Journal of Sociology* 94.

Ferlander, Sara. 2007, "The Importance of Different Forms of Social Capital for Health." *Acta Sociologica* 50 (2).

Flora, CB & Flora, JL. 1993, "Entrepreneurial Social Infrastructure：A Necessary Ingredient." *Annals of the American Academy of Political and Social Science* 529.

Gans, H. J. 1962, *The Urban Villagers*. New York：Free Press.

Halpern, D. 2005, *Social Capital*. Cambridge：Polity Press.

Hawley Amos. 1950, *Human Ecology：A Theory of Community Structure*. New York：The Roland Press.

Hillery, George A. 1955, "Definitions of Community：Areas of Agreement." *Rural Sociology* 20.

Hunter, Albert. 1974, *Symbolic Communities：The Persistence and Change of Chicago's Local Communities*. Chicago：University of Chicago Press.

Park, Robert. 1936, "Human Ecology." *American Journal of Sociology* 42.

Sampson, R. J. 1988, "Local Friendship Ties and Community Attachment in Mass Society：A Multilevel Systemic Model." *American Sociological Review* 53 (5).

Sanders, Irwin T. 1975, *The Community：An introduction to Social Systems* (3rd). New

York: Ronald Press Co.

Saegert Susan, J. Phillip Thompson & Warren, R. Warren. 2001, *Social Capital and Poor Communities*. New York: Russell Sage Foundation.

Stacey, M. 1969, "The Myth of Community Studies." *British Journal of Sociology* 20.

Seong Kyu Ha. 2010, "Housing, Social Capital and Community Development in Seoul." *Cities* 27 (1).

Whitham, Monica M. 2012, "Community Connections: Social Capital and Community Success." *Sociological Forum* 27 (2).

Wirth, Louis. 1938, "Urbanism as a Way of Life." *American Journal of Sociology* 44.

Woolcock, Michael. 1998, "Social Capital and Economic Development: Toward a Theoretical Synthesis and Policy Framework." *Theory and Society* 27 (2).

新媒体时代下日本都市形象的在华传播研究

——"自我言说"与"他人建构"

周　倩*

摘　要：近代以来，大众传媒的出现与发展几乎与都市化的进程相一致。现代都市不仅为大众传媒提供了生存与发展的环境，同时大众传媒也在促进都市的形成与发展中逐步成为其形象表现的重要部分。大众传媒不仅呈现着都市形象中客观属性，也建构着人们对都市形象的主观感受，甚至模糊了都市形象的客观属性与主观感受之间的界限。正是考虑到大众传媒与都市形象之间密不可分的关系，本文在对现有的都市形象研究、媒体形象研究、旅游目的地形象研究进行整理与架构的基础上，通过分析作为新媒体代表之一的微博内容，考察了在新媒体时代下日本都市形象的特征与表现，解析了日本都市形象在华传播的构造。同时，试图通过运用传播学的研究方法，架构都市研究与传播学这两个不同的研究领域，推动跨学科的融合，丰富与完善都市形象与媒体形象的研究范围，拓展传媒学与都市研究的视野。本文希望通过具体分析与考察日本都市形象在华传播的现状，为今后提升中国的都市形象、提高中国都市的国际影响力、开展高效率的都市形象营销提供某些实践上的启示。

关键词：日本都市形象　在华传播　新媒体　自我与他人

---

* 周倩，日本北海道大学国际传媒观光研究院副教授，主要研究方向：文化社会学、传媒学、消费研究、中日比较社会学。

一 都市形象的界定

所谓"都市",指的是一个城市的政治、经济、社会、文化等发展到一定阶段后形成的产物。现代的都市具有相当高的人口密度,不仅是人们的生活聚居地,也是建筑设施与居住环境的组合。它甚至可被看作一种载体或传播媒介,是一个国家的政治、经济、文化、科技、国民生活的展现舞台。所谓"形象",是指认知对象的具体形状和姿态在媒介中的再现,以及认知主体对认知对象的总体感知、看法与评价。

关于"都市形象"的界定,早在 20 世纪 60 年代美国学者凯文·林奇(Kevin Lyncy) 就提出了相关概念。根据林奇的说明,都市形象由路径、边界、节点、地区、标志这五个元素构成,都市形象的内涵包括环境意象和城市形态两个方面(Lyncy,1960)。林奇之后,各国学者对都市形象进行了多角度的界定,大致可概括为两类:一是从客观属性入手的定义,即从构成都市形象的各类物质基础,如建筑、空间、地形等方面进行界定;二是从主观性感受入手的定义,即从大众对都市形象的综合印象、看法、评价等角度进行界定。

在前人研究的基础上,本文将都市形象界定为一个都市在其政治、经济、文化等综合发展过程中所形成的物质与精神、自然与社会的整体风貌,及其内在历史底蕴与外在特征的综合表现,以及在这些要素影响下人们心目中形成的对该都市的相关印象、看法与总体评价。

由于人们对未曾生活过的都市形象的感知,在很大程度上受到大众传媒的影响。并且大众传媒的出现与发展几乎与都市化的进程相一致。现代都市为大众传媒提供了生存与发展的环境,而与此同时大众传媒也在促进都市的形成与发展中逐步成为其形象表现的重要组成部分。大众传媒不仅呈现着都市形象中客观属性,也建构着人们对都市形象的主观感受,甚至模糊了都市形象的客观属性与主观感受之间的界限①。正是考虑到大众传媒与都市形象之间密不可分的关系,本文决定从传媒研究(media studies)的

---

① 媒介所呈现的都市形象虽可被看作一种被建构的"拟态环境",但这种被建构的"拟态环境"与客观真实的都市本身之间,有着相互作用、难以分割的紧密关系。

角度来考察新媒体时代下日本都市形象的在华建构与传播。

二 相关文献综述

1. 都市形象研究

都市形象问题的研究建立在形象研究的基础上，而形象研究是 1890 年从欧洲发展起来的。法国的比较文学大师卡雷（Jean-Marie Carré）开创了"形象学"（Imagologie）的概念。此后，另一位形象学的创始人达尼埃尔－亨利·巴柔（Daniel-Henri Pageaux）在《比较文学概念》中曾写道："一切形象都源于对自我与他者，本土与异域关系的自觉意识中"（孟华主编，2001：202）。由此可见，欧洲学者将"形象"置于"自我"与"他者"的关系中来考察。这种思想为本文的都市形象研究提供了启示。而发源于欧洲的形象学也为之后的都市形象研究提供了理论基础。

1960 年，美国学者凯文·林奇提出都市形象的概念，开启了都市形象研究的先河。随后，加拿大学者简·雅各布斯（Jane Jacobs）在 1961 年出版的《美国大城市的死与生》一书中，提及了都市形象概念，并对美国的都市规划问题进行了探讨。此后的 30 年间，北美都市形象研究的重点都侧重于都市定位、景观、规划、设计、美学等领域。20 世纪 90 年代之后，都市形象研究开始了向空间营销学的转向，北美学者大多认为都市形象是都市规划与营销中不可缺少的要素。但至今为止，北美学界还未形成有关都市形象的系统性研究。

在日本，都市形象的研究始于 20 世纪 70 年代后半期。与欧美学者不同的是，日本学者多从文化研究与传媒学的角度对都市形象展开分析。例如：千田（1980）和内田（2004）在各自的研究中运用了记号学的方法；原田（1984）和三上（1997）又在各自的研究中以大众传媒为研究对象；伊藤（1994）和内田（2004）则分别采用了统计学的计量方法；籾山（2002）、铃木与吉川（2007）则从社会工学的领域出发，研究了大众传媒所呈现的都市形象。

在中国，都市形象的研究同北美的研究状况相似，首先开始都市形象研究的是从事都市规划和建筑美学研究的学者。但如果对中国现有的都市形象研究进行分类，又可大致分为以下四类：①建筑学、都市规划、环境美学类：这类研究从都市规划与环境美学的角度出发，认为决定都市形象的根本在于都市的规划、建筑的设计、环境的展现（闵学勤，2007；李兴国，2008）。②公共关系、营销学类：侧重于从公共关系、品牌营销理论上来探讨构建都市形象的方法与策略。他们认为都市形象是都市公关与都市营销工作的重点（范小军，2008；李怀亮等，2009）。③都市社会学类：代表性学者是张鸿雁，他在《都市形象与都市文化资本论》（2004）一书中，从比较社会学研究入手，探讨了都市形象与都市文化资本问题，从而剖析了都市形象的文化符号与象征意义。④传播学类：从传播学的角度出发，探讨了都市形象的建构与传播，以及都市形象与民意之间的互动（何国平，2010）。

总体而言，相比于日本，中国对于都市形象的研究基本上从都市规划、环境设计、都市营销与公关、文化资本等角度出发，忽略了都市形象的传播过程与媒介作用。近年来，传媒学者虽然已经意识到大众传媒在都市形象建构与传播中所发挥的重要作用，并试图通过分析电视、电影等传统媒体，来探寻大众传媒与都市形象之间的关系，但相较于都市规划、环境设计、都市营销与公关等研究，传播学类的都市形象研究起步较晚，具体涉及大众传媒对都市形象的建构与传播，以及都市形象媒体再现的研究还不多见。在国内各核心期刊上发表的、从传播学角度分析都市形象的论文数量也较少，更没有相应的专著问世。因此，本文希望能够从传媒学分析的角度，为传播学类的都市形象研究贡献微薄之力。

此外，无论是欧美，还是中日，有关都市形象的研究多局限于以一个国家内部的都市形象传播为研究对象，极少有研究涉及跨国传播；并且，现有的传播学类都市形象研究多以电影、电视、杂志等传统媒体为分析对象，而鲜有将网络等新媒体列入考察范围。因此，本文也希望通过分析新媒体时代下日本都市形象的在华传播，填补传播学类都市形象研究的一项空白。

2. 媒体形象研究

媒体形象是指人们对大众传媒所再现事物的整体认知。在如今这个大众传媒发达的时代，媒体是人们传播信息与沟通关系的重要渠道，也是都市形象建构与传播的重要载体。可以说，媒体对都市形象的建构与传播直接影响着人们对某个都市的印象与看法。

在传播学中，媒体形象研究的核心在于剖析"现实"、"媒介"、"认知结果"三者之间的关系。而由大众传媒所建构的媒体形象，又可被称为"拟态环境"。"拟态环境"是美国传播学家李普曼（Walter Lippmann）在《舆论学》（1922）一书中首次提出的，是研究媒体形象的基本概念。"拟态环境"最显著的特征，便是来源于"现实"，却与"现实"环境有偏差。在大众传媒发达的现代社会，存在着三种形态的"现实"：①不以人的意志为转移的"客观现实"，②经过媒体选择性加工后所呈现的"象征性现实"（即"拟态环境"），③存在于人们意识中的"对于外部世界的感知"（即"主观现实"）。在现代社会，人们在多数情况下是通过大众传媒所营造的"象征性现实（拟态环境）"，来理解并认识"客观现实"，从而形成"主观现实"。因此，通过研究媒体建构的作为"象征性现实（拟态环境）"的都市形象，便能从侧面考察出人们对某个都市的感知与印象。

从 20 世纪初媒体形象作为学术概念出现以来，传播学者大多以媒体所呈现的某一类群体或组织的形象作为其主要的研究对象（例如，对大学生、农民工、男性与女性等各类人群、不同种族的媒体形象展开的描述性分析）。相比之下，关注某一地区媒体形象的研究并不多见。因此，本文也希望通过分析新媒体时代下日本都市形象的在华传播，扩大媒体形象的研究范围。

3. 旅游目的地形象研究

旅游目的地形象研究一直是旅游学领域的重要研究课题。该研究的主要议题集中于旅游目的地形象的概念及其维度（Baloglu and McCleary，1999；白凯，2009；张宏梅，2004）、目的地形象的影响因素与作用（Beerli and Martin，2004；刘力，2013）、目的地形象的测量与评价（Soojin，2007；王龙，2012；饭岛、直井，2015 等）、目的地形象的营销与管理（Erican and Sevil，2000；马晓京，2006）、目的地形象的传播与效果（Beeton，2005；大久保、室町，2014；齐月，2014）多个方面。

由此可见，旅游目的地形象的研究领域很宽泛，研究成果也很丰富。这为本文的研究提供了不少可贵经验与启发。但是从文献检索的结果来看，关于旅游目的地形象的跨国研究也相对缺乏；因此，本文也希望从新媒体时代下日本都市形象的在华传播这一角度，丰富旅游目的地形象研究的视角。

三 研究目的与分析方法

1. 研究目的

本文的研究目的主要是通过分析作为新媒体代表之一的微博内容，考察在新媒体时代下日本都市形象的特征与表现，解析日本都市形象在华传播的构造。同时，试图通过运用传播学的研究方法，跨越都市研究与传播学这两个不同的研究领域，推动跨学科的融合，丰富与完善都市形象与媒体形象的研究范围，拓展传媒学与都市研究的视野。本文希望通过具体分析与考察日本都市形象在华传播的现状，为今后提升中国的都市形象、提高中国都市的国际影响力、开展高效率的都市形象营销提供某些实践上的参考。

2. 分析对象

本文的第一个分析对象是传播日本都市形象的微博。将微博作为第一个主要的分析对象，原因在于：作为新媒体代表之一的微博，具有短小精悍、传播快捷、抢鲜度高的特征，是中国目前大众传播的重要渠道，也是塑造媒体形象的重要手段。

日本国家形象在华传播的过程中，微博信息的影响超过了报刊、电影、电视等传统媒体，呈现出影响范围最广、传播速度最快的显著特征。微博一方面可以将有关日本的政治、经济、社会、文化的发展状况与日本国民的素质、精神面貌等通过都市形象的建构与传播，及时迅速地传递给普通中国人，增进中国人对日本的了解，及时有效地提高日本国家的美誉度。另一方面，微博也具有"扩音器"的功效，有关日本都市的各种信息只要经过微博的密集传播都会产生放大效应。

微博在当今中国的大众传媒中所显现出的这些优势，也引起了日本政府、地方行政与企业的高度重视。目前，日本官方相关的政府部门结合其职能，主动积极塑造并传播着日本都市形象，为提升其国家的整体形象，吸引中国游客，扩大中国市场而服务。

此外，微博的传播中也有一种人际传播的互动，兼具人际传播的力度与大众传播的广度。作为一个巨大的信息传播载体，不仅是政府官方，个人也都可通过微博来传播各种信息，并可以在微博上进行沟通与交流。个人在微博上的积极参与，也作用于日本都市形象的在华建构与传播。因此，从微博的交互性上来看，微博也为本文研究日本都市形象的在华传播提供了有效的资料。

除了微博信息以外，本章的第二个分析对象是《行乐》杂志及其微博与微信的内容。《行乐》是 2013 年由在日华人创办的日本旅游杂志，因此将《行乐》列入分析，可体现出日本都市形象在华传播中的"自他混合型"特征。从 2013 年到 2015 年短短两年间，《行乐》成为中国亚马逊杂志购买排行榜中的第 2 名，杂志销售量已经超过 20 万部，电子销售量则超过 30 万部①。由此可见，《行乐》对传播日本都市形象具有一定的影响力。同时，《行乐》的受众是中国的中产阶级以上人群②，而目前中国中产阶级以上人群大多生活在繁华都市里，所以《行乐》选择用自己的新锐态度、向这样一个群体传播日本都市的形象，一方面生活在都市的中国中产阶级乐于接受日本都市形象，另一方面日本的都市形象也在很大程度上影响着中国的都市中产阶级人群。

3. 研究方法

本文首先采用了文献分析法，梳理了都市形象、媒体形象、旅游目的地形象等理论研究的成果，为交叉性跨学科的研究做了理论上的铺垫。

其次，本文主要通过传播学中的内容分析法，以传播日本都市形象的微博内容为分析对象，进行了官方与个人的两极考察；并以《行乐》杂志以及其微博微信公众号为第二个分析对象，对杂志的创办者进行深度采访，对其在媒体上的信息发布与线上线下的互动进行了分析考察与参与观察。

四　以日本官方为代表的"自我言说"

通过对传播日本都市形象的微博内容进行分析后发现：日本政府机构

---

① http://kouraku-japan.jp/2017 年 5 月 1 日。
② 编辑坚信中国中产阶级这个阶层具有独立的个性、独特的眼光、理性的态度，是中国社会的"精英"。同时，从《行乐》的内容和理念精神上也不难看出：它的读者定位是以有钱有闲的中国中产阶级以上人群为主。《行乐》的目标受众所体现的高消费实力，也契合了该杂志的定位。毕竟该杂志在传播日本形象的同时，也需要取得良好的收益。这是每一个媒体经营者最先考虑的问题。从《行乐》自身对受众进行的调查分析结果来看，其读者为20 到 40 岁的"新富阶层"、多居住在中国的北上广、高学历且高收入。

的官方微博由于其传播的主体就是政府机关，因此它代表日本政府发言，微博本身也可视为政府机关的网络化身。日本政府机构的官方微博作为日本都市形象的内部传播者，借一切资源打造着日本都市的品牌，不遗余力地塑造与传播着日本的都市形象①。

如果将以日本官方为代表的传播内容视为来自日本国家内部的"自我言说"，不难发现日本都市形象的"自我言说"是通过①都市形象宣传片的上传，②文字、图片、声音、视频等形式的复合型传播，③官方的旅游推广活动，④当地人自我形象与行为表现等手段来建构的。这些"自我言说"主要从经济与科技、自然与环境、文化与传统、人文四个角度将日本的都市形象多角度、全方位、立体化地呈现给中国网民。反映出的日本都市形象具有高科技、传统与现代、四季的风景、健康的饮食、安全放心的社会环境、亲切热情的市民等特征。

例如，日本国驻华大使馆的官方微博在 2017 年 2 月 22 日的微博中，介绍到"一直走在科技潮流前线的日本已将 VR 技术引入了主题乐园。这家位于日本著名购物圣地——涩谷的 VR 主题乐园共有 9 款不同的游戏供玩家体验"。在 2017 年 3 月 24 日转贴中，日本国驻华大使馆的官方微博又将垃圾处理厂——大阪市环境局舞洲工厂用"集科技、环保、艺术于一身的去处"来概括。无论是东京的 VR 主题乐园，还是大阪环境局无污染循环利用的垃圾处理技术，都展现出日本都市高科技的形象特征。

而与最先进技术相融的是日本都市的传统文化，传统与现代流行的完美结合也是日本都市的独特风格。2017 年 3 月 13 日，日本国家旅游局 JNTO 的官方微博介绍了东京的日本桥，文中写道："如果您想体验日本文化，一定要去距离东京站和银座都很近的日本桥。日本桥既有现代都市的高楼大厦、商业设施，又有古老的建筑能让人同时感受到传统和现代日本的风貌。除了赏花、参拜神社寺院、参加传统活动或乘船游览等户外活动之外，老字号百货公司举办的传统文化体验活动也绝不能错过。去体验好像在浮世绘、歌舞伎和古装剧中见过的古色古香的日本"。日本国家旅游局 JNTO 的官方微博在 2014 年 7 月 14 日对"屋形船"的介绍中，也特别强调了"现代的东京"可以体验到"300 年前传承至今的传统文化"这一

---

① 本文主要将日本国驻华大使馆、日本国家旅游局的官方微博列为"自我言说"的分析对象。

独特性。

利用四季鲜明的自然风景，传播日本都市丰富多样的形象也是日本官方"自我言说"的重要内容。特别是从北到南日本列岛随着四季更迭而呈现出多姿多彩的都市风情，为日本官方微博所塑造的都市形象增色不少。2016 年 8 月 25 日，日本国家旅游局 JNTO 的微博在介绍奈良市时，写道："奈良大和路是日本第一个首都。被众多世界遗产所包围，至今遗留下多数国宝，重要文化财建筑及佛像。无论是樱花还是枫叶，四季美丽的自然环境，可以疗愈身心"。2017 年 4 月 10 日的日本国驻华大使馆微博中，则发了一组东京樱花盛开的照片。

2013 年 12 月 4 日，日本的饮食文化"和食"被联合国教科文组织列为世界非物质文化遗产。日本的饮食文化具备以下特点：摆放精致展现了自然之美，精选四季时令的各种食材，和日本传统的庆祝活动、人生仪式等密切关联，营养搭配均衡。由于日本的饮食文化讲究"色、形、味"，造型优雅且富有艺术性，因此日本的官方微博也常常将健康的饮食作为刻画日本都市形象时不可缺少的素材。2017 年 1 月 22 日，日本国家旅游局 JNTO 的微博中写道："在寿司等美食中使用的生鱼，卫生方面完全无须担心。东京具备了世界顶级的饮食卫生管理水平，您可以放心享用各种美味的鱼肴"。2014 年 1 月 15 日，日本国家旅游局 JNTO 介绍了大阪的杂样煎菜饼；2014 年 5 月 5 日，又介绍了神户的饮食文化："被群山和大海环绕的神户，街道明亮、空气清爽。充分发挥了'东洋与西洋饮食文化的交汇点'这一地利优势，挑战精神旺盛的神户人个性所创造出的'Made in Kobe'美食，绝对不容错过。让我们来探访一下在海外也极具人气的神户品牌美食：'面包与甜点'、'神户牛肉'还有'滩之酒'吧"。

日本媒体将 2013 年东京申奥成功的重要因素之一，归结为东京的安全、放心以及东京人诚挚的待客之心。在日本的官方微博中，都市的形象也往往与"安全"、"放心"二词相关联。2015 年 2 月 5 日，日本国驻华大使馆的官方微博介绍道："根据 2014 年版'全球城市实力指数'，东京连续七年位列第四名。东京在'公共场所的安全感'、'市民热情好客'、'国际机场航班准点率'、'交通的舒适度'等指标方面得分较高。分析显示，东京除了让人感到安全安心外，服务业让人舒心，公共交通准时也深受好评"。2015 年 11 月 23 日，日本国驻华大使馆的官方微博也有这样的文字："海外媒体发表的排行结果显示，东京和京都分别在宜居和观光上名列世界第一"。"东京虽然是一个让人吃惊的巨大都市，但治安良好，环境安静"，是"世界上最安全的城市"。"京都不仅有拥有丰富的旅游资源，精进料理（日式素斋等传统美食文化）更为京都增添了魅力"。

从微博内容可见：传播安全放心的都市环境与呈现热情亲切的市民形象，往往具有同时性。除了上述日本国驻华大使馆在微博中介绍东京人的热情好客以外，日本国家旅游局 JNTO 在 2014 年 10 月 21 日介绍了大阪人的亲切开朗，文章写道："大阪是关西地区的大都会。大阪的人、方言、料理、景色，都富有与东京不同的独特个性。关西地区有京都、奈良、神户等著名的观光城市。大阪人的特征是性格开朗乐天。相信您一定会被大阪人的热情好客而感动"。而日本国家旅游局 JNTO，在 2015 年 10 月 13 日的微博中同样介绍到"京都是享誉世界的人气旅游地"，并顺便介绍了京都人的"热情"。

综上可见，日本官方微博作为来源于日本国家内部的"自我言说"，除了具有大众传播与人际传播的特点之外，还担负着政府组织传播的任务，有效地参与着日本都市形象的建构，是进行日本都市形象传播的重要渠道之一。由于官方微博是政府的网络代表，因此它具有较大的权威与可信度，通过塑造与传播都市形象，可直接影响并引导普通中国人对日本都市形象的认知。总体而言，日本官方微博对都市形象的"自我言说"，其形式简单、一目了然、内容亲民、贴近生活、具有旅游意向的服务性；同时凭借微博媒体自带的"私信"、"评论"和"转发"功能，普通中国人也可实现与日本政府工作人员的对话交流，增进形象的传播。

五　日本都市形象的"他人建构"

林奇在 1960 年的《都市形象》一书中曾提及：无论是哪个城市，公共的形象塑造都离不开个体对形象的传播与表达。近年来，赴日旅游的勃兴，加速了中日两国间普通民众直接交流的广度与深度①。在这种新的情势下，赴日中国旅游者改变了中国人过去那种仅通过接受媒体营造的"拟态环境"

---

① 根据日本观光局 JNTO 的统计，2016 年中国赴日旅游者达约 1248 万人，比上一年增长约 28%。http://www.jnto.go.jp/jpn/statistics/2017 年 5 月 8 日。

而被动地感知日本都市——然后进行脑内加工——最终形成自己对日本都市形象的认知方式。现在一部分的中国人已经自觉或不自觉地成为传播日本都市形象的外在主体。而这种来自日本国家外部、由中国个人进行的对日本都市形象的建构方式，可视为日本都市形象的"他人建构"。

近年，普通中国人在赴日旅游过程中往往通过微博，随时从都市形象的受众（解读群体）化身为信度极高的传播主体。中国赴日旅游者不仅直接参与了日本都市形象的建构过程，同时也扮演了日本都市形象传播的媒介、传播者的角色，构建着日本都市形象的传播体系。

中国赴日旅游者的微博相对于日本官方微博以及其他的媒体传播，凭借"亲临都市"的优势，可对日本都市形象进行来自现场的信息传输、零距离"呈现"。这种传播学中的"即时传播"成为表现日本都市"本真性"的手段与渠道。也正是因为这种"亲历"式、零距离的感知与传播，才使得"他人建构"下的日本都市形象看起来最真实、最有说服力，开启了"他人建构"下日本国家形象传播的民间通道。

赴日中国旅游者在旅途中通过微博发表 140 字以内的旅行相关信息，将自己在日本都市中的所见所闻配以视频、相册、文字、图片的方式进行记录，实现即时分享、更新、参与话题讨论及与粉丝交流。通过考察这些旅游者的微博内容可发现：中国赴日旅游者对日本都市形象的"他人建构"主要从都市的自然风光、历史文化、动物、遗迹与传统建筑、现代建筑与景点、节庆与事件、交通、住宿、购物、配套设施、出入境服务、美食、服务、新兴产品、娱乐活动、旅游纪念品、语言等各种细节上来展开（图 1）。

图 1　日本都市形象特征之"他人建构"

中国赴日旅游者对日本都市形象进行的"他人建构"过程中，还常常伴随着"方便"、"发达"、"安全"、"干净"、"整洁"、"放松"、"精致"、"美丽"等形容词，这些形容词折射出中国赴日旅游者的情感，表现出中国旅游者访日后对日本都市形象整体的认知态度是相当正面与积极的。当然，能赴日旅游的中国人也许原本就有着对日本不同程度的肯定、向往与认同，他们这种积极的态度，也表现在赴日前对有关日本信息的积极寻求上，以及在日本实地旅游过程中对日本都市形象的积极传播中。

2017年5月8日，日本外务省决定对中国公民赴日旅游的签证要求进一步放宽[①]，随着赴日签证政策的更加宽松，今后积极传播日本都市形象乃至日本国家形象的中国人群还将不断扩大，"他人建构"下的日本都市形象的传播渠道也将不断扩充，传播主体数量更将不断增加。这意味着都市形象传播模式上的重大变革，即：在过去以大众传媒为主宰的传统传播模式中，都市形象的建构与传播在很大程度上以国家内部、政府官方的外宣，以及可控性强的传统传播元素为主导地位；而从中国人赴日旅游过程中的传播方式来看，今后以国际性流动个体为传播主力，并借助新媒体进行都市形象传播的新型模式将成为主流；这种来自民间的、非可控性元素下的对都市形象的"他人建构"也是大众话语权的体现。

因此，从现在开始，在都市形象的传播体系中，除了政府官方与传统媒体建构的可控性传播模式下的"自我言说"之外；不能忽视国际旅游传播中体现出的民间性、以个人与新媒体为媒介的非可控性传播形势下的"他人建构"模式。

六 日本都市形象的"自他混合型传播"

作为本文第二个分析对象的《行乐》杂志，是在2013年由在日华人创办的、中国国内第一本全面介绍日本旅游咨询与和风文化的月刊杂志。通过对《行乐》杂志创办者袁静女士的采访，对《行乐》杂志的微博微信公众号的内容分析，以及对《行乐》杂志线上线下活动中的参与观察，可得知：《行乐》的采编人员在日本国内直接获得第一手材料，从"旅"、"食"、"美"、"健

---

① "5月8日起日本将对华放宽多次往返签证条件"：http://travel.sina.com.cn/outbound/news/。

康"、"流行"的角度出发，对日本都市的自然资源、地理景观、科技设施、人文资源、宗教文化、历史文物古迹、民俗文化、饮食购物、住宿交通、修养娱乐、气候与天象等方面进行描述与传播，完善日本的都市形象。《行乐》塑造并传播的日本都市形象可归纳为"自然风光秀丽的"、"传统并有历史内涵的"、"现代化的"、"国际化的"、"多样化的"、"美食的天地"、"设施与服务理想的"、"休闲与富有人情味的"都市（图2）。

图 2　日本都市形象特征之"自他混合型传播"的内容

在传播过程中，《行乐》虽然从杂志这个传统媒体出发，但以新媒体微博微信为主要传播方式，并加以线上线下的人际传播为辅助，多渠道、全方位地对日本都市形象进行了塑造与传播。《行乐》呈现出独特多样的传播形式，具体如下：①刊登独家专题软文、精美风光照、专访及深度报道；②"活动＋奖品＋关注＋评论＋转发"是其微博互动的主要方式，通过策划有奖活动，组织流行话题来刺激收入、职业、教育程度较高的"中产粉丝"的参与；③结合传统媒体杂志与新媒体微博微信[①]，并兼容电子杂志与门户网站；④在北京、上海、广州、杭州等举办专题推介会，展开线上线下一体化活动；⑤在机场、星级酒店、高尔夫球场、会所、24 小时便利店

① 2016 年 7 月《行乐》的微信粉丝达 28 万人。参照：http://kouraku-japan.jp/2017 年 5 月 5 日。

等场所宣传推广①；⑥联合日本政府官方、地方自治体、民间企业与法人（图3）。

图3 日本都市形象特征之"自他混合型传播"的方式

除了《行乐》创办者是在日华人的身份、《行乐》的总社与本社分别在东京港区与上海普陀区之外，从2015年《行乐》广告主的构成中，也不难发现《行乐》特有的、对日本都市形象的"自他混合型传播"特征。2015年《行乐》广告主中有日本国外务省、日本政府观光局、JETRO、北海道·福冈·鹿儿岛·冲绳观光会议局、九州观光推进机构、北海道观光振兴机构、JR九州、JR西日本、JR北海道、全日空、日本航空、东方航空、吉祥航空、JTB、上海大众、资生堂、MIKIMOTO、SONY、东芝、佳能、好侍食品、三丽鸥、东急集团、王子酒店、藤田观光、星野集团、携程网、中国建设银行等（http://kouraku-japan.jp／）。

由此可见，在新媒体时代下日本都市形象的在华传播中，有日本政府官方的"自我言说"，还有作为"他人"的赴日中国游客个体在微博平台上的传播，除此之外，在日华人创办的日本旅游资讯《行乐》媒体作为一个

---

① 《行乐》杂志摆放在北京的半岛酒店、上海浦东丽思卡尔顿酒店等1105家五星级酒店、高级餐厅、高尔夫球场。参照：http://kouraku-japan.jp/2017年5月5日。

信息平台,从创办初到现在受到了日本政府官方、民间企业、地方自治体的鼎力协助,介于"自我"与"他人"之间,游刃有余地实践着日本都市形象的建构与传播。《行乐》的成功经验在于能独家取材、专题报道,深度挖掘独特视角的日本信息资源,并有效地利用杂志、微信、微博这些新旧媒体的特长,采取线上线下的互动形式,整合推广、实践完成度高。通过"自我"与"他人"的"交互实践",《行乐》不仅成功传播着日本都市形象,同时也有效宣传着日本国家形象、分享着有关日本旅游与文化的各类信息,甚至还唤起了居住在中国都市里的"中产粉丝"们情感上的共鸣。

七 结语与启示

综上可见,新媒体时代下日本都市形象在华传播的后盾强大、形式多样、活跃度高,在新旧媒体的融合下不断推广展开,框架日渐完整,已经形成了自己独特的传播体系。日本都市形象在华传播的内容与形式对当今中国如何建构与传播都市形象,提供了不少启示以及可借鉴之处。

首先,需要建立塑造与传播都市形象的体系。建构与传播都市形象是一项系统工程,其建构主体不仅包括政府与民间组织,还包括市民,甚至包括外来旅游者、移民,以及境外本国人。他们既是都市形象的塑造者,也是都市形象的传播者。虽然政府官方在都市形象的塑造与传播中起主导作用,但是在全球化的时代,都市形象的广泛传播离不开来自社会、民间、国际上的个人力量,市民、外来旅游者、移民、境外本国人可以说是都市形象塑造与传播中最基本也是最活跃的微观主体。因此,官民一体的推进方针以及"自我"与"他人"、境内与境外的"交互实践"在今后中国建构与传播都市形象体系中不容忽视。

其次,需要为都市形象制定高效的传播与推广策略。对都市形象的塑造与传播需要合理的规划布局,政府可出台相关制度规范和管理条例,为都市形象的传播做好组织引导以及制度政策上的保障工作。同时,发动民间企业与个人有效利用新旧媒体,全方位整合性地塑造与传播都市形象。例如,除了都市广告宣传片的制作与播放以外,可充分利用电视娱乐节目、电视访谈节目、电视剧、报纸专栏、杂志专题与封面,以及博客、微博微信、门户网站等有影响力的强势媒体,通过报道,详细全面地介绍并推广都市形象；还可利用网络传播互动性的特点，发布都市主题的微博、微信，提高都市形象的宣传力度与知名度。在传播方法上，可通过文字、图像、影像相结合的方式，达到形象建构与传播的立体性效果；在传播手段上，将硬性广告与软性宣传相统一，以获得都市整体形象的传播效应。

再次，打造都市形象是一项长期性的工程。都市形象的塑造与传播如同树立一件商品的品牌一般，需要经过定位、包装、打造、推广，这是一个潜移默化的意识改造过程。无论哪个都市，其形象都是由市政形象、经济形象、文化形象和市民形象构成。市政形象、经济形象、文化形象的物质载体是都市建成的环境。其中，文化形象与市民形象可说是都市形象的核心部分。文化形象又包括都市的人文资源（如传统、民俗等）、发展定位（如总体规划、发展战略等），以及都市的精神与理念。市民形象是都市内部居民整体素质的体现。不论是都市的文化形象还是市民形象，其建构都需要历史的积累与意识的培养。因此，在建设都市形象的过程中不可盲目追求短时间内的经济效益或是硬件建设，而要将重心转移到对都市文化形象与市民形象的长期培养中来。

最后，塑造与传播都市形象需要拥有全球化的视野。当今世界在全球化的激烈竞争中，现代都市不仅是显现经济增长与文化繁荣的场所，同时也是实现资本积累与再积累的重要工具，甚至还体现着一个国家的形象，展现着一个国家的硬实力与软实力。因此，塑造与传播都市形象不能将视野仅仅局限于一个都市、一个国家内部，而需要放眼全球，积极利用跨越国境的移动性人口以及跨越时空的信息与媒体，从细节入手不断打造都市品牌，提升都市的知名度，增强都市的竞争力，同时输出国家形象，以吸引更多的外部资源。

参考文献

白凯，2009，《旅游目的地意象定位研究述评——基于心理学视角的分析》，《旅游科学》第 2 期：9 – 15。

范小军，2008，《都市品牌塑造机理》，西南财经大学出版社。

何国平，2010，《城市形象传播：框架与策略》，《现代传播》第 8 期：13 – 17。

刘力，2013，《旅游目的地形象感知与游客旅游意向——基于影视旅游视角的综合研究》，《旅游学刊》第 9 期：61 - 72。

李兴国，2008，《北京形象——北京市都市形象识别系统及舆论导向》，中国国际广播出版社。

李怀亮、任锦鸾、刘志强，2009，《都市传媒形象与营销策略》，中国传媒大学出版社。

马晓京，2006，《旅游观看方式与旅游形象塑造》，《旅游学刊》第 1 期：87 - 91。

孟华主编，2001，《比较文学形象学》，北京大学出版社。

闵学勤，2007，《感知与意向——都市理念与形象研究》，东南大学出版社。

齐月，2014，《辽宁省旅游形象传播效果的评价》，渤海大学。

王龙，2012，《旅游目的地形象测量内容的研究综述》，《旅游科学》第 4 期：65 - 76。

张宏梅，2004，《旅游地形象形成的心理过程及其影响因素》，《安徽师范大学报》第 2 期：216 - 219。

张鸿雁，2004，《城市形象与城市文化资本论：中外城市形象比较的社会学研究》，东南大学出版社。

Baloglu S. and McCleary K. W., 1999, "A model of destination images formation," *Annals of Tourism Research*, 26（4）：868 - 897.

Beerli A. and Martin J. D., 2004, "Factors influencing destination image," *Annals of Tourism Research*, 31（3）：657 - 681.

Beeton Sue, 2005, *Film-induced Tourism*, London：Cromwell Press.

Erican Sirakayam and Sevil Sonmez, 2000, "Gender Images in State Tourism Brochures：An overlooked Area in Socially Responsible Tourism Marketing," *Journal of Travel Research*, 5：323 - 362.

Ashworth G. J. and Voogd H., 1991, *Selling the City：Marketing Approaches in Public Sector Urban Planning*, John Wiley & Sons Ltd.

Jacobs Jane, 1961, *The Death and Life of Great American Cities*, Random House.

Lyncy Kevin, 1960, *The Image of the City*, The MIT Press.

Lippmann Walter, 1922, *Public Opinion*, Dover Publications.

Soojin C., 2007, "Destination Image Representation on the Web：Content Analysis of Macau Travel Related Websites," *Tourism Management*, （28）：118 - 129.

原田ひとみ、「"アンアン""ノンノ"の旅情報——マスメディアによるイメージ操作」、『地理』（29 - 12）、1984、50～57 頁。

伊藤悟、「北陸地方における都市のイメージとその地域的背景」、『人文地理』（46 - 4）、1994、1～19 頁。

飯島祥二・直井岳人、「観光目的地評価研究に対する環境工学の応用」、『観光研究』（26 - 2）、2015、119～124 頁。

三上恭子、「『下北沢』という現代の盛り場の創出——若者の街考」、『理論地理学』（10）、1997、33～56 頁。

籾山真人・十和田朗・羽生冬佳・山田光一、「都市情報誌にみる東京の集客型商業エリアの空間およびイメージの変容に関する研究」、『ランドスケープ研究』（65 - 5）、2002、875～878 頁。

　大久保立樹・室町泰徳、「旅行ガイドブックと口コミの言語解析による訪日外国人の観光地イメージに関する研究」、『都市計画論文集』（49 - 3）、2014、573 ~ 578 頁。

　千田稔、「地理的「場」の始原性を求めて――記号論的アプローチ」、『人文地理』（32 - 1）、1980、47 ~ 62 頁。

　鈴木宏紀・吉川徹、「情報メディアが構築する街のイメージに関する研究――店舗情報の空間分布に着目して」、『都市計画報告集』（5）、2007、121 ~ 126 頁。

　内田順文、「中国・四国・九州地方における都市の観光イメージについて――観光パンフレットを用いた場所イメージの定量的分析の試み」、『国士舘大学地理学報告』（13）、2004、1 ~ 16 頁。

场景制造：北京三个城市社区发展的文化动力分析[*]

吴　军[**]

摘　要： 以往的区域发展研究很少涉及具体的设施、人群、活动、价值观与生活方式等地方文化特征，而主要是从传统的经济发展要素，如土地、资金和劳动力等入手，研究它们对经济增长和社会发展的驱动作用。可以说，早期的区域发展研究带有很强的物质要素传统和弱文化色彩。但是，随着后工业社会的来临，这种研究传统逐渐发生改变。本文选取中国最具有后工业城市色彩的北京作为分析对象，选取其中三个不同文化特征类型的社区，来探索后工业城市社区复兴的驱动力。它们分别为：以创新创业文化为特征的中关村创业大街、以创意文化为主的798艺术区、以传统文化为主的南锣鼓巷。本文从这些地方的文化场景特征角度入手考察，包括设施、人群、活动等形成的场景，以及场景中蕴含的价值观和生活方式等。这些要件构成了地区文化特质，正是这些特质吸引并聚集了诸如创新创意等高级人力资本，形成新企业和新业态，带来经济增长和社会发展。

关键词： 场景制造　社区发展　文化动力

一　增长发展动力："生产要素" VS "消费要素"

一片空旷的土地如何变成城市？为什么有的地方可以发展起来而有的地

---

* 本研究得到2015年度国家社会科学基金项目"新型城镇化背景下大城市发展的文化动力研究"（15CSH005）资助。

** 吴军，北京市委党校（北京行政学院）社会学教研部讲师、浙江大学人文学院博士后，主要研究方向：城市政策与城市创新，文化艺术与社区发展等。

方却会"销声匿迹"？同时，为什么居住在不同城市的人们，或者同一城市里不同社区的人们，他们的态度和行为往往会有显著差异？这些都是城市增长与社区发展研究文献里探讨的经典问题。在现有的研究文献中，社会科学家们大致给出了两种答案。一种观点认为，在空旷的土地上，土地本身、资金注入、劳动力流入等生产性因素决定了这一地区是否能够发展成一个城市，是否会演变成一个繁荣的社区。与之相反，另一种观点则认为，决定这一地区增长与社会发展的是消费性因素，比如公园、超市、博物馆、图书馆、艺术馆、画廊、创意集市、咖啡厅与酒吧、特色餐厅等设施与活动，以及不同文化价值取向与生活方式的人群聚集等；正是这些消费性因素决定了本地区是否发展、是否能够变成具有活力的城市社区（吴志明等，2017）。

简言之，到底是生产带来增长发展，还是消费带来增长发展？这是关于不同地方发展模式的争辩。事实上，在不同的国家、城市和社区的不同时期，生产和消费对于增长发展都可以找到很多案例来支持。从时间层面来看，工业化时期，城市与社区增长发展普遍依赖生产性要素，如土地、资金和劳动力等。到后工业时代，文化消费因素慢慢崛起并快速地上升到更重要位置。从跨国层面来看，现今的发达国家更加倾向于文化消费因素导向的发展模式；相反，在发展中国家，生产性要素仍然起着决定性作用。但并不是所有的发展中国家的城市都是如此。具体到中国，在辽阔的国土范围内，增长发展的水平是极不平衡的。我们既可以看到能与欧美发达国家城市媲美的城市，如北京、上海和深圳；同时，我们也有很多比较落后的中西部城市。因此，无论是生产型的增长发展模式，还是消费型的增长发展模式，在当代中国都可以找到鲜明的例子（吴志明等，2017）。

不过，随着后工业社会的来临和全球化的推动，文化消费因素在地方发展中的作用越来越明显。这个结论已经被美国的社会科学研究所证明。代表学者有哈佛大学城市经济学家格莱泽、多伦多大学创意管理专家佛罗里达和芝加哥大学城市社会学家克拉克。但是，文化消费因素也不是自然而然就组合成一种发展动力的。更多的时候，文化消费因素要与生产性因素"互动"才能转化为增长发展动力。在这个互动过程中，不同元素的多样组合可以形成不同场景，简约的说是文化场景（cultural scenes），即价值观与生活方式＋设施（活动）。正是这些独特的场景定义了一个城市、一个社区的特征。不同的场景同时又反过来对场景里面的人们的态度与行为产生不同的引导作用。

二　一种新的理论分析框架

事实上，文化在定义城市和社区增长发展中的角色在理论和实践上已得到广泛的认可。最新的研究文献探索文化艺术如何链接人与地之间的"互动"构成一个场景从而来聚集相应人群和企业，带动城市与社区的增长发展（Silver et al.，2010）。典型代表来自芝加哥大学社会学系特里·克拉克（Terry N. Clark）领衔的跨国团队。他们认为，对于地方发展的解释应该从哈维·莫洛奇（Harvey Molotch）所描绘的地方政治经济学（a political economy of place）分析框架转移到文化消费的政治学理论（a political theory of consumption）框架上来。前者强调的增长发展思维突出诸如土地、资本和劳动力等经济性因素，但这种"地方，地方，地方"的想法并不完整（Clark，2004）。他们进一步追问到，这个地方"在哪里"、"有些什么"、"有什么人群会来这里"等更为具体的问题。要解决这些问题，必须要回到地方的文化范畴。经典增长发展元素与地方文化要素如何结合才能生产出有利于发展的场景。

同样，来自美国和世界范围内的其他学者也找到了强有力的证据，并认为，地方增长发展越来越由文化、价值观、设施、活动以及人群等消费因素决定（Glaeser and Joshuad，2006）。比如，很多数据显示，城市的创新力、包容度、多样化和创新创意群体对于城市增长发展具有强大的驱动作用（Florida，2014）。从另外一个角度来说，高级人力资本的流动逻辑也从注重工作机会等转移到自我表达、社会参与、文化消费、休闲娱乐以及生活方式等文化因素上来（吴志明、马秀莲，2015）。在克拉克教授的带领下，新芝加哥学派城市与社区研究学者们在过去近20年的讨论和总结过程中归纳出了场景理论（a theory of scenes）。场景理论在强调地方和强调文化的相对对立模型中找到了一个平衡，认为地方、设施、人群、价值观与生活方式等都非常重要。这些分散的元素可以进行组合，如通过文化表演等串联起来，构成一个活生生有意义的场景。因此，由不同的设施、人群、活动等构成和结合可以产生不同场景，由此带来地方增长发展（Silver and Terry，2015）。从增长发展的角度去理解，场景理论可以算是在承认生产因素比如土地、资金与劳动力等基础之上，去思考与探索，文化艺术怎么盘活这些力量来推动地方发展。

场景理论中的"场景"一词来源于"scenes"的翻译。根据"场景"在电影中的应用来看，它包括对白、场地、道具、音乐、服装和演员等影片希望传递给观众的信息和感觉。在场景中，各个元素的关系是相互有机关联，同质元素布局之间有必然的出现关系，异质元素布局之间将表达颠覆性的思想。克拉克将这种现象引入城市社会的研究中，进而形成了场景理论（吴迪，2013）。场景的构成有多重维度，但至少可以从以下7个维度来把握：①居住区（Neighborhoods），而不是城市、大都市区、州、省或民族等；②物质结构（Physical Structures），更多的是指向生活文化娱乐设施（amenities），如舞蹈俱乐部、俱乐部沙龙和购物商场等；③人群（Persons），不同种族、阶级、性别、教育、职业和年龄等；④前述三种维度的特殊组合和嵌入组合中的活动，如青年创业沙龙或朋克音乐会等；⑤这四个维度所表达的符号意义和价值，这种价值可以定义地方发生的经验中什么是重要的；⑥公共性（Publicness）——而不是独特个性，强调由公共空间所展现的场景，它们对过路人和活动热衷者来说是可获得的（Terry，2014）。事实上，"场景"这个概念已经超越了设施与活动集合的物化概念，它是一种涂尔干所描绘的社会事实，是作为文化价值观的外化符号而影响个体行为的社会事实。

场景理论的研究体系建立在主观认识和客观结构两大体系上（Glaeser and Joshuad，2006）。客观结构由被研究区域中的生活文化设施（Amenities）构成。通常，我们将拥有大量商铺的城市区域称为商业区，拥有大量工厂的城市区域称为工业区。场景理论中客观结构的概念类似于此，不过更为细化。比如，咖啡馆、酒吧、书店、博物馆、艺术画廊，以及朋克音乐会、文化沙龙、俱乐部活动、音乐艺术节，等等。主观认识体系是指场景中蕴含的价值观范畴。比如，自我表达（express-self）、传统主义（traditionalism）、时尚魅力（Glamor）等（Terry，2014）。

以鼓励自我表达和时尚魅力的场景为例。一种好的场景可以作为强有力的纽带，把艺术家群体与经济表现连接起来。以两个艺术家为例，即艺术家A和艺术家B。每位艺术家每周工作时间相同，所使用的工具相似（电脑、绘画颜料、软件等）。艺术家A生活在生机勃勃的场景，如倡导自发行为（个体自我表达与创意）、上演令人惊喜的秀（魅力与形式）以及鼓励不拘泥于传统等。艺术家 B 生活的场景刚好相反，传统、死板和守旧的环境。艺术家 A 工作在一个比较肥沃的艺术土壤（场景）里：在这里，我们可以想象，开放的即兴创作与冒险、对创意多次失败的理解与包容、许多创意与技术分享的机会与交流、乐意克服传统偏见与刻板印象（stereotypes），回归原初与质朴的经历与体验……这种场景，有利于激发艺术创造，有利于产出高质量的艺术作品，从而形成创意经济。这种现象用"艺术红利"来形容，恰当不过。

对于企业组织更是如此。在两个案例中，肥沃的土壤"孕育"的公司 1 和艺术家 A，比公司 2 和艺术家 B 更富有成效，更具有生产力。从这个意义上讲，它们的输出结果会更有价值，而土壤就是本文所说的场景。艺术家群体和这些公司所产生价值的多少与场景的不同有关；不同设施的组合会形成不同的场景，不同的场景孕育着不同的价值观与生活方式。这些案例说明，场景发生变化，其他变量的经济输出结果也会随之变化（Silver and Terry，2016）。

三　三个不同文化特征社区场景的比较

为了具体阐述场景作为一种新动能，本文选择了北京三个不同文化特征的社区，从场景视角来探讨地方发展动力。它们分别为：以创新创业文化为特征的中关村创业大街、以创意文化为特征的 798 艺术区，以及以传统文化为典型特征的南锣鼓巷。事实上，北京作为一个后工业城市，拥有很多典型文化场景，比如红色文化（爱国主义）场景、教育科研文化（高校聚集区）场景等。由于篇幅限制，本文只简约地讨论三个案例来说明场景动能。

（一）中关村创业大街：从传统图书城商业街到创新创业文化圣地

中关村创业大街的前身是北京海淀图书城。2013 年，海淀区政府决定对图书城经营业态进行调整，按照"政府引导、市场化运作"的方式，将图书城打造成创新创业孵化社区。入驻的创新创业孵化机构有 40 多家，包括车库咖啡、联想之星、飞马旅、创业家、天使汇等。创业大街不仅定位为建设创业服务集聚区、科技企业发源地、创业者文化圣地，还要打造具有极强科技感、展示度、时尚感的创新创业特色景观大道，吸引培养一批具有国际影响力的世界一流创业孵化服务机构，致力于缔造全球知名的"Inno Way"。

本文认为，中关村创业大街作为一种独特的创新创业场景，既是一种科技创新人才的空间聚集，也是科技企业与产业的业态融合。在这样的场景里，创新创业产生更多绩效。比如，印娃（inwow）移动打印公司创业过程①很好地诠释了场景动力作用。

印娃是创业大街孵化出众多公司中的一个，创始人李兵是做传统复印机的，起初对互联网行业并不在行，当时来创业大街只是抱着一个简单的想法："如果复印机能够做成移动复印会怎样呢？"于是，他来到创业大街，在极短的时间内完成了公司注册、融资、产品开发、品牌设计以及市场推广等。据介绍，从"创意"变成现实产品再到市场也就 3 个月时间。传统的创业过程至少需要 1 年时间。这种高效且便利的场景，正吸引聚集着科技人才和公司。据不完全统计，像李兵这样的创业团队在创业大街孵化达到1600 多个。

这种场景里，除了高效与便利外，还有着人才密集的特点。比如，中午 12 点提交一份用人需求，7 个小时后，就可能有一名来自 BAT（百度、阿里巴巴和腾讯）的顶尖工程师到岗，开始为你的创业公司工作。这个听起来几乎天方夜谭的场景已经成为现实。这就是中关村创业大街社区场景孕育的可能性。正如创业者们所说，这里给每个有创业梦想的人提供了"一切皆有可能"的实践意义。

从发展态势来看，中关村创业大街已经初步形成了独特的创新创业场景，吸引与聚集着各种创新创业资源，成为北京城市创新创业的一个地标、一种品牌，也成为全国创新创业者心目中的圣地与文化家园。但问题的关键是：到底中关村创业大街社区场景包括哪些要素呢？本文从以下几个方面来概括。

---

① 随着移动互联网的发展，智能手机的功能越来越强大，手机逐渐取代了 PC 成为新的办公工具，越来越多的人不局限在办公室办公。移动互联网在改变世界的实践，打印服务却依然自顾自地走自己的老路。而传统的打印服务，在这个时代已经难以满足移动办公人群的打印需求。用户通过印娃 APP，将存放在云端或手机端的文档与线下打印终端建立连接，可以随时随地享用文件打印服务，享受更便捷、更潮流、更专业的打印服务。

1. 定位于社区层面，而非城市

从社会学角度而言，社区是放置在一定地理空间上的社会，强调互动、认同与网络联结功能等。在特定的时间里，创新创业群体、设施与活动等放置到一定空间位置里并形成一种有机且紧密的网络联结，而非松散或物理堆砌。比如梦想者、创意者、高校与科研机构、行业领军企业、IT 人才聚集、天使投资、创业金融、各种孵化器以及政府补贴优惠政策等组合形成的一种独特场景。这些共同构成了一种创新创业文化，一种专属于创新创业者的亚文化群体与生活格调（生活方式）。

2. 设施：创业咖啡馆 + 便利设施 + 互联网大企业

物理结构是创新创业场景形成的载体。中关村创业大街的物理结构有三类设施：

其一是以创业咖啡馆为典型代表的众创空间。这类空间创业大街上有45 家，周围有上百家。这些咖啡馆不但为创业者提供办公、公司注册、法律咨询、技术支持等服务，还经常举办各种沙龙，邀请各领域顶级的企业家、创业者、投资人做深度分享；甚至，有些咖啡馆还成立创业基金，资助创业团队；还有的咖啡馆提供员工招聘等。

其二是以生活休闲消费为导向的便利设施，如咖啡馆、书店、特色小食店、果汁店、超市、健身房、主题酒店、银行、移动打印以及清洁高效的餐厅等。据不完全统计，这样的便利设施有成百上千个。这些设施也都比较受创新创业者青睐，除了对生活便利的满足之外，而且还构成了一种格调、一种创新创业者特有的生活方式。

其三是靠近互联网大企业或分支机构。创业大街社区里有百度、阿里、腾讯、小米以及联想等这样的互联网企业的分支机构，以及清华、北大、人大等高校，为创业大街提供了各方面高端人才与资源。

3. 数量庞大的创新创业活动

自创业大街 2013 年开办以后，整个社区呈现出"天天有路演、日日有沙龙"的局面，这些活动包括创业沙龙、讲座培训、政策宣传、展示陈列、路演推广、创业比赛等。据不完全统计，在两年多的时间里，创新创业活动超过 1600 场，平均每天有两个以上的主题创新创业活动，参与人数达到16 万之多。为了能够具体说明这些创新创业活动的情况，我们对最近两年半的活动进行了统计，具体如下表。

图 1　中关村创业大街街区景观

图 2　中关村创业大街创业咖啡馆内景

表 1　中关村创业大街创新创业活动类型划分及场次

单位：场

年份	创业沙龙	讲座培训	政策宣传	展示陈列	路演推广	创业比赛	其他
2014 年上半年	22	11	0	6	13	2	0
2014 年下半年	122	100	30	14	40	18	0
2015 年上半年	113	134	6	23	45	6	3
2015 年下半年	102	151	21	22	34	12	10
2016 年上半年	47	157	14	3	20	4	3

图 3   中关村创业大街的入驻创新创业机构

4. 多样性创业人群

从人群的来源地来看，有北京土生土长的青年、取得北京户籍的新青年、部分高学历海归以及"北漂"等。从学科背景来看，创业者学科背景多元，知识面跨度大，有做 IT 计算机与软件开发的，搞音乐与艺术的，做平面设计的，还有做核动力研发的。从人群行业分布来看，涉及互联网、IT、教育、医疗、智能家居、汽车以及生活服务等几十个行业。总之，这些多样性的人群是创业大街社区活力的重要来源。

5. 中关村创业大街的"价值观"：一切皆有可能的精神与创新创业体验

中关村创业大街的社区文化、以创业孵化为核心的物理设施、各类创业活动、多样性的人群等，都透出激情和憧憬。如果要用一句话来概括创业大街的价值观和生活态度，不妨归纳为"一切皆有可能"。这里有在国内堪称最优秀的创业人才，有最新信息，有最知名的风险投资机构，有最好的服务。这里是将梦想变成现实的最佳场所。印娃（inwow）移动打印创业过程就很好地诠释了这一点（祁述裕，2017）。这里诞生了很多创业神话，这种神话激励着更多的人选择在这里创业。这不是一条只有咖啡馆的"街"，也不仅仅是创业大潮中的昙花一现，在这背后，是一个关于"一切皆有可能"的文化圣地。同时，这里的科技创新人才把创新创业当作是一种生活体验，一种精神信仰。

（二）798 艺术区：从工业厂房到文化创意中心

在仅仅半个世纪里，位于北京朝阳区酒仙桥街道的大山子 798 社区经历了翻天覆地的变化，从原先的北京华北无线电联合器材生产工业社区，到废弃破旧的城市社区，再变成如今生机勃勃的世界级艺术区（吴志明等，2017）。现如今的北京 798 社区聚集了超过 400 多家艺术馆和画廊工作室，甚至一些世界闻名的艺术馆在 798 社区设立了分支机构，比如 Guy&Myriam，Ullens Foundation 和 Pace Gallery（Zhang，2014）。除了艺术展览、艺术品交易、文化公益活动、公司庆典等每天都在这里举办外，798 社区已经成为北京旅游的一张名片，每天都吸引了大量的游客。

毫无疑问，这是一个世界范围内城市社区发展从工业生产主导型向以文化艺术消费进行社区复兴的经典案例（Zhang，2014）。这样经典的案例触及了一个核心的研究议题，到底是什么因素驱动着一个地方能够从一个封闭生产工业厂房转化为开放型的文化社区，从一个自发形成的艺术区转化为城市文化旅游的重要目的地？这个问题恐怕是很多关注后工业社会城市与社区发展的学者们普遍关心的问题。本文尝试从场景动力分析的角度对这一案例进行分析。

1. 社区特点

798 艺术区位于北京城乡结合部地区（大都市郊区）的酒仙桥街道大山子社区，故称"大山子艺术区"（DAD-Dashanzi Art District），是原来国有企业无线电工业生产厂区所在地，占地面积 30 多万平方米，其中 20 世纪 50 年代风格建筑面积为 97230 平方米，包括约 2 万平方米锯齿形包豪斯风格建筑。798 艺术区从 2002 年开始至今，经历了一个快速变化的过程，包括规模变大和功能变化。2003 年只有 30 多家艺术机构和个人进驻，到如今有 400 多家。空间从最初的厂区部分空间扩展到整个园区；功能则从一个艺术家聚集区转变成为现当代艺术画廊聚集区，从艺术作品的创造转变为艺术作品的展示和流通（刘明亮，2010）。

图 4　798 艺术区的包豪斯风格厂房外景与内景

2. 艺术家工作室与画廊

798 艺术区成功地实现了由生产工业区向艺术消费社区的转变。798 艺术区最初的入驻设施是艺术家工作室，而画廊是随着艺术区的逐步形成而进驻的。画廊的入驻，彻底改变了这里最初的艺术家群体聚集的单一形态。

除了画廊外，艺术区在仅仅 30 多万平方米的空间里建设了众多设施，还有艺术家工作室，涉及雕塑、环境设计、摄影、手工艺、表演、服装设计、精品家居设计、影视传媒、特色书店、餐饮、酒吧等。根据 2003 - 2009 年学者刘明亮做的田野调查，在此期间，艺术家工作室高峰期达到 51 家，画廊的数量一直上升，超过了 160 家，其他艺术机构和精品店商铺都处于上升趋势。我们最近的调查显示，798 艺术区各类文化艺术机构总数已经达到了 450 多家，其中工作室、画廊和展演设施就达 200 个，这些设施主要用来创造、展示和交流。

除了画廊、艺术工作室之外，798 艺术区还有大量的商铺和餐饮，经营范围包括特色书店、创意首饰、原创服饰、刺绣、旅游纪念品等；餐饮主要包括咖啡厅和饭店。在这些业态中，既有以某种特定商品和服务为主的经营，也有混合经营，比如商铺和餐饮的混合经营。非混合经营与混合经营比例为 240∶60。这种混合经营正体现了 798 所强调的 LOFT 生活方式，以及由此所延伸和形成的现代时尚生活理念。

3. 艺术家群落

艺术家的聚集形成了不同的艺术群落，众多的艺术群落形成了今天的各种艺术社区。这也成为当今都市文化的一个重要组成部分。798 艺术社区早期的艺术家群落大致包括四种类型：第一，圆明园画家村落解散后的艺术家们；第二，花家地艺术村解散后的艺术家们；第三，院校及军旅艺术家们，比如中国军事博物馆和中央美术学院的教授；第四，其他途径的艺术家。早期艺术家之间及入驻画廊等机构之间的交流比较多。当时工作室也比较集中，他们白天画画，完善挨家请吃饭，"喝啤酒、吃烧烤"，"冬天的晚上，厂区所有艺术家和居民有时会聚集在某个工作室吃集体火锅"（刘明亮，2010）。总的来说，艺术家群落维持在 40 人左右。艺术家是 798 艺术区的开创者，但不一定是这里的最终留守者。他们与艺术区的关系总像一个怪圈：他们的入驻，给区域注入活力，使该区域的土地在短时间内得到升值，同时房租提高，反过来，艺术家又会因生活成本提高和喧嚣环境而被迫迁移，去寻找下一个适合他们生存的区域，然后进入另一轮循环。艺术家的聚集与离散，可以直观反映艺术区的整体变化。

4. 798 艺术区的"价值观"：自由表达精神与乌托邦式理想

街头涂鸦是 798 艺术区倡导鼓励自由表达价值观念的典型体现。在 798 艺术区的很多墙面和角落，都有各种涂鸦的存在，他们已经成为艺术区的一道风景，很多参观者都在此拍照、留影。这些涂鸦，既有艺术家的作品，也有游客的作品；既有组织的创造，也有随时随意的涂抹。欧美社会流行的涂鸦（Graffitist）往往代表了一种对现实生活的发泄或嘲讽，并通过这种形式表达自己。在 798 艺术区，涂鸦更多的是一种对外宣传的途径，因为进入艺术区，各种涂鸦已经暗示游客进入了一个不同于普通生活地点的区域，涂鸦既是一种点缀，也是艺术区作为当代艺术所持有的反叛、突兀和自由表达的一种象征。

从 798 艺术家群落聚集来看，他们一般会选择大都市的城乡结合部地区。这里除了租金价格便宜、建筑风格独特、地理环境优越外，其与城中心保持着一定距离，某种程度上反映了艺术家对于对现代城市紧张生活的一种厌恶与反叛，从某种程度上反映了艺术家追求独立个性、脱离俗世的一种"乌托邦"式的生活理想。

图 5　798 艺术区的墙头涂鸦"西游记"与"红军毛笔"

（三）南锣鼓巷社区：从胡同四合院到文化旅游区

南锣鼓巷是一条胡同，位于北京中轴线东侧的交道口地区，北起鼓楼东大街，南至平安大街，宽 8 米，全长 787 米，与元大都同期建成，是北京最古老的街区之一，至今已有 740 多年的历史。它是我国唯一完整保存着元代胡同院落肌理、规模最大、品级最高、资源最丰富的棋盘式传统民居区，也是最赋有老北京风情的街巷。现在它已经变成了北京旅游文化名片，每天吸引着大量的游客。

1. 社区特点

在元大都"左祖右社，面朝后市"的城市格局中，南锣鼓巷是"后市"的组成部分。整个南锣古巷建筑以胡同、四合院形态为主，呈现出棋盘式的城市建筑格局。除了胡同和四合院外，这里还有大量的个性酒吧、咖啡馆、餐厅、各种手工艺商店。如今的南锣鼓巷，商业兴盛，市场繁荣。

图 6　南锣鼓巷社的胡同与四合院

2. 胡同和四合院

从南向北，西面 8 条胡同是福祥胡同、雨儿胡同、帽儿胡同等；东边 8

条胡同是炒豆胡同、前圆恩寺胡同、菊儿胡同等。这些胡同名称是明朝以后逐渐演变来的。里坊是中国古代居住区组织的基本单位，也是城市规划建设的基本单位。在先秦称为"里"，后改为"坊"。元大都规划设计沿用里坊制，全城分为50坊，坊与坊之间是宽阔平直的街巷，犹如棋盘。时至今日，元大都里坊构造在800多年的历史变迁中已面目全非，但南锣鼓巷社区完整地保存着元大都里坊格局①。

以四合院为主的名人故居。这些名人故居经过保护和修缮变为城市重点文物。比如，僧王府是清代僧格林沁的王府。齐白石故居、茅盾故居、蒋介石行辕等。其中，菊儿胡同是南锣鼓巷最北头东边的一条胡同。1990年，建筑大师吴良镛主持设计菊儿胡同危房改造工程，有机更新了这条古巷中的小胡同，使其既保留了老北京四合院的神韵，又适合现代人居住。1993年被联合国授予"世界人居奖"。

沿着南锣鼓巷和各条胡同的各类商铺。有些商铺临街，有些设在民居深处。这些商铺多以传统手工艺为主，如吹糖人、捏泥人、烙画葫芦、制作陶瓷、绘制脸谱、画鼻烟壶等；还有一些生活类的创意休闲酒吧、餐馆、书店等（张纯等，2008）。除了这些设施外，这里还有艺术机构，比如中央戏剧学院、中国国家话剧院、北京美术家协会、蓬蒿剧场、七色光儿童剧场、老物件博物馆等。这些设施不仅吸引了大量游客，而且还是创意人群的重要来源（刘东超，2017）。

3. 四类不同的"人群"

人群是城市社区发展的驱动力，不同人群对于社区发展的推动作用不同。活跃在南锣鼓巷的"人群"分为四类（刘东超，2017）。一类是商家和手艺人。这里的商家比较有创意能力，有的是传统手工艺者，有的是时尚设计师、服装师等。二类是旅游参观者，平时人数有2万左右，节假日高峰期能达到10万以上。三类是常住居民，由汉、满、回、蒙等多民族组成。四类是各级政府机关派出机构、社区组织和事业单位的工作人员。1个街道办事处、8个居委会和社区服务站。还有大量的社会组织，比如"月圆古巷"志愿放映队、社区志愿服务队。

---

① http://www. bj. xinhuanet. com/bjpd_sdwm/2006 – 08/15/content_7781820. htm.

4. 南锣鼓巷场景"价值观"：传统与闲适淡雅的生活方式

传统主义是南锣鼓巷社区最为典型的写照。传统的历史意识是本地居民、商家和多数普通游客感受到的南锣鼓巷价值取向。历史意识指人们对过去事物有意识地记录、欣赏、追寻、思念（刘东超，2017）。南锣鼓巷保留下来的元明胡同肌理、青砖老树、古色古香的四合院等构成的北京传统文化场景，体现着地道的"北京味道"，特别受游客青睐，尤其是来北京的外国人比较喜欢到这里闲逛。

同时，胡同与四合院为基础形成的闲适淡雅生活方式，也是吸引游客的重要原因。在北京这样大都市里，人们每天都会面临着各种竞争带来的巨大心理紧张，通过闲淡平和的生活予以疏解是必要的。南锣鼓巷的设施、活动、价值观等正体现了这样一种暂时抛离大都市紧张的闲适淡雅生活方式（至少在部分人的想象中是这样）（朱家潜，2009）。

（四）三个城市社区场景的比较分析

以上三个案例讨论了北京三个城市社区发展的场景动力，即由设施、人群、活动这些元素组合形成特定场景以及场景蕴藏的价值观与生活方式，吸引着创新创意人才等优秀人力资本聚集，催生新兴产业集群，从而带来经济增长和社会发展。

从设施和活动来看，三个案例中社区场景内容也有着较大差异，比如中关村创业大街的设施是以创业咖啡为主的众创空间，活动包括创业沙龙、讲座培训、政策宣传、展示陈列、路演推广和创业比赛等。798艺术区的设施主要以艺术家工作室和画廊为主，配套一些混合经营咖啡馆和餐厅，活动以产品展示和艺术沙龙为主。南锣鼓巷社区相对比较传统，设施以民居胡同和四合院为主，活动多以传统节日庆典为主。

从人群来看，三个城市社区都具有人口多样性的特点，不同地域来源、不同专业背景的土著、海归、北漂、新北京青年、游客、艺术家、画家等分别聚集到不同社区，比较包容和多样。

从价值观层面来看，中关村创业大街场景凸显了科技创新创业文化，其呈现的"一切皆有可能"和"创新创业作为人生情感体验"等价值观，影响着青年毕业大学生群体的城市流动；而798艺术区以画廊和艺术家工作室的场景给予创意阶层自我表达的自由和都市乌托邦理想的实践；南锣鼓巷靠着其独有的胡同与四合院等元素集合呈现出地道的"北京味"，传统主义、闲适淡雅的民居生活方式，吸引着社会大众，尤其是来北京的外国游客。

表 2　北京三种不同类型社区文化场景特征比较

案例	设施	人群	活动	价值观与符号意义	公共性
中关村创业大街（科技创新文化）	创业咖啡馆与众创空间	土著、海归、北漂、新北京青年、游客	路演、发布会、创业沙龙、投资会	一切皆有可能、创新创业情感体验	免费开放
798 艺术区（创意文化）	艺术工作室、画廊、混合咖啡馆或餐馆	艺术家、画家、游客	产品展示与艺术沙龙	自我表达精神、乌托邦式的理想	免费开放
南锣鼓巷（传统文化）	胡同、四合院	游客、商户、居民	传统文化节、旅游节	传统主义闲适淡雅	免费开放

四　三个城市社区场景制造的机制分析

很显然，无论是中关村创业大街创新创业社区，798 文化创意区，还是南锣鼓巷传统文化旅游区，这些地方如今均重新焕发生机，其中，文化场景培育与塑造发挥着重要的作用。然而，在具体的某个文化场景的形成过程中，政府、市场和社会三种力量都涉及，但侧重点不同。有的是政府"自上而下"的强力推动，比如中关村创业大街；有的是艺术家群体"自下而上"的自发形成，比如 798 艺术区。不同的主导力量所形成的文化场景不同，对于地方发展的结果也有所不同。

在三个案例中，政府的推动力最为关键，那种"地方、地方、地方"的概念尽管重要，但是，"政策、政策、政策"在三个社区场景形成中扮演着极其重要角色。现实中，往往那些扶持力度大、政策密集的地方，其发展会更快；比如，中关村创业大街仅仅在 2 年时间里就完成了传统图书商业街区向创新创业孵化基地的转变，当地政府从租金减免、宽带水电补贴、间接投融资、外包服务政策支持等全方位支持。即使在自发形成的 798 艺术区也如此。其成立之初，是由中央美院等艺术家自发聚集，后来城市改造中，引发政府的关注，并介入保护下来，变成了今天的北京文创中心。

进入后工业时代后，城市经济结构的重组，使得城市作为制造业中心的作用基本被终结，取而代之的是城市成为第三产业的基地和消费场所。对于政府来说，他们急需要一种新的"抓手"来维持增长和更好的社会发展。同时，对于城市废弃空间改造升级，有利于城市面貌改善的迫切需求。这两方面做好了，政权的合法性和官员政绩才能被上层所"认可"。这对于官员的提拔来说，至关重要。这就是场景形成的第一大动力，来自政府和官员的政绩考量，从传统的房地产、基础设施建设领域向社区公共文化服务转变。本文把这种特点称为场景形成机制的政治性。这种政治性有时候被地方官员理解成"政治正确"。

对于市场经济组织来说，创意文化是新的经济增长点，创意经济的年增加值已经取代了很多传统行业变成北京城市发展的支柱性产业。因为后工业的城市已经俨然变成一座娱乐机器（Terry，2010）。这是城市社区场景制造过程中的重要动力。

不同于前两者，对于社会大众来说，文化艺术就是一个消费利益的表达。他们在物质生活大幅度提高的今天，对文化艺术消费提出了更多的需求；同时，他们也需要文化消费的便利性、低价性和参与性。这样的要求和过程往往是由社区精英（艺术家）和代表大众利益的社会组织所推动；这方面往往在当下北京城市发展中表现的比较弱。

表3　三个城市社区场景制造形成机制的比较

场景制造的推动力	中关村创业大街	798艺术区	南锣鼓巷
政府 （政治性）	中央和地方政府大力支持，把这里打造成中国创新创业的标杆； 政府干预恰到好处	地方政府政策鼓励文化创意产业发展；管理控制文化艺术发展方向； 中后期政府开始介入	市政府的文物建筑保护与街道社区改造升级；初期政府介入较少
市场经济组织 （经济性）	传统图书行业与电子卖场转型到现在的众创空间，探索一种新的营利模式； 市场运作恰到好处	盈利为目的的文化艺术机构，配套的餐饮服务经济，以及旅游创意经济； 中后期出现过于"商业化"	特色休闲餐馆、酒吧和旅游创意产品商店；中后期出现过于"商业化"
社会大众 （社会性）	青年大学毕业生和部分科技企业高管的创业体验； 社会大众参与积极	社会大众旅游文化消费；艺术家思想表达，以及高房价的社会底层反应； 中后期出现过于"商业化"	社会大众的旅游文化消费；大众一致参与比较多

表 3 简单地比较了三个案例社区在场景制造过程中具有的政治性、经济型和社会性。为了分别阐述每一个参与主体展示的力量，让我们从每一个个案中挑选一个特性来做简单讨论。在中关村创业大街的发展过程中，从一开始就是政府的强力介入与推动。它的前身是海淀图书城和电子产品卖场，房屋产权归属在不同私人业主手里，比较分散；当地政府为了建设创新创业中心，通过成立国有公司来强力回购房屋产权，然后再把收回的房屋进行整体规划与设计，低价出租给创新创业机构。在中国，在市中心黄金地段，也只有政府的力量才能在极短的时间里促成土地和房屋等不动产统一。因为土地从一开始就属于国有，这一点不同于欧美的土地私有制。高效率的土地征收和房屋征用，为随后的创新创业社区规划发展奠定了基础。另外，中关村创业大街 2014 年开街以来，国家领导人，科技部、教育部以及北京市政府多位领导不断来此考察，并给予很多优惠政策支持。

798 艺术区场景形成的作用力有所不同。在其发展过程中，一开始主要是由艺术家群体自发聚集形成。由于它本身是废弃工厂，并且处在城市边缘地方，因低廉租金和宽大空间吸引了一批艺术家入驻。发展到一定程度后，产生了一些经济影响，特别是旅游效应，更多的文化艺术机构及相关产业也就介入。市场主体开始发挥重要力量，商人通过投资主导社区的基本发展方向。再后来，798 艺术区达到一定影响后，北京市政府开始更多介入。政府的介入和参与也渐渐增多，并开始对 798 社区进行管制，甚至，对社区发展的艺术也采用控制手段，艺术也展现了更多的国家政治性（吴志明等，2017）。南锣古巷社区的发展是一个复杂的动力体系。从近 20 多年的情况来看，主要是受到三类政策影响：其一是关于历史文化街区保护，其二是关于居民社区改造与腾退，其三是关于旅游商业发展（刘东超，2017）。前两者的主导力量是政府，第三类的主导力量主要是商户和社会大众。

总之，无论社会怎么变化，政府、经济和社会是场景生成的三种主要参与力量。当场景生成的政治性、经济性和社会性达到一个平衡点的时候，一个良好的文化场景的动能才能最大发挥作用，一个地方发展的动力才有可能出现。如果政治组织支持一种场景与价值观，但是企业组织或是社会大众不迎合这种场景与价值观的走向，那么，该社区活力就很难出现。甚至，社区反抗也有可能在这个时候出现。同样，如果场景是一个从下到上的（bottom up）过程，政府管理者在一定时间内往往也会介入。当从下到上的这种发展不顺应他们的利益时候，政治控制和管理就会变得更强。因此，一个稳定能够发展起来的场景往往是符合多方利益的（刘东超，2017）。三个案例中所制造出来的场景，都是在政府、市场与社会之间寻找一种平衡点，虽然很难说是已经找到，但至少是在向这种方向发展。这为本地区发展提供了生命力。

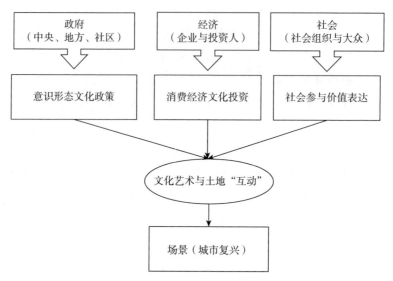

图7　一个良好的城市社区场景制造机制分析模型（吴志明等，2017）

五　对于城市政策的一些建议

一片空旷的土地（或废弃厂房）如何变为繁荣的城市社区？工业社会的城市政策与后工业社会的城市政策有着完全不同的发展逻辑。前者可以通过工业园区建设、房地产和 CBD 商务区开发等，吸引企业入驻，提供就业就会，人口流入，推动经济增长；人口跟随企业"走"。后者是利用文化艺术与土地、人力资本等要素"互动"，形成场景，吸引创新创意等高级人力聚集，带来新企业，推动经济增长和社会发展；后者是企业跟随人力资本"走"，而且除了经济增长，还会出现更好的社会发展。如果说前者注重城市建设的数量与速度，那么后者则更注重城市建设的品质与可持续性。

事实上，随着后工业社会来临，城市发展路径已经开始从传统增长机器模型向娱乐机器模型转变；前者的推动主体是政府与开发商，后者是本地社会大众；前者强调土地与建筑的开发利用，后者推动的是文化艺术消费（吴志明等，2017）。那么，在这样的发展框架下，一个城市社区怎么样才能获得增长发展呢？文化艺术的确已经成为城市发展的一种新思维（吴军，2016）。同时，只有当参与主体政府、市场开发商和当地民众持有相同文化发展理念时，一个城市社区才能获得真正的健康增长发展。如果政府试图开发一个市场不愿意投资的文化社区主题，这样的城市建设就不可能获得市场的支持。如果政府和开发商试图建设社会大众不认同的城市社区文化理念，那么本地居民就不会参与进来（吴志明等，2017）。在中国北京、上海和深圳等发达城市里，类似失败的案例不在少数。当然，本文具体分析的三种城市社区发展案例相对来说是比较成功的。三个社区场景制造的共同点都是朝着政府、市场和社会一致的文化理念发展，尽管个别阶段可能有略微的差异。

三方力量如何快速达到在文化上的利益平衡是场景形成的关键。一个好的、稳定的社区场景制造要依赖信任的建设，无论是政府对于市场经济组织和社会大众的信任，还是民众对政府的信任，这些都是社区场景制造最为关键的力量（吴志明等，2017）。从这个角度来讲，培育地方的社会信任和网络资本至关重要。总之，只有文化发展符合政府文化方针，各种参与主体在利益上达成平衡时，一个有生命力的社区文化场景才能出现，才能真正聚集人群和企业，才能驱动本地区的经济增长和社会发展（吴志明等，2017）。

最后谈一谈场景理论对于中国城市发展的意义。克拉克教授提出的场景理论建立了微观文化动力学，深化了对文化在经济增长和社会发展中动力作用的认识。社会学家马克斯·韦伯从宗教社会学的角度分析文化的动力价值。他在《新教伦理和资本主义精神》一书中讨论了新教伦理为基础的资本主义精神对于资本主义经济发展的重要性。经济学家迈克尔·波特是从产业的角度分析文化在提升国际竞争力中的作用。他在《国家竞争优势》一书中认为，基于文化的优势是一个国家最核心的竞争力。克拉克教授则从文化消费角度，将此前学者从精神层面对文化的理解，转为从价值观与生活方式层面去理解文化的内涵，从而将文化理解为生活化的结合体，即以设施、人群、活动等形成的场景，以及场景中的价值观与生活方式，对于创新创意等高级人力资本聚集的意义。

韦伯的"新教伦理与资本主义精神"、波特的"国家竞争力理论"更多从国家的视角分析文化对促进经济社会发展的作用,克拉克更多是从社区这样的微观层面,从设施、人群和活动等,分析文化在促进经济社会发展中的作用力。如果说,韦伯的社会学理论,波特的竞争力理论更多是宏观文化动力学,克拉克的场景理论更多是微观文化动力学,其深化了对文化在经济社会发展中动力作用的认识(祁述裕,2017)。

场景理论还强调不同文化要素的协同性和真实性。场景理论不是孤立地讨论单个设施,而是强调设施、活动、人群等元素的协同有机组合。场景理论还强调不同的设施所体现的真实性,被本地居民所认同的真实性,这也是城市创新动力的重要源泉。场景理论的这些观点对当前我国城市建设有很强的针对性。一是有助于匡正城市建设普遍存在的热衷于建设高档文化设施,忽视日常生活文化设施建设的现象;二是有助于避免单纯注重文化设施建设,忽视设施配套组合,以及组合后的价值观与生活方式意义;三是热衷于引进文化设施,忽视从本地区发掘特色文化资源,即地区真实性的复原而非模仿或抄袭(祁述裕,2017)。

值得注意的是,尽管场景理论对于中国城市政策有着很强的指导意义,但在具体运用上,也存在一些局限性。因为该理论本身主要是对美国、加拿大、韩国、法国等发达国家城市发展的研究基础上提炼出来的概念和术语,缺乏对发展中国家城市发展转型的材料分析。因此,在运用的时候,应该注意:一是立足中国现实,分析中国问题;二是创造性地转换成中国概念体系和表达方式;三是吸收现代科技成果,特别是互联网技术在城市、社区生活的深刻影响,将现实空间与虚拟空间的研究结合起来;四是诸如北京与上海这样的大城市,存在着工业与后工业的混合业态,城市内部也存在着二元社会结构,场景的形成更具有复杂性。

参考文献

刘东超,2017,《场景理论视角上的南锣鼓巷》,《东岳论丛》第 1 期。

刘明亮,2010,《北京 798 艺术区:市场语境下的田野考察与追踪》,中国艺术研究院博士论文。

祁述裕，2017，《建设文化场景、培育城市发展内生动力》，《东岳论丛》第 1 期。

吴迪，2013，《基于场景理论的我国城市择居行为及房价空间差异问题研究》，经济管理出版社。

吴军，2016，《文化动力：大城市发展新思维》，人民出版社。

吴志明、马秀莲，2015，《流动的三种文化逻辑：解读高校毕业生大城市聚集》，《中国青年研究》第 10 期，第 72 - 77 页。

吴志明、马秀莲、吴军，2017，《文化增长机器：后工业城市与社区发展的路径探索》，《东岳论丛》第 7 期。

张纯、张敬甯、陈平、王缉慈、吕斌，2008，《地方创意环境和实体空间对城市文化创意活动的影响》，《地理研究》第 2 期

朱家潽，2009，《故宫退食录》（上），故宫出版社，第 224 页。

Clark, Terry, ed. 2004, The city as an entertainment machine, *Elsevier Health Sciences* (9).

Daniel Aaron Silver, *Terry Nichols Clark*, *2016*, *Scenescapes：How Qualities of Place Shape Social Life*, The University of Chicago Press, pp. 71 - 121.

Florida, Richard. , 2014, *The rise of the creative Class—revised and expanded*, Basic books.

Glaeser, Edward. , and Joshuad. Gottlieb. , 2006, Urban resurgence and the consumer city, *Urban Studies*, 43 (8): 1275 - 1299.

Silver, Daniel and Terry, Clark. , 2015, The power of scenes: quantities of amenities and qualities of places, *Cultural Studies*, 09 (13): 425 - 449.

Silver, Danier et al. , 2010, Scenes: social context in an age of contingency, *Social Forces* (5).

Terry N. Clark, 2010, *The Entertainment Machine*.

Terry Nichols Clark, 2014, *Can Tocqueville Karaoke? Global Contrasts of Citizen Participation, the Arts and Development*, Emerald Group Publishing Limitied, House, Wagon Lane, Bingley BD16 1WA, UK, pp. 22 - 25.

Zhang, Yue. , 2014, Governing art districts: State control and cultural production in contemporary China. *The China Quarterly*, 21 (9): 827 - 845.

社会支持与老年人的主观幸福感[*]

孙　明[**]

摘　要：社会支持与老年人主观幸福感之间的关系，有社会支持论和社会交换论两种观点。本文从社会支持论出发，运用 2005 年"中国老年人口健康状况调查研究（CLHLS）"数据检验相关假设，探讨了不同类型、不同来源社会支持的作用。研究发现，经济支持会略微加深老年人"越老越不中用"的感觉，其他类型的社会支持则具有显著的缓解作用，反驳了社会交换论的观点。对幸福感而言，工具性和情感性的社会支持都有积极的影响，尤其是来自配偶、儿女等亲密家庭成员的支持，效果更加显著。因此，对中国大陆的老年人而言，社会支持论比社会交换论更有解释力。

关键词：社会支持　老年人　主观幸福感

主观幸福感是评价老年人心理健康水平和生活质量的重要指标，也是受多种因素影响的复杂现象，其中一个重要因素就是社会支持。社会支持论认为，各种社会支持能够满足老年人不同类型的需求，改善其身心健康水平，从而有效提高老年人的主观幸福感（Krause，1986；Norris & Murrell，1984；Russell & Cutrona，1991；Silverstein & Bengtson，1994；Thompson & Heller，1990；Reinhardt，Boerner & Horowitz，2006；Phillips et al.，2008；王大华等，2004）。而社会交换论对此提出了质疑，认为老年人接受社会支持却无法

---

　*　本研究得到上海市哲学社会科学规划课题"上海老年人的社会支持与生活幸福感研究"（2012ESH002）以及同济大学英才计划的支持。

**　孙明，同济大学政治与国际关系学院社会学系副教授，主要研究方向：政治社会学、社会分层与流动。

给予相应的回报会形成不均衡的交换关系，使他们感到丧失生活的自主性、增强了依赖感，产生羞愧和沮丧等负面情绪。因此，过多的社会支持只会降低主观幸福感（Silverstein et al.，1996；Lee & Ellithorpe，1982；Öztop et al.，2009；Kim & Kim，2003）。

针对上述理论争辩，笔者坚持社会支持论的思路，利用 2005 年"中国老年人口健康状况调查研究（CLHLS）"的数据进行统计分析和检验假设，同时考察不同类型、不同来源的社会支持对中国老年人生活幸福感的作用。笔者试图回答以下问题：社会支持是否如社会交换论所言，会使老年人产生负面情绪？社会支持对老年人幸福感的影响是积极的还是消极的？不同类型和不同来源的社会支持对老年人幸福感的影响是否有差异？

一　社会支持论

社会支持指的是非专业人士提供的社会资源，既包括那些实际获得的帮助，也包括个体能够感知到的潜在资源。社会支持主要来自正式的支持团体和非正式的帮助关系（informal helping relationship）（Cohen et al.，2000），亲属、朋友、邻里、社区是常见的社会支持来源。可以说，社会支持的基础是个人的社会网络，而不是政府的直接干预，它具有鲜明的非正式支持的性质（姚远，2003）。

根据功能不同，社会支持分为四种类型：情感性支持（emotional support），包括关心、信任和同情；工具性支持（instrumental support），指的是经济支持、日常照顾、陪同出行以及其他实质性的帮助；信息支持（information support），提供信息以及解决问题的方法、技巧；评价性支持（appraisal support），是向他人提供信息来帮助他们评估自己的表现（House，1981；Cohen et al.，2000）。

不同类型的社会支持都会对老年的幸福感产生积极的影响（Krause，1986；Norris & Murrell，1984；Russell & Cutrona，1991；Silverstein & Bengtson，1994；Thompson & Heller，1990；李建新，2004；贺志峰，2011）。作用的机制主要分功能和心理两个维度：就功能而言，社会支持能帮助老年人解决疾病护理、日常照顾、经济短缺等实际困难，推动健康老化（healthy aging），使他们度过一个幸福的晚年；心理维度，则有"缓冲器"和"主效果"两种模型（王大华等，2004；陈立新、姚远，2005）。

"缓冲器模型"认为，当老年人面对环境的压力因素时，社会支持能有效调节事件、主观评价以及精神健康之间的关系。人们得到的社会支持越多，对事件的负面评价就越少，降低了压力因素的伤害性；同时，社会支持还弱化了负面评价对精神健康的影响，从而起到缓冲器的作用。那些认为自己拥有更多社会支持的人，对外部的压力因素表现出了更强的抵抗力（Gore，1981；Cohen & Wills，1985；Lepore et al.，1992；Lee& Netzer，1994）。Van（2002）追踪研究了101个经历了丧偶事件的老年人，结果表明丧偶后的工具性支持和情感支持有效缓解了他们的孤独感。

"主效果模型"认为，社会支持在没有压力事件的情况下也会提升老年人的幸福感。Sarason 等人（Sarason，Sarason & Pierce，1990）发现，社会支持与个体的自我意象（Self-image）密切相关，那些得到较多社会支持的人对自己有更积极的描述和更高的评价。王大华等人的研究（2004）也发现，子女的支持对老年人的自尊感、孤独感、恩情感都产生了积极的效果。因此，社会支持在平时也能够帮助个体维持良好的情绪体验和身心状况（李强，1998）。

上述理论观点虽然在解释机制上有所不同，但都认为社会支持对老年人的幸福感具有积极的影响。然而，一些研究者从社会交换论出发对此提出质疑，他们的研究发现社会支持与老年人幸福感并不相关，甚至认为过多的支持可能会降低老年人的幸福感（Lee & Ellithorpe，1982；Öztop et al.，2009；Kim & Kim，2003）。

二 社会交换论的挑战

社会交换论将社会互动看作物质和非物质资源彼此交换的过程，交换依据的是"应得原则"（equity），即"投入"（cost）与"回报"（reward）保持均衡（Homans，1961；Blau，1964）。如果均衡的原则被打破，意味着交换双方权力的不平等以及依赖关系的存在。平等的交换有助于积极的情绪和亲密关系的产生，而不均衡的交换则会导致沮丧、羞愧等负面的情绪（Walster et al.，1978；Keyes，2002）。

社会交换论者认为，老年人由于疾病和功能的老化，在得到社会支持的同时无法给予相应的回报，这就产生了不均衡的交换关系。这种不均衡的关系容易使老年人感觉自己依赖他人尤其是成年子女，成为他们的负担，进而产生羞愧、沮丧、焦虑等负面的情绪（Stoller，1985；Kim & Rhee，1999；Kim & Kim，2003）。一项对土耳其老年人的研究发现，子女支持的增加反而降低了老年人的生活满意度（Öztop et al.，2009）。

此外，过多的社会支持会使老年人感到生活自主性受到威胁，增加老年人的忧虑（Lee et al.，1995；Silverstein et al.，1996）。Silverstein 等人（1996）对 539 名老年人的统计分析显示，社会支持与老年人幸福感之间是一种倒 U 型的关系，而非线性关系。适度的支持有正向效果，而过了临界点之后，过多的支持对老年人的心理有消极影响。尤其对那些无配偶的老年人以及对社会支持期望低的老年人，这一模式表现得更加明显。他们认为，原因就是过多的社会支持导致了依赖并侵蚀了老年人生活的自主性。

三　研究假设

社会支持对老年人主观幸福感的作用仍然存在争论，而笔者认为社会支持对中国老年人幸福感具有积极的作用，老年人并不会因为获得社会支持而陷入非均衡的交换关系，进而产生消极情绪、降低幸福感。

首先，从整个生命历程来看，年轻时的"付出"与年老时的"获得"构成了均衡的交换关系。最典型的就是父母对未成年子女的抚养以及成年子女对年老父母的赡养。费孝通（1985）曾将中国的代际关系概括为"反馈模式"或称为"抚育-赡养型"：甲代抚育乙代，乙代赡养甲代；乙代抚育丙代，丙代赡养乙代。代际间的哺育和反哺，表明一种交换逻辑的存在（郭于华，2001）。因此，纵观整个生命历程，年老时获得社会支持只是交换关系的一个片段而已，这恰恰是社会交换论者得出"非均衡关系"的症结所在。而且，在比较付出与回报时，中国的老年人出于一种"责任伦理"，他们的付出要远远大于子女的"反哺"（杨善华、贺常梅，2004）。若计算花费，包括生活、教育、婚姻在内的抚养成本在各个时代都要高于赡养成本（王跃生，2008）。因此，笔者认为中国老年人并不会因为晚年的"无以为报"而感到沮丧、羞愧。

其次，中西方在文化观念上存在差异，对中国老年人而言社会支持并不意味着对自主性和尊严的损害。一些西方社会强调个体的独立性，过分依赖他人包括家人在内的社会支持是有损尊严的（Clark，1969）。而中国存在着深厚的"孝"文化观（熊跃根，1998），赡养老人既是法律规定的义务又是具有道德色彩的"孝道"（Ganschow，1978；Davis-Friedman and Deborah，1991），敬老是被整个社会颂扬的道德。获得社会支持会使老年人感到被尊重和爱护，并不会认为它威胁了生活的自立性、损伤了个人的尊严。申继亮等人（2003）对288名中国老年人的研究就发现，子女的服务支持对老年人的自尊有正向的预测作用。

最后，在社会化养老服务体系不完善的条件下，社会支持对老年人能否安度晚年具有重要意义。在许多亚洲国家，由于官方或半官方提供的社会服务不到位，数量和质量上严重不足，使老年人只能主要依靠非正式的社会支持（Choi，2000；Ng et al.，2002）。在中国，即使城市老年人的经济来源主要依靠退休金，但社会支持在情感慰藉和日常照顾等方面依然无可替代；而在社会化养老水平较低的农村地区，生活质量的总体水平还很差（李德明、陈天勇、吴振云，2007），老年人的晚年生活更加依靠子女、配偶的家庭支持。

笔者基于以上分析提出两个研究假设：

假设1，社会支持并不会加剧老年人的负面情绪，反而具有缓解作用；

假设2，社会支持能够提高老年人的主观幸福感。

四 研究设计

（一）数据及模型

本研究使用的数据来自2005年北京大学老龄健康与家庭研究中心组织管理的"中国老年人口健康状况调查研究（CLHLS）"。老年人口的样本量是15638，去掉存在缺失值、拒答和不合理答案的样本后，最终用于模型拟合的样本量是12288。由于因变量是定序变量，笔者采用序次logit模型（ordinal logit model）或称为累积logit模型（cumulative logit model）。

（二）变量

1. 因变量

（1）主观幸福感。笔者通过 CLHLS2005 中的一道题目来测量主观幸福感："您觉得您现在的生活怎么样？"答案包括"很好"、"好"、"一般"、"不好"、"很不好"5 个级别。为了分析的方便，笔者将答案的顺序逆转，然后"不好"和"很不好"合并，"一般"保持不变，"很好"与"好"合并，得到一个三分类的定序变量：1"不幸福"、2"一般"、3"幸福"。

（2）负面情绪。社会交换论认为老年人接受社会支持而无法给予相应的回报，以及无法保持生活独立性，会产生沮丧和羞愧的负面情绪。笔者认为这种情绪与老年人"老而无用"和"失能"的感觉密切相关。CLHLS2005 询问老年人"您是不是觉得越老越不中用了"，笔者以此作为负面情绪的操作测量，来检验社会交换论的观点。该题目的答案包括"总是"、"经常"、"有时"、"很少"和"从不"5 个等级。笔者对顺序进行翻转，并将前两类合并成"经常"，编码为3；"有时"不变，编码为2；后两类合并成"很少"，编码为1。

2. 自变量

（1）经济支持。笔者通过两个变量来测量给予老年人的经济支持。第一，CLHLS2005 详细询问了老年人主要的生活来源和次要的生活来源，包括"退休金"、"配偶"、"子女"、"孙子女"、"其他亲属"、"当地政府或社团"、"自己劳动或工作"以及"其他"。笔者构建了一个二分变量"是否获得经济上的社会支持"，若老年人的生活来源仅仅是依靠退休金、劳动或工作收入以及当地政府或社团①，说明没有获得经济上的社会支持；若从配偶、子女等亲属那里获得生活来源，无论多寡，都视作获得了经济支持。

第二，老年人被询问"近一年来，您的子女（包括同住与不同住的所有孙子女及其配偶）给您现金（或实物折合）多少元"，笔者对不同来源的金额进行加总，然后取自然对数。如果被访者报告的是 0 元，那么在进行对数运算时笔者用 1 元来替代。

---

① 社会支持强调非专业、非正式的帮助关系，来源主要是亲友、小群体和社区，因而笔者未将政府支持包含在内。

（2）日常照顾。笔者同样是通过两个变量来测量，一是老年人身体不适或生病时主要由谁照顾。笔者进行了再编码，1是"无人照顾"、2"配偶"、3"子女（含配偶）和孙子女"、4"其他亲友和邻里"、5"社会服务和保姆"。笔者认为社会服务具有政府福利的性质，而保姆是通过市场途径满足需要，二者与社会支持有所不同，因此合并为一类。

另一个测量日常照顾的变量是遇到困难和问题最先想找谁解决。笔者再编码为一个五分类的变量，1是"无人解决"、2"配偶"、3"子女（含配偶）和孙子女"、4"其他亲友和邻里"、5"社会工作者和保姆"。

（3）情感支持。CLHLS2005中有一道题目询问老年人，"如果您有心事或想法，最先向谁诉说"。笔者同样再编码为一个五分类的变量，1是"无人可说"、2"配偶"、3"子女（含配偶）和孙子女"、4"其他亲友和邻里"、5"社会工作者和保姆"。

3. 控制变量

本研究的控制变量包括性别、年龄、婚姻状况、2004年家庭人均收入（自然对数形式）、生活水平的主观判断、60岁之前的主要职业、健康状况、受教育年限、调查地。

其中的"婚姻状况"，笔者将"已婚并与老伴住在一起"编码为1；考虑到"分居"会影响来自配偶的社会支持，因此将"已婚但不与老伴住在一起"与"离婚"、"丧偶"和"从未结过婚"合并，再编码为0。

60岁以前主要从事的工作，笔者重新编码为：1"行政管理"、2"专业技术人员"、3"职员/服务员/工人"、4"农民"、5"家务劳动"，将"自由职业"、"军人"及"无业人员"合并到6"其他"。

老年人健康状况是一个非常重要的控制变量，通过"日常活动能力（ADL）"和"器具性日常活动能力（IADL）"来测量。日常活动能力包括洗澡、穿衣、室内活动、上厕所、吃饭、控制大小便6个反映生活自理能力的项目，六道题目的α信度系数是0.89。笔者运用因子分析的主成分提取法，生成一个"日常活动能力公因子"作为新的变量，数值越大表明日常活动能力受损（受限）越严重。器具性日常活动能力有8项，分别是能否独自到邻居家串门、独自外出买东西、独自做饭、独自洗衣服、连续走2里路、提起大约10斤重的东西、连续蹲下站起三次、独自乘坐公共交通出行，8道题目的α信度系数是0.95。笔者同样提取一个"器具性日常活动能力公因子"作为新的变量，数值越大意味着能力受损（受限）越严重。

（三）数据的描述统计

表1 变量的描述统计（N=12288）

变量编码	百分比（%）		变量编码	百分比（%）	
	未加权	加权		未加权	加权
主观幸福感			心事向谁诉说		
不幸福=1	6.46	5.77	无人可说=1	3.25	2.68
一般=2	32.31	36.67	配偶=2	29.62	53.83
幸福=3	61.23	57.56	子女（含配偶）和孙子女=3	61.01	38.46
感到不中用			其他亲友和邻里=4	4.83	4.67
很少=1	38.11	44.09	社会工作者和保姆=5	1.92	0.36
有时=2	36.43	35.67	生活水平的主观判断		
经常=3	25.46	20.25	困难=1	16.43	15.59
经济支持（是=1）	86.75	81.29	一般=2	66.54	68.53
身体不适由谁照顾			富裕=3	17.03	15.88
无人照顾=1	1.79	2.46	60岁前主要职业		
配偶=2	24.43	47.18	行政管理=1	4.33	5.83
子女（含配偶）和孙子女=3	68.46	47.70	专业技术人员=2	5.31	7.34
其他亲友和邻里=4	1.86	1.46	职员/服务员/工人=3	15.89	19.55
社会服务和保姆=5	3.46	1.20	农民=4	60.29	58.07
遇到困难由谁解决			家务劳动=5	9.55	5.01
无人解决=1	1.64	1.72	其他=6	4.76	4.20
配偶=2	23.37	43.49	调查地		
子女（含配偶）和孙子女=3	70.21	51.35	城市=1	24.90	24.74
其他亲友和邻里=4	2.86	2.72	镇=2	19.96	18.39
社会工作者和保姆=5	1.92	0.82	乡=3	55.14	56.87
性别（男=1）	45.00	48.64	婚姻（已婚=1）	34.20	60.53

均值及标准差				
	未加权		加权	
年龄	84.73	11.65	73.25	5.84
现金和实物折现	1708.35	3731.77	1655.29	3752.31
2004家庭人均收入	5379.31	8709.48	5554.16	8703.02
受教育年限	2.32	3.68	3.28	4.08

五　统计结果

（一）社会支持对老年人负面情绪的影响

表 2　社会支持对老年人负面情绪影响的序次 logit 回归模型

变量	回归系数	标准误
是否得到经济支持[a]	0.13*	0.06
子女及孙子女给的钱物（ln）	0.01	0.01
身体不适由谁照顾[b]		
配偶	-0.43**	0.15
子女（含配偶）和孙子女	-0.31*	0.14
其他亲友和邻里	0.04	0.19
社会工作者和保姆	-0.39*	0.18
遇到困难找谁解决[c]		
配偶	-0.55**	0.18
子女（含配偶）和孙子女	-0.34*	0.17
其他亲友和邻里	-0.34	0.21
社会工作者和保姆	-0.45	0.24
心事和想法向谁诉说[d]		
配偶	-0.27	0.14
子女和孙子女	-0.36**	0.12
其他亲友和邻里	-0.13	0.15
社会工作者和保姆	-0.33	0.24
cut1	-4.29	0.28
cut2	-2.58	0.28
LR chi2	1428.58	
P	0.00	
N	12288	

注：$*p<0.05$，$**p<0.01$，$***p<0.001$；部分变量的参照组为：a. 无经济支持，b. 无人照顾，c. 无人解决，d. 无人诉说；限于篇幅，笔者未展示控制变量的统计结果。

表 2 的统计结果显示，社会支持对缓解"越老越不中用"这种负面情绪，总体上具有比较积极的作用，假设 1 基本得到资料的支持。

但深入考察可以发现，不同类型社会支持的作用有所差异。那些得到经济支持的老年人与未得到支持的老年人相比，更可能感到"越老越不中用"；前者的优势（odds）是后者的 1.14 倍（$e^{0.13}$），且具有统计显著性（$p < 0.05$）。而在老年人身体不适时给予照顾、遇到困难帮助解决、倾听他们的想法和心事并不会加深老年人"越老越不中用"的负面情绪，反而具有缓解作用。

再看不同来源的社会支持，配偶、子女和孙子女给予的照顾、帮助和倾听对老年人有积极的作用，而来自其他亲友和邻里的支持虽然从回归系数看对老年人的负面情绪有缓解作用，但并不具有统计显著性（$p > 0.05$）。此外，控制了地域、收入等一系列变量之后，专业化的社会工作者和保姆在老年人身体不适时提供"照顾"能显著地缓解"越老越不中用"的情绪。

（二）社会支持对老年人主观幸福感的影响

表 3　社会支持对老年人幸福感影响的序次 logit 回归模型

变量	模型 1	模型 2	模型 3	模型 4	模型 5	模型 6
经济支持[a]	0.25 *** (0.06)					0.17 * (0.07)
钱物（ln）		0.03 *** (0.01)				0.01 (0.01)
照顾[b]						
配偶			0.55 *** (0.15)			0.25 (0.16)
子女（含配偶）和孙子女			0.60 *** (0.14)			0.30 * (0.15)
其他亲友和邻里			0.13 (0.19)			0.08 (0.21)
社会工作者和保姆			0.78 *** (0.18)			0.37 (0.20)
解决困难[c]						
配偶				0.87 *** (0.16)		0.29 (0.19)
子女（含配偶）和孙子女				0.84 *** (0.15)		0.16 (0.17)

续表

变量	模型 1	模型 2	模型 3	模型 4	模型 5	模型 6
其他亲友和邻里				0.51 ** (0.18)		0.32 (0.22)
社会工作者和保姆				1.26 *** (0.21)		0.85 ** (0.27)
心事诉说						
配偶					0.75 *** (0.13)	0.57 *** (0.15)
子女（含配偶）和孙子女					0.86 *** (0.11)	0.74 *** (0.13)
其他亲友和邻里					0.48 *** (0.13)	0.36 * (0.15)
社会工作者和保姆					1.21 *** (0.22)	0.58 * (0.28)
Cut1	1.54 (0.26)	1.47 (0.26)	1.85 (0.28)	2.09 (0.29)	1.97 (0.27)	2.48 (0.30)
Cut2	4.11 (0.26)	4.04 (0.26)	4.42 (0.29)	4.66 (0.29)	4.55 (0.27)	5.05 (0.31)
LR chi2	2372.18	2369.44	2388.20	2407.16	2438.72	2474.30
P	0.00	0.00	0.00	0.00	0.00	0.00
N	12288	12288	12288	12288	12288	12288

注：括号中为标准误；$*p<0.05$，$**p<0.01$，$***p<0.001$；部分变量的参照组为：a. 无经济支持，b. 无人照顾，c. 无人解决，d. 无人诉说；限于篇幅，笔者未展示控制变量的统计结果。

表 3 的统计结果说明不同类型的社会支持都能够有效地提高老年人的主观幸福感，假设 2 得到资料的支持。

通过模型 1 和模型 2 的统计结果可以看出，经济方面的社会支持对提高老年人的幸福感具有显著作用。模型 1 中，与没有得到经济支持的老年人相比，得到支持的老年人感到幸福的优势比是前者的 1.28 倍（$e^{0.25}$），模型 2 中子女和孙子女所给的钱物每增加一个单位，老年人感到幸福的优势比就增加 3%，且都具有较高的统计显著性（$p<0.001$）。模型 3 的统计结果显示，当身体不适时，那些能够得到配偶、子女和孙子女照顾的老年人感到幸福的优势比分别是无人照顾的老年人的 1.7 倍（$e^{0.55}$）和 1.8 倍（$e^{0.60}$），都具有较高的统计显著性（$p<0.001$），但是来自其他亲友和

邻里的照顾对老年人的幸福感却没有显著的作用。模型 4 考察了给予老年人帮助对幸福感的影响，同样是以无帮助的老年人为参照，来自配偶、子女和孙子女、其他亲友和邻里的支持都显著地提高了老年人的幸福感。模型 5 考察的是情感支持，能够向配偶、子女和孙子女、其他亲友和邻里倾诉想法和心事的老年人，他们感到幸福的优势比分别是无人倾诉的老年人的 2.1 倍（$e^{0.75}$）、2.4 倍（$e^{0.86}$）、1.6 倍（$e^{0.48}$），都具有较高的统计显著性（$p < 0.001$）。

从社会支持的来源看，配偶和子女、孙子女的照顾、帮助、倾听对提高老年人幸福感具有显著的作用；来自其他亲友和邻里的工具性支持，对提升幸福感没有作用，只有他们的情感支持对老年人的幸福感有积极影响。笔者推测，配偶与子女、孙子女与老年人的空间距离和情感距离最近，给予的社会支持在质量和数量上要优于其他亲友和邻里零散的支持。

此外，一个有趣的研究发现是，来自社会工作者和保姆的支持对提高老年人的幸福感效果显著。由于社会支持具有非专业和源自个人社会网络的特征，本文没有把社会工作者和保姆的支持包含在内，但也进行了考察。在控制了老年人的经济收入、阶层地位、城乡差别等变量之后，表 5 的统计结果表明，社会工作者、社会服务以及保姆给予的工具性支持和情感支持对提高老年人的幸福感有显著作用（$p < 0.001$），而且效果超过了配偶、子女等亲属。例如在模型 4 中，遇到困难由社工和保姆解决的老年人感到幸福的优势比是无人帮助的老年人的 3.5 倍（$e^{1.26}$）；而在模型 5 中，倾听老年人想法和心事方面是 3.4 倍（$e^{1.21}$）。笔者猜测社会工作者和保姆在照顾护理和情绪疏导方面的专业性，有效地改善了老年人生活的质量，从而提升了生活的幸福感。笔者大胆预测，与传统家庭养老的亲友支持相比，社会化养老服务体系的构建以及越来越多专业护理人员的介入将会更加有效地改善老年人的生活质量。

六　结论与不足

本文对社会支持与老年人幸福感之间的关系进行研究，回应了社会支持论和社会交换论的理论争辩，探讨了不同来源、不同类型的社会支持对提升老年人幸福感的作用。

研究结果表明，给予老年人照顾、帮助、倾听等社会支持并没有导致老年人的负面情绪，反而有效地缓解了他们"老而无用"的消极感受，可以说，社会交换论的观点没有得到资料的支持。对中国的老年人而言，社会支持提升了他们的生活幸福感。包括给予财物、身体不适时的照顾、帮助解决困难在内的工具性支持，以及倾听老年人想法和心事的情感性支持，都对老年人的主观幸福感有积极的作用。从社会支持的来源看，来自配偶、子女和孙子女的支持效果要强于其他亲友和邻里，说明家庭成员的支持是非常重要的。

以上研究结果提醒我们，在社会化养老服务体系尚不完善的情况下，社会支持对提高老年人的生活质量、幸福感具有重要作用，尤其是来自家庭成员的社会支持不仅弘扬爱老敬老的传统，对解决中国老年人的养老问题依然具有重要的意义。在现代化和城市化进程加快、家庭结构逐渐核心化和小型化的背景下，巩固老年人既有的社会支持网络，基于老人的需要拓展新的社会支持类型，积极发挥社区和公益组织的作用，这些都是有待解决的问题和值得深入研究的课题。同时本研究发现，源自专业的社会工作者和保姆的支持对老年人的主观幸福感作用显著，甚至在某些方面超过了配偶和子女。笔者相信，社会化养老服务体系的构建以及专业护理人员的介入将会更有效地提高老年人的生活质量，帮助他们度过一个幸福安康的晚年。

最后，作为一种尝试和探索，本文依然存在许多不足之处。数据中关于社会支持的信息比较有限，笔者只能考察工具性支持和情感支持这两种类型，而且无法对社会支持的多寡进行操作测量。为了检验社会交换理论的假设，笔者用"老而无用"的感受来测量不均衡交换产生的负面情绪，这一操作化是否恰当值得商榷，但这是在数据有限的情况下比较可行的做法。本研究使用的是常规的序次 logit 模型，为了简约和对统计结果进行有意义的解释，没有采用允许比率在分界点之间变化的一般化序次 logit 模型（generalized ordered logit model），因此不能保证严格的等比例比率假设（proportional odds assumption），可能会造成研究结论的不可靠。希望将来有专门针对老年人社会支持的数据，不断改进研究方法，对本文无法解答的研究问题作深入的探讨。

参考文献

陈立新、姚远，2005，《社会支持对老年人心理健康影响的研究》，《人口研究》第29期：73－78。

费孝通，1985，《家庭结构变动中的老年赡养问题——再论中国家庭结构的变动》，载《费孝通社会学文集》，天津人民出版社。

郭于华，2001，《代际关系中的公平逻辑及其变迁——对河北农村养老事件的分析》，《中国学术》第3期：221－254。

贺志峰，2011，《代际支持对农村老年人主观幸福感的影响研究》，《人口与经济》第1期：1－3。

李德明、陈天勇、吴振云，2007，《中国农村老年人的生活质量和主观幸福感》，《中国老年学杂志》第12期：1193－1196。

李建新，2004，《社会支持与老年人口生活满意度的关系研究》，《中国人口科学》第1期：43－47。

李强，1998，《社会支持与个体心理健康》，《天津社会科学》第1期：67－70。

申继亮、张金颖、佟雁、周丽清，2003，《老年人与成年子女间社会支持与老年人自尊的关系》，《中国心理卫生杂志》第17期：749－782。

王大华、佟雁、周丽清、申继亮，2004，《亲子支持对老年人主观幸福感的影响机制》，《心理学报》第36期：78－82。

王跃生，2008，《中国家庭代际关系的理论分析》，《人口研究》第32期：13－21。

熊跃根，1998，《成年子女对照顾老人的看法——焦点小组访问的定性资料分析》，《社会学研究》第5期：72－83。

杨善华、贺常梅，2004，《责任伦理与城市居民的家庭养老——以"北京市老年人需求调查"为例》，《北京大学学报》（哲学社会科学版）第41期：71－84。

姚远，2003，《非正式支持理论与研究综述》，《中国人口科学》第1期：67－72。

Blau P. , 1964, *Exchange and Power in Social Life*. New York：Wiley.

Choi S. J. , 2000, "Ageing in Korea：issues and policies", In D. R. Phillips（Ed.）, *Ageing in the Asia-Pacific Region*（pp. 223－242）, London：Routledge.

Clark M. , 1969, "Cultural value and dependency in later life", In R. A. Kalish（Ed.）, *The Dependencies of Old People*, Ann Arbor：Institute of Gerontology, University of Michigan.

Cohen, S. and Wills, T. A. 1985. Stress, social support, and the buffering hypothesis. *Psychological Bulletin*, 98：310－357.

Cohen S. , Gottlieb B. and Underwood L. , 2000, "Social relationships and health", In S. Cohen, L. Underwood and B. Gottlieb（Eds.）, *Social Support Measurement and Intervention*（pp. 328）. New York：Oxford University Press.

Davis-Friedmann and Deborah, 1991. *Long Lives：Chinese Elderly and the Communist Revolution*. Stanford, CA：Stanford University Press.

Ganschow T. W. , 1978, "Aged in a Revolutionary Milieu：China", In S. F. Spicker,

K. M. Woodwardand D. D. Van-Tassel (Eds.), *Aging and the Elderly: Humanistic Perspectives in Gerontology* (pp. 303 – 320), Chesterfield, MO: Humanities Press.

Gore S. , 1981, "Stress-buffering functions of social supports: An appraisal and clarification of research models", In B. S. Dohrenwend and B. P. Dohrenwend (Eds.), *Stress life events and their contexts* (pp. 202 – 222). New York: Prodist.

Homans George C. , 1961, *Social Behavior: Its Elementary Forms*, New York: Harcourt Brace Jovanovich.

House J. S. , 1981, "Work, stress, and social support," *Reading*, MA: Addison-Wesley.

Keyes C. L. M. , Shmotkin D. and Ryff C. D. , 2002, "Optimizing well-being: The empirical encounter of two traditions," *Journal of Personality and Social Psychology*, 82: 1007 – 1022.

Kim C. S. and Rhee K. P. , 1999, "Living arrangements in old age: Views of elderly and middle-aged adults in Korea," *Hallym International Journal of Aging*, 1: 94 – 111.

Kim I. K. and Kim C. S. , 2003, "Patterns of family support and the quality of life of the elderly," *Social Indicators Research*, 62: 437 – 454.

Krause N. , 1986, "Social support, stress, and well-being among older adults," *Journal of Gerontology*, 41: 512 – 519.

Lee G. R. , Netzer J. K. and Raymond T. Coward, 1995, "Depression Among Older Parents—the Role of Intergenerational Exchange," *Journal of Marriage and the Family*, 57: 823 – 33.

Lee G. R. and Ellithorpe E. , 1982, "Intergenerational exchanges and subjective well-being among the elderly," *Journal of Marriage and the Family*, 44: 217 – 224.

Lee G. R. and Netzer J. K. , 1994, "Filial responsibility expectations and patterns of intergenerational assistance," *Journal of Marriage and the Family*, 56: 559 – 566.

Lepore S. J. , Evans G. W. and Schneider M. L. , 1992, "Role of control and social support in explaining the stress and hassles of crowding," *Environment and Behavior*, 24: 795 – 811.

Ng A. C. Y. , Phillips D. R. , and Lee W. K. M. , 2002, "Persistence and challenges to filial piety and informal support of older persons in a modern Chinese society: A case study in Tuen Mun, Hong Kong," *Journal of Aging Studies*, 16: 1 – 20.

Norris F. H. and Murrell S. A. , 1984, "Protective function of resources related to life-events, global stress, and depression in older adults," *Journal of Health and Social Behavior*, 25: 424 – 437.

Phillips D. R. , Siu O. L. , Yeh A. G. and Cheng K. H. , 2008, "Informal social support and older persons' psychological well-being in Hong Kong," *Journal of Cross-Cultural Gerontology*, 23: 39 – 55.

Reinhardt J. P. , Boerner K. and Horowitz A. , 2006, "Good to have but not to use: Differential impact of perceived and received support on well-being," *Journal of Social and Personal Relationships*, 23: 117 – 129.

Russell D. W. and Cutrona C. , 1991, "Social support stress and depressive symptoms among the elderly: Test of a process model," *Psychology and Aging*, 6: 190 – 201.

Sarason B. , Sarason I. and Pierce G. , 1990, *Social Support: An International View*, New York: John Wiley&Sons.

Silverstein M. , Chen X. and Heller K. , 1996, "Too much of a good thing? Intergenerational social support and the psychological well-being of older parents," *Journal of Marriage and the Family*, 58: 970 – 982.

Silverstein M. and Bengtson V. L. , 1994, "Does intergenerational social support influence the psychological well-being of older parents? The contingencies of declining health and widowhood," *Social Science and Medicine*, 38: 943 – 957.

Stoller E. P. , 1985, "Exchange patterns in the informal networks of the elderly: The impact of reciprocity on morale," *Journal of Marriage and the Family*, 47: 335 – 342.

Thompson M. G. and Heller K. H. , 1990, "Facets of support related to well-being: Quantitative social isolation and perceived family support in a sample of elderly women," *Psychology and Aging*, 5: 535 – 544.

Van Baarsen B. , 2002, "Theories on coping with loss: The impact of social support and self-esteem on adjustment to emotional and social loneliness following a partner's death in later life," *Journal of Gerontology: Social Sciences*, 57: 33 – 42.

Walster E. , Walster G. W. and Berscheid E. , 1978, *Equity: Theory and Research*. MA: Allyn & Bacon.

Öztop H. , Sener A. , Guven S. and Dogan N. , 2009, "Influences of intergenerational support on life satisfaction of the elderly: A Turkish sample," 37: 957 – 969.

理论与方法

"遗产"能否成为一种社区类型？

——关于"遗产"的社会学反思

钟晓华[*]

摘　要： "遗产社区"是一个尚未被概念化的提法，它叠加了生活共同体的社区特征、老旧住区的空间特征及遗产聚落的文化特征。本文从遗产定义及价值认定、遗产社区的社会－空间特征及城市更新语境中的社区变迁等方面，探讨遗产社区作为一种社区类型及城市研究单元的可能性。

关键词： 遗产社区　社区抗逆力　城市更新

遗产社区，从遗产研究的范畴被称为人居型遗产聚落，从城市研究的角度又是在城市中心区范围内的旧居住街区，上海的石库门、北京的胡同、江南水乡、中西部的民族村寨皆为遗产社区的代表。虽不是规范的社区类型化定义，却是在旧城更新、社区治理、城市文化等诸多议题下值得关注的研究单元。将遗产社区置于城市转型发展及全球化的大背景中作为一个具有独特社会价值的城市生活共同体，研究其社会结构、社区资本、组织制度等社区特征与遗产保护和城市发展的关系，具有一定的学术价值和意义。

一　遗产认定与价值评估

何谓遗产？并无定论。关于"遗产"本身的界定，应用最多的还是联合国

---

* 钟晓华，同济大学政治与国际关系学院社会学系助理教授，主要研究方向：城市社会学。

教科文组织在评定世界遗产的突出普遍价值标准（OUV，Outstanding Universal Value），在界定文化遗产、自然遗产、混合遗产和文化景观等遗产类型的基础上明确了原真性（Authenticity）、整体性（Integrity）的评价指标，强调遗产在地球进化史及人类文明发展中的突出代表性及进化延续性。除此界定标准外，遗产影响评估（Heritage Impact Assessments）、经济稀缺性评估（Economic Uniqueness）也是对遗产价值及环境影响评估中对涉及的遗产进行的影响评估实践。2009 年，联合国教科文组织与国际古迹遗址理事会（ICOMOS）发布的《世界文化遗产影响评估导则》（Guidance on Heritage Impact Assessments for Culture World Heritage Properties），较为全面地阐述了遗产影响评估的背景、流程、组织等内容，并概括了一般性的影响评估工作内容。将其定位为一种文化遗产的管理方式推介给遗产保护领域，作为对涉及文化遗产的开发建设活动进行事前评估、管理的新工具向各会员国推广。

联合国教科文组织于 2011 年 11 月在《关于历史性城市景观的建议书》中提出的"历史性城市景观方法"（Historical Urban Landscape）的突破在于，它不是将历史建筑、城市空间从社会、环境和经济中剥离出来，而是更强调相互联系的整体性，它强调了建立遗产的物质空间与影响其形成和支撑其演变的社会、文化、经济背景之间联系的必要性，而社区概念正是将物质、社会、文化、经济过程在时空上集结的载体。遗产管理的目标已从关注物质遗产保存转向对遗产的经济社会价值的保护与利用，遗产的唯一性及稀缺性被作为资产纳入城市发展框架。由此可见，在城市遗产保护的完整性范畴中已经将城市遗产所在地区的遗产社区作为城市遗产社会价值不可或缺的组成部分。

在诸上国际话语的主导下，亦有人文学者开始反思遗产定义背后的政治经济关系，对遗产的强调源于对西方文化中心主义、全球文化趋同的担忧，"传统"成为现代化的造物、"地方性"成为全球化的他者（范可，2008）。从形象工程到申遗热潮，对传统及地方的重申不在于唤起民众的认同，而在于争取对文化资源的掌握及权威性解读。哪一段过去？谁的遗产？谁来认同？（Sharon Zukin，1987）不同人群对于遗产的认知、认同和需要是不一样的，而且是存在冲突的，遗产保护问题就是通过社会空间重置与象征符号生产来解决不同人群对遗产认知和需要的阶层差异。

二　遗产社区的社会特征

虽然尚无针对遗产社区的专门性研究，但在城镇化、城市更新的语境下，遗产社区仍是重要研究场景与研究对象。本文使用"遗产社区"的提法，而非法定条例中的"历史文化街区"、"历史文化名城名镇"或建筑学、城市规划学学科领域的"历史城区"、"历史中心"、"历史地段"等，是因为本文并不从文物保护、建筑修缮、城市设计、保护规划等技术领域对遗产保护进行探讨，而是将微观尺度的时空变迁与国家、民族的宏大叙事联系在一起，将遗产的价值重估、物质空间及社会结构变化联系在一起。

在城市更新的语境下，人居型遗产社区相较其他被文物式保护的遗产有更为综合的价值，包括传统的建筑特征、有特色的空间组织肌理、有历史延承性的居住生活形态及民俗文化、地方精神；但同时，因为其被完全暴露于城市变迁、社会转型的大环境之中，没有得到"真空式"的保护这类遗产也面临着更多、更复杂、更动态的内部变化及外部干预。旧城改造、地产开发、功能调整、旅游产业植入，这些变化都使遗产社区面临着物质遗存被损、原住民搬离、历史记忆丧失、过度商业化等破坏，加上城市开发的利益主体趋于多元，使得情况愈加复杂。遗产社区因其特殊的物理及社会空间属性，一般具有如下社会抗逆力特征。

第一，高社会资本。遗产社区作为典型的旧住区，社区成员有着强烈的地方认同、紧密的邻里关系、较高的社区归属感及相互的互惠支持，因而遗产社区的社会资本较高。这种同质性社会资本是由社区文化长期维系和社会关系长期持续积累的结果，具有先赋性、封闭性和内聚性，是应对外部干预的有效资源。

第二，高文化韧性。文化韧性指特定的文化背景（即文化、文化价值观、语言、习俗、标准规范）如何帮助个人以及社区克服逆境。遗产社区因其包含的特定的文化背景而成为一项重要的增强社会抗逆力的文化资产，在城市风险管理与防范、地方文化生态系统保护和增强社会和文化凝聚力等方面起到了积极的作用。遗产社区的高文化韧性能够帮助建立包容性更大的社会和凝聚力更强的城区，增强其社会抗逆力。文化连续性是身份特征和城市自豪感的决定性因素，而后两者正是决定城市竞争力和建立韧性的重要资本。

第三，高风险认知。遗产社区的传统生活方式及风俗习惯等方面的地方性知识往往能使社区更好地面对自然及社会干预。如东南亚沿海地区的部落、日本的地方性社区都通过生活经验、风俗传说很好地预见了海啸、地震等自然灾害，向游客提出预警，大大减少了灾害损失。传统技艺和实践不仅是文化遗产的传承，也有助于灾后社区的自救性重建，如通过自行回收和再利用材料重建庇护所，减少了社区对外部支持的依赖，并为社区的可持续恢复提供了关键的生活来源。

第四，低灾害应对能力。遗产社区普遍存在的老龄化、贫困化、移民化人口结构特征是社会脆弱性的诱发因素。从社会公正（Social Justice）视角来看，风险因素在社会各个群体之中的分布并不是均匀的，各个群体在外力冲击下潜在的受损因素、受伤害程度、应对能力、调适能力及创新能力存在差异。例如，贫困、少数族群地位、性别、年龄、残障等因素都会增加社会脆弱性，进而降低社会抗逆力。

第五，低制度抗逆力。所谓制度抗逆力主要是指政府及其他社会组织基于多元利益相关者的治理网络及管治能力。遗产社区的组织网络一般多为基于邻里关系的非正式、松散型的，应急响应的组织化水平不高，缺乏健全的协同沟通及社区规划机制。

三　更新语境下的遗产社区变迁

在大规模的城市开发与更新背景下，"遗产"的概念被不断重申和拓展，城市遗产的保护与更新成为城市研究中的热门议题之一。国外关于城市遗产保护更新机制的研究主要集中于以下三方面：第一，对遗产保护相关发展阶段及地方经验的介绍，史蒂文·蒂耶斯德尔（2006）概括了二战后西方在不同社会背景下由不同主导力量推动的三次遗产保护浪潮及其阶段特征，同时也有许多研究聚焦各国有代表性的遗产保护制度，如法国以遗产保护为前提的社会住房制度（邵甬，2011）、美国的遗产区保护制度等；第二，遗产保护实践中不同利益主体的策略行动，如全球城市战略下新加坡政府主导的将城市遗产更新为艺术区的实践（T. C. Chang，2000）、由市场力量主导的遗产旅游产业发展（Mckercher B. et al.，2005）、民间团体在英国城市遗产保护中的角色地位（焦怡雪，2002）；第三，对遗产保护理论及机制的反思，近年来随着遗产保护实践的深入，西方学界开始反思遗产保护何去何从的问题，学术研究与保护实践正逐渐脱节，而多元主体间的利益冲突、城市开发对遗产保护的挑战等现实问题也促使学者们探索新的可持续遗产保护路径（May Cassar，2009）。

　　既有遗产保护领域的研究对世界遗产认定对当地社区的影响做了分析，测量了在被认定为世界遗产前后，遗产地当地社区在经济、社会文化、物质环境及社区认同等方面的变化。遗产价值固然活化了地方文化旅游产业，为当地社区提供了充足的就业岗位及经济机会；但对生活性社区造成了不可逆的负面影响。（Brian Logan VanBlarcom & Cevat Kayahan，2011；Takamitsu Jimura，2011）

　　除了遗产认定地的直接变化外，中产阶级化也是区位优势明显、有丰富文化资本的遗产社区在城市更新语境下最常发生的变迁之一。中产阶级化的概念于1964年由英国学者Ruth Glass首次提出，用来形容伦敦的工人阶级居住区在租约到期后，经由中产阶层入住者的改造，从原来破旧的楼房和合租房，摇身变成优雅、昂贵的住宅，并逐渐使得所有或者大部分的原住民迁走，整个地区的社会特征发生改变。从世界上很多城市的更新经验来看，城市中产阶级化已经成为非常普遍的遗产社区更新过程及后果。从文化消费视角的研究，将新中产阶层迁入旧街区的行为解释为一种生活方式和审美体现，"依据更富裕的使用者的偏好而进行的空间生产"（Hackworth，2002）而不同都市休闲娱乐设施（Amenity）组合形成的都市场景也成为吸引创意阶级、助推地区经济活力的关键（Clark，2013）。文化成为塑造城市空间的重要力量，但在权力与资本裹挟之下，遗产社区的原真性也逐渐丧失（Zukin，2012）。

　　更激烈的批判来自新马克思主义，中产阶级化固然给遗产社区带来了物质空间的改善、街区活力的升级，低收入者迁出、中高收入者迁入也进一步加剧了社会分化。"谁的遗产""谁的乡愁"之类的诘问日渐增多。Migliorato（2016）[①]以拥有本科及以上居民的比例、家庭收入、少数族裔居民比例、租房者比例及社区区位五大指标构建了中产阶级化易感指数（Gentrification

---

[①] 来源：https://sites.tufts.edu/gis/files/2016/01/Migliorato_Hana_UEP232_2016.pdf

Vulnerability Index），测量了中产阶级化对波士顿等美国城市的低收入家庭住房保障计划（Low-Income Housing Tax Credit）实施地的影响。结果显示，65%的 LIHTC 项目点呈现了高中产阶级化趋势。也有学者以 Airbnb 为例，通过短租市场行为分析纽约曼哈顿地区的中产阶级化易感指数①。这些前沿研究都表明了城市更新语境下的遗产社区研究的跨学科特征，融合了新城市社会学、城市规划及时空地理学等诸多学科视角。

四　社会包容与遗产社区抗逆力（resilience）

城市更新之于遗产社区，带来了保护发展的契机与社会正义的困境，正如硬币的两面，是非此即彼，还是可能有更为包容多元的可能性？笔者借用风险管理中的抗逆力概念来进行探讨。

所谓社会抗逆力是指社区或更广泛的社会组织应对及适应外部变化及干预的能力，包括对干扰的消解、自组织及应对外部压力的能力等，也包含社区或组织中的个人适应能力、压力事件本身、信息和沟通、经济发展状况、社会资本和社区能力等各项适应能力交织组成的一个能力网络。社会抗逆力一般包括三个维度：（1）应对能力（coping capacities）——社会行动者处理和克服各种逆境的能力；（2）适应能力（adaptive capacities）——人们学习过往经验和应对日常生活中未来挑战的能力；（3）转换能力（transformative capacities）——制定一系列制度以促进个体福利及可持续的社会稳健性以应对未来危机的能力。

近些年来，最新的抗逆力理论论述和实践经验总结主要来自于欧美，各类抗逆力研究机构②发布了一系列报告，分别从社区及区域发展、全球环境变化、社会公正、社会和生态交互、经济发展、灾害应对能力和行为科学的角度论述了抗逆力的概念、测量方法和理论框架。已有的"抗逆力"评估模型主要有两种。一是按时间顺序划分指标的周期模型，按照灾前敏感度（susceptibility）评估、灾中处理能力（coding ability）以及灾后适应能

① 来源：https://davidwachsmuth.com/2017/03/13/airbnb-and-gentrification-in-new-york/
② 如美国的社区与地区抗逆力研究中心（Community and Regional Resilience Institute, http://www.resilientus.org/），斯德哥尔摩抗逆力研究中心（Stockholm Resilience Center, http://www.stockholmresilience.org/）等。

力（adaptive capacity）三个阶段对脆弱性进行评估；二是按评估主体及内容划分指标的评估模型，列出了家庭个人（居民年龄、收入、受教育程度、种族、职业、房屋产权等）、社区（互惠、合作、社区参与、情感支持、社区网络等）、外部服务（与周边区域及服务设施的联系）、组织制度（地方政府政策、专项资金等）四个评估维度。一般情况下，社区维度中的互惠、合作、社区参与、情感支持程度越高以及社区网络越强越广，在家庭个人维度中居民的年龄结构、职业与种族构成越合理以及居民的受教育程度和收入越高，都会对社会抗逆力的提高带来正面的影响。

遗产社区的社会抗逆力是城市遗产社会价值的有机组成部分，遗产社区社会抗逆力能力系统建设能够极大地帮助城市遗产得到持续的保护；而城市遗产保护如果将遗产社区的社会抗逆力建设纳入其中将极大地帮助城市整体韧性的提升，既惠及城市遗产保护，同时也惠及遗产社区和城市的可持续发展。如前文所述，遗产社区有着较高的社会资本、风险预估与认知能力及文化韧性，如何整合利用好这些优势资源，激发不同利益主体的能动性，并通过社区及个人增能将劣势转换尤为重要。

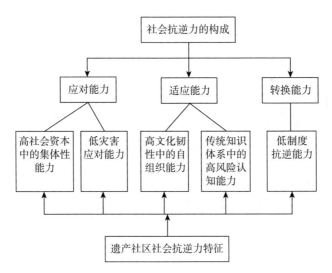

图1 社会抗逆力构成与遗产社区社会抗逆力特征关系

城市遗产除了传统建筑特征及其空间肌理等物质性价值之外，历史延承性的居住生活形态及民俗文化、地方精神等方面的社会价值则蕴含在由生活在其中的居民所组成的遗产社区中。同时，由于遗产社区多位于城市中心地段的老城区，人口密度高、宜居性不强，但区位优越、服务设施齐全，因此往往成为城市再开发的重点区域。近年来，随着国内城镇化进程的深入，一方面，旧城改造、地产开发、功能转型、旅游产业植入等变化都使城市遗产面临着各种外部人为干预的风险，主要表现为物质遗存受损害、原住民被搬离、场所精神丧失、传统与地方社区解体、社会边缘化以及包括博物馆化、景区化、商业化在内的功能单一化，使得城市遗产社区成为城市中人为干预的风险高地；另一方面，遗产的唯一性及稀缺性被作为经济资产纳入城市发展框架，在城市发展趋于文化敏感型的背景下，遗产社区对于激发新的城市创意及治理模式、缓解矛盾冲突及生态破坏、建立更加紧凑包容及适应性强的城市有着积极作用。

行文至此，对于遗产能否成为一种社区分析的类型仍无定论，但毋庸置疑，更新语境下的遗产型旧住区变迁涉及复杂的社会过程，城市旧区的空间生产汇聚了从"国家战略—地方策略—街区发展—个体权益"等各层面的利益目标及相互之间的社会（生产）关系，是理解城市社会转型的理想文本，而社会学的实证与反思无疑也会助益遗产保护与更新实践。

参考文献

陈映芳，2008，《城市开发的正当性危机与合理性空间》，《社会学研究》第 3 期：29 - 55。

范可，2008，《"申遗"：传统与地方的全球化再现》，《广西民族大学学报》（哲社版）第 9 期：49 - 52。

焦怡雪，2002，《英国国历史文化遗产保护中的民间团体》，《规划师》第 5 期：79 - 83。

〔美〕史蒂文·蒂耶斯德尔等，2006，《城市历史街区的复兴》，张玫英等译，中国建筑工业出版社。

邵甬，2011，《法国历史城市复兴中的住房政策的特征及作用》，《城市规划》第 10 期：86 - 92。

张松，2008，《历史城市保护学导论——文化遗产和历史环境保护的一种整体性方法》，同济大学出版社。

钟晓华，2016，《遗产社区的社会抗逆力——风险管理视角下的城市遗产保护》，《城市发展研究》第 3 期：23 - 29。

A. Dwyer, et al. , 2004, "Quantifying social vulnerability: A methodology for identifying those at risk to natural hazards," *Australian Government*, *Geoscience Autralian*, 14 (5): 5

Artur Steiner & Marianna Markantoni, 2014, "Unpacking community resilience through capacity for change," *Community Development Journal*, 49 (3), 407 – 425

Brian Logan VanBlarcom & Cevat Kayahan, 2011, "Assessing the economic impact of a UNESCO World Heritage designation," *Journal of Heritage Tourism*, 6: 2, 143 – 164.

Glass Ruth, 1964, "Introduction: Aspects of change." In Centre for Urban Studies (ed.) *London: Aspects of Change*, Mac Gibbon and Kee.

Hackworth, J., 2002, "Post recession gentrification in New York City", *Urban Affairs Review* 37: 815 – 43.

Jokilehto J., 2006, "World heritage: Defining the outstanding universal value", *City & Time*, http://www.ct.ceci-br.org.

May Cassar., 2009, "Sustainable heritage: Challenges and strategies for the twenty-first century," *APT Bulletin*, 40 (1), 3 – 11

McKercher B, S. Y. Ho and H. du Cros, 2005, "Relationships between tourism and cultural heritage management," *Tourism Management* 26 (4), 539 – 548.

Migliorato H., 2016, "Boston is gentrifying: The impact of gentrification on Low-Income Housing Tax Credit Properties," Online. https://sites.tufts.edu/gis/files/2016/01/Migliorato_Hana_UEP232_2016.pdf.

R. W. Sutherst, et al., 2000, "Estimating vulnerability under global change: modular Modelling of pests," *Agriculture Ecosystem & Environment*, 82 (3): 303 – 319

Sharon Zukin, 2010, *Naked City: The Death and Life of Authentic Urban Places*, New York: Oxford.

Susan L. Cutter etc., 2008, "A place-based model for understanding community resilience to natural disasters," *Global Environmental Change*, 18, 598 – 606

Takamitsu Jimura, 2011, "The impact of world heritage site designation on local communities: A case study of Ogimachi," *Japan Tourism Management* 32, 288 – 296.

T. C. Chang, 2000, "Renaissance revisited Singapore as a 'global city for the arts'," *International Journal of Urban and Regional Research*, 24 (12), 818 – 831.

Terry Clark, 2013, *The Theory of Scenes*, Chicago: University of Chicago Press

UNESCO, 2013, *Heritage and Resilience: Issues and Opportunities for Reducing Disaster Risks.*

UNESCO, 2017, *Recommendation on the Historic Urban Landscape.*

Zukin S., 2012, "The social production of urban cultural heritage: Identity and ecosystem on an Amsterdam shopping street," *City, Culture and Society*, 3: 281 – 91.

Zukin S., 1987, "Gentrification: culture and capital in the urban core," *Annual Review of Sociology*, 13 (1), 129 – 147.

地区经济差异与人口平均预期寿命[*]

——基于普雷斯顿曲线的估计

王甫勤[**]

摘　要： 普雷斯顿研究发现经济发展水平与人口平均预期寿命之间存在稳定的相关关系，并认为经济发展水平是人口预期寿命的重要决定因素。本研究根据普雷斯顿曲线来解释中国各地区经济发展水平的差异与人口平均预期寿命之间的关系。研究采用 1990～2010 年中国各地区人口平均预期寿命和人均国民生产总值数据，数据分析结果发现，Preston 曲线对于各地区人口平均预期寿命和经济发展水平的关系具有很好的拟合效果，说明中国各地区人口平均预期寿命的差异在很大程度上受到区域经济发展不平衡的影响。本研究还发现，经济发展水平并不直接决定人口平均预期寿命的高低。一方面，经济发展对于人口平均预期寿命提升的边际效应呈现 U 形曲线关系；另一方面，经济发展的成果需要转化为医疗卫生领域的成果才能发挥提升人口平均预期寿命的作用。这些研究发现，对于中国制定经济发展政策和卫生政策具有一定的参考意义。

关键词： 人口预期寿命　经济发展水平　普雷斯顿曲线模型

一　引言

普雷斯顿（Samuel H. Preston）1975 年首次发现不同国家经济发展的差

---

[*]　本研究得到国家社会科学基金青年项目"社会分层理论视角下维护弱势社会群体健康权益研究"（项目编号：12CSH020）的资助。

[**]　王甫勤，同济大学政治与国际关系学院社会学系副教授，主要研究方向：社会分层与流动、健康社会学。

异同该国人口健康水平之间存在强相关现象（Preston，1975），并指出经济发展水平（以人均收入为测量指标）是健康水平（以人口预期寿命为测量指标）的重要决定因素，该研究成果关于人均收入同预期寿命之间的曲线方程被学术界称之为普雷斯顿曲线（Preston Curve）。该论文发表 30 多年来，仍然受到公共健康和健康政策研究领域的广泛讨论（Bloom and Canning，2007）。但是，在人均收入与人口平均预期寿命存在强相关的同时，人均收入的变化与人口平均预期寿命的变化却没有明显相关关系（Georgiadis and Rodriguez，2010），普雷斯顿也指出，预期寿命的增加 75% ~ 90% 由一个国家当前经济水平以外的因素决定，而收入的增加只能解释 10% ~ 25%（Preston，1975）。由此导致两个相互关联却又矛盾的观点，一方面，经济发展水平同健康水平之间存在稳定的相关关系，支持此观点的学者认为，改善公共健康水平的健康政策应该着力于发展经济，因为人均收入的增加显著降低了婴儿死亡率（Pritchett and Summers，1996）；另一方面，大部分学者认为依靠刺激经济增长的健康政策是无效的，健康水平的改善关键在于健康技术的传播（如疫苗接种、安全性行为、母乳喂养、传染病媒介控制、健康教育等）（Cutler et al.，2006）。

上述研究中，一个明显的特征是各研究主要以跨国宏观数据作为研究基础，以国家作为研究对象，以单一国家内部数据为基础来研究经济发展水平同健康水平之间的关系尚不多见。新中国成立以来（尤其是改革开放以来），中国经济发展水平和人口平均预期寿命均有很大的提高。但与此同时，在不同地区之间却存在明显的收入不平等和预期寿命差异。本研究根据 Preston（1975）的研究方法，以中国内陆省份数据来研究普雷斯顿曲线对中国各省份经济发展与其人口预期寿命之间的关系做出解释，并探讨中国公共健康政策的着力点。

二 文献回顾：经济发展与人口预期寿命的因果关系

人口平均预期寿命的高低受到多重社会宏观因素的影响，如一个国家或社会的政策体系、文化、地理条件、经济因素等（Galea，2008）。自普雷斯顿曲线提出之后，关于一个国家的人均经济收入与健康之间的关系在宏观层面受到广泛的关注，即使研究者们将研究范围拓展到一些发展中国家，甚至一些艾滋病流行的国家，收入水平与健康（宏观层面上，一般根据死亡率或预期寿命来测量）之间仍然存在着稳定的共变关系（即相关关系），贫穷和疾病往往是同时发生的（Hamoudi and Sachs，1999）。学者们也对两者之间的因果关系一直有所争论，但并未达成一致，两者之间的因果机制是非常复杂的（Husain，2011），以至于任何单向因果关系的研究都可以找到足够的证据来支持各自的观点。支持收入水平决定健康水平的研究，主要的证据来源是 Preston（1975）的研究发现，及其拓展研究（Bloom and Canning，2007），认为经济发达的国家（收入水平高）能够为居民提供更好的公共健康服务，如饮用水卫生，垃圾清理等，在食品、住房等方面也有所改善，这些都为人口预期寿命的延长起到了促进作用。另外，也有研究者认为，在发展中国家，国民收入每增加1%，其婴儿死亡人数将下降33000~53000人，即经济的改善能够降低婴儿死亡率，这在统计上也增加了人口的预期寿命（Pritchett and Summers，1996）。除个别研究（Acemoglu and Johnson，2007）外，大多数研究都支持国民健康水平对国家经济发展和福利改善有积极影响，健康被认为是人力资本的一部分，预期寿命的提高，伴随着生育率的下降，人口的受教育时间也会增加，从而促进个人的劳动生产率（Pritchett and Summers，1996），另外，预期寿命的延长，会促使人们更多地投资或储蓄，从而增加国家经济总量（Hamoudi and Sachs，1999），不过预期寿命对国民经济发展的影响是一种长远的影响（Jack and Lewis，2009）。

三　中国人口预期寿命影响因素研究

新中国成立以来，尤其是改革开放以来，中国政府有效地控制并消除了各类传染病和寄生虫病，其发病率和死亡率都降至历史低点，人口卫生健康环境明显改善，平均预期寿命从 20 世纪 50 年代初期的 48 岁左右，到 2010 年时达到了 74.8 岁[①]，已经基本达到了中等发达国家的水平（黄荣清、庄亚儿，2004）。但由于我国地域辽阔，各地社会经济、医疗卫生条件发展不平衡，使得我国平均预期寿命存在显著地区差异，东部地区的平均预期寿命明显高于西部地区（荀晓霞，2012），自 20 世纪 80 年代以来，学者们

---

① 2010 年人口平均预期寿命数字为作者添加，数据来源：《中国统计年鉴 2012》。

开始对中国人口的死亡水平、模式及预期寿命的影响因素等展开了大量的研究（刘铮，1986；马淑鸾，1989；门俐俐，1992；胡平等，1997；黄荣清，1994，2005；任强等，2004，2005；张晓磊，2007）。平均预期寿命的直接决定因素是年龄别死亡率（荀晓霞，2012），而年龄别死亡率又受到人口自身、家庭和社会经济等多重因素的影响。任强等利用1982～2000年间人口普查和抽样调查死亡数据及1989、1995和2000年卫生登记死亡数据，分析年龄别死亡率性别差异对男女出生期望寿命差异的影响，研究发现，不同年龄别死亡率水平男性高于女性，尤其是15～49岁年龄组，女性的死亡率水平大幅下降，导致男女平均预期寿命差异越来越大（张晓磊，2007）。谢伟克（1995）和胡平等（1997）利用1990年人口普查资料分析了不同文化程度者的死亡水平后，发现人口预期寿命随着教育程度上升而延长的规律，并在不同地区间有明显差异。林榕和张宇红（1991）根据1987年全国1%人口抽样调查资料研究发现，已婚有配偶人口的预期寿命要明显高于其他婚姻状况人口，已婚有配偶人口要比未婚、丧偶或离婚人口活的更长、更健康。孙福滨等（1996）采用1990年全国人口普查1%人口抽样数据，分析了不同职业人口的死亡水平，研究发现，脑力劳动者的死亡水平明显低于体力劳动者，脑力劳动者的期望寿命余年也明显高于体力劳动者。王晓军和米海杰（2013）通过对1981～2010年人口普查或抽样调查所提供的死亡率数据，对四次人口普查期间的中国人口死亡率改善水平进行了深入研究，研究发现，除了年龄、性别和城乡的差异外，是否投保商业保险对死亡率改善水平有显著影响，投保商业保险人口的死亡率改善水平明显高于全国平均水平，换句话说，投保商业保险人口的平均预期寿命也要高于全国平均水平。

除了上述人口自身相关因素之外，学者们还普遍重视社会经济因素对人口预期寿命的影响，并认为经济因素是人口预期寿命的重要决定因素。赵锦辉（1994）运用1982－1990年《中国人口情报资料》分析了环境（人口密度、城市化程度）、生物因素（生育、营养）、经济增长（人均国民收入）、文化教育和医疗卫生保健等因素对人口死亡的影响，研究发现，这些因素与死亡指标之间，都有显著相关关系，由于该研究只是通过计算简单相关系数，因而不能比较各因素对于人口死亡的相对重要性大小。门俐俐（1992）、涂子贤和王仁安（1995）使用1990年全国人口普查数据及相关统计资料，构建了全体居民的人均消费水平（人均国民总产值）、人均农民纯收入、每10

万人拥有小学文化程度的人口数、每万人卫生机构数和少数民族人口占总人口比例对各省市、自治区标准化死亡率的多元线性回归模型，模型中各解释变量均有显著作用，并且在不同死亡率地区，各变量的相对重要性有差异[①]。苟晓霞（2012）运用2000年全国31省市人均GDP及其平均预期寿命资料构建了曲线回归模型[②]，研究发现，人均预期寿命同经济发展之间有显著的相关关系，且模型拟合较好（$R^2 = 0.647$）。苟晓霞利用2000年全国人口普查资料及相关年份统计数据，构建了海拔阶梯分布、居民消费水平、平均家庭规模对平均预期寿命的多元线性回归模型，研究发现，海拔阶梯分布、居民消费水平同预期寿命呈正向相关关系，而平均家庭规模与预期寿命呈负向相关关系。

相比较国外研究，我国学者更多地关注平均预期寿命（或死亡率）受到哪些因素影响[③]，比较不同群体的预期寿命差异，试图对平均预期寿命做出不同维度的解释，分析方法上以线性回归为主，各模型的测量指标有较大差异，对经济因素与预期寿命之间的关系缺乏深入的探讨，而且因为人口统计数据的限制，绝大部分研究都采用1981～2000年全国人口普查资料或1%人口抽样数据，最新人口普查数据的成果应用较少。在这些研究的基础上，本研究试图采用Preston曲线模型，来重新拟合经济水平同人口预期寿命之间的关系，从而更清楚地解释中国人口预期寿命的地区差异。

四　研究数据与分析方法

1. 数据来源

本研究分析的主要因变量是预期寿命，自变量是对应年份的各地区人均国内生产总值（GDP）水平（作为各地区经济发展水平的测量指标）。预

---

① 两项研究都构建了多元线性回归模型，但在变量选取方面略有差异。门俐俐（1992）的模型自变量包括全体居民的人均消费水平、农村家庭人均纯收入、每万人卫生机构数、人均社会总产值等4个变量；涂子贤和王仁安（1995）的模型自变量包括人均国民总产值、人均农民纯收入、每10万人拥有小学文化程度的人口数、每万人卫生机构数和少数民族人口占总人口比例等5个变量。

② 与Preston曲线模型较为接近。

③ 也有个别研究关注预期寿命增加对于经济增长的影响（李力行、吴晓瑜，2011；范叙春、朱保华，2012；刘生龙等，2012；张琼，2012）。

期寿命数据主要来自《中国统计年鉴 2012》公布的 1990 年[①]、2000 年、2010 年全国 31 个省/直辖市/自治区的人口平均预期寿命[②]，公布数据包括各地区总体预期寿命值、男性和女性的分性别预期寿命值，本研究只取了各地区总体预期寿命作为分析依据；1990 年和 2000 年各地区人均国内生产总值数据来自《新中国六十年统计资料汇编：1949～2008》，2010 年各地区人均国内生产总值数据来自《中国统计年鉴 2011》。

2. Preston 曲线模型

Preston（1975）曲线模型事实上是一条 Logistic 曲线，该曲线在经济学、人口学、生物学等多学科中都有普遍的应用，曲线分布呈累积增长趋势，类似拉伸的"S"形。曲线模型为：

$$y = \frac{k}{1 + e^{a-bx}}$$

模型中，y 为待测指标，即各地区人口的平均预期寿命；x 为各地区人均国内生产总值（GDP）水平[③]。模型中有三个参数 k、a、b，其中 k 为饱和水平，是 Logistic 曲线的上渐近线；a 为积分常数；b 是速度增长因子或增长率，反映预期寿命的随经济发展水平的增长过程和趋势。

五 数据分析

1. 经济发展水平与各地区人口平均预期寿命关系曲线

笔者首先研究了各地区人口平均预期寿命与经济发展水平的散点关系图，并根据局部加权散点回归平滑法（简称 Lowess，Locally Weighted ScatterPlot Smoothing，）添加了拟合曲线，见图 1 至图 4。从散点图反映的趋势来看，1990～2010 年 20 年间，中国各地区人口平均预期寿命的变化，具有如下特征：（1）在相同时间水平下，人口平均预期寿命随着经济发展水平

---

① 1990 年数据不包括重庆市。

② 预期寿命分别是根据 1990 年第四次全国人口普查、2000 年第五次全国人口普查和 2010 年第六次全国人口普查数据计算。

③ 为了使不同年份各地区人均国内生产总值（经济发展水平）具有可比性，在模型拟合时，对人均 GDP 水平进行了修正，修正公式为 $x' = \frac{x - \min(x)}{\max(x) - \min(x)}$，各年份、各地区人均 GDP 水平修正后取值范围在［0，1］之间。

的增加而提升，并且具有明显的非线性关系；（2）在相同经济发展水平下，随着时间的推移，人口平均预期寿命有明显提高，并且从 1990 年到 2000 年，两条拟合曲线有较为稳定的梯度，从 2000 年到 2010 年，预期寿命变化的梯度较为不稳定。这两点特征与 Preston（1975）、Georgiadis 等（2010）对不同国别的平均人口预期寿命与经济发展水平的研究中所发现的趋势基本一致。

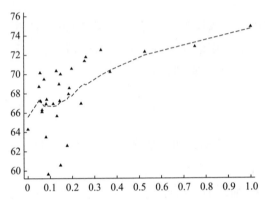

图 1　1990 年各地区人口平均预期寿命与人均 GDP（修正）的散点图

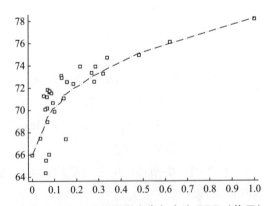

图 2　2000 年各地区人口平均预期寿命与人均 GDP（修正）的散点图

2. Preston 曲线拟合效果

由于 Logistic 曲线模型有三个未知参数，不能通过非线性回归或曲线回归的方式直接拟合，学界对 Logistic 曲线的拟合提出了多种拟合方法，如殷祚云（2002）提出的三点法、四点法等，即从数据中取三点（始点、中点、终点）或四点（始点、2 个中点、终点）首先估计 K 值，再根据线性回归（最小二乘法）

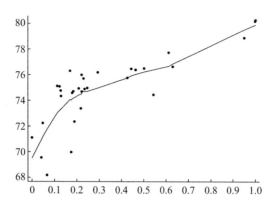

图 3　2010 年各地区人口平均预期寿命与人均 GDP（修正）的散点图

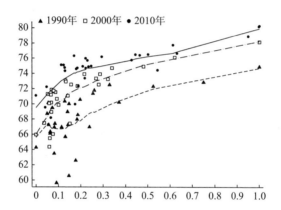

图 4　1990 年、2000 年和 2010 年各地区人口平均预期寿命与人均 GDP
（修正）的散点图

估计 a 值和 b 值，然后以这三个作为初始值进行非线性拟合，得到最终的 logistic 曲线，但这种方法要求预测变量取值呈等差数列分布，对本研究而言，各地区经济发展水平（人均 GDP）差异较大，并不符合该假定要求。因此，本研究根据 K 值的实际含义，以及数据分布直接指定 K 值为距离各地区人口平均预期寿命最大值最近的整数[①]，即 $k_{1990}=75$，$k_{2000}=79$，$k_{2010}=81$，然后再通过 spss 曲线拟合来估计 a 和 b 的值。拟合结果见表 1 和图 5 至图 8。

　　拟合结果表明，不管在那个年代，经济发展水平（人均 GDP）都与人

---

① 1990 年、2000 年和 2010 年各地区人口平均预期寿命的最大值分别是 74.9 岁、78.14 岁和 80.26 岁。

口平均预期寿命有高度的相关关系，经济发展水平越高的地区，其人口平均预期寿命也越高。各地区经济发展水平的差异，可以解释人口平均预期寿命差异的73%～83%左右，相对于以往研究采用多元线性回归而言，如苟晓霞（2012）、门俐俐（1992）、涂子贤和王仁安（1995）等，非线性回归能够获得更好的拟合效果（模型变量少，解释力强）。但经济发展水平与预期寿命之间是一种非线性相关趋势，根据 Logistic 曲线（Preston 曲线）的 S 型增长特征，在经济较为落后地区，其经济增长对预期寿命的改善作用较为明显，但在经济较为发达地区，经济增长的对预期寿命的改善作用则逐渐趋缓（即曲线随着经济发展水平的提高，预期寿命的增长速度放缓）。另一方面，随着时间的推移，虽然各地区人口平均预期寿命均有整体性的提升，但曲线的增长速度也开始下降（即 b 值有下降趋势）。

表1 1990 年、2000 年和 2010 年各地区人口预期寿命对经济
发展水平的 Logistic 拟合结果

年份	参数 k	参数 a	参数 b	决定系数 r^2	模型显著性
1990	75	－ 1.897	3.772	0.732	0.000
2000	79	－ 1.845	2.577	0.829	0.000
2010	81	－ 1.820	2.129	0.785	0.000

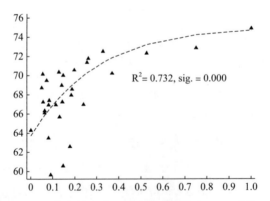

图5 1990 年各地区人口预期寿命与人均 GDP（修正）
的 Preston 曲线预测图

3. 经济发展幅度与预期寿命提升幅度的关系

虽然上述研究和国内外其他研究都发现经济发展水平对一个国家或地区的人口平均预期寿命有非常显著的影响，但国外研究并未发现经济发展的幅

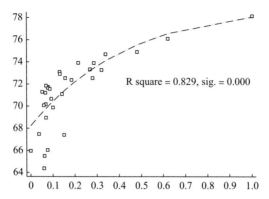

图 6　2000 年各地区人口预期寿命与人均 GDP（修正）
的 Preston 曲线预测图

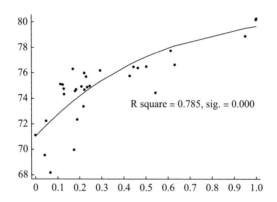

图 7　2010 年各地区人口预期寿命与人均 GDP（修正）
的 Preston 曲线预测图

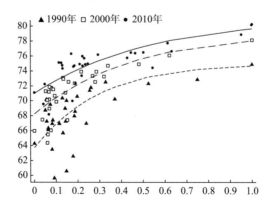

图 8　1990 年、2000 年和 2010 年各地区人口预期寿命与人均 GDP（修正）
的 Preston 曲线预测图

度（增量）同人口平均预期寿命的改变幅度（增量）有很强的因果关系（Preston，1975，Husain and Muhammand，2011）。该因果关系是否存在事实上是判断经济发展水平与人口平均预期寿命之间因果关系的重要条件。因此，本研究通过测量1990～2010年各地区人口平均预期寿命增量与人均GDP的增量，分别进行曲线拟合，结果见图9至图11。研究发现，1990～2000年，以及1990～2010年，各地区人口预期寿命增长的幅度与经济发展水平的增幅几乎没有任何相关关系，说明在这两个时间段，各地区人口预期寿命的增加同该地区本身经济的发展，并无直接联系。一方面，预期寿命的增加受到人口自然规律的约束（苟晓霞，2012），如1990年人口平均预期寿命最低的西藏地区（59.64岁），在2000年、2010年其人口平均预期寿命分别为64.37岁和68.17岁，分别增加了4.73岁和3.80岁；而1990年人口平均预期寿命最高的上海市（74.9岁）在2000年、2010年其人口平均预期寿命分别为78.14岁和80.26岁，分别增加了3.24岁和2.12岁。说明在预期寿命较低的地区，其人口预期寿命增加的幅度（空间）更大。另一方面，则是因为经济发展对于提升人口平均预期寿命的作用是普遍性的，这主要表现为国家一系列医疗卫生工程的实施。改革开放以来，随着国民经济的发展，政府对卫生、教育、住房等领域的投入越来越大，各地医疗卫生条件迅速改善（如每千人医疗机构数，以及每千人卫生技术人员数等），各类致死性传染病的发病率和死亡率明显下降，城乡居民的生活环境得以明显改善（如住房改善、饮用水以及污水处理等），健康知识得以广泛传播等。医疗卫生工程对于改善人口的平均预期寿命具有基础性作用。

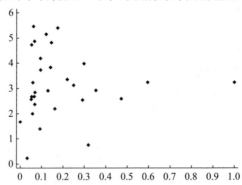

图9　1990年和2000年各地区人口平均预期寿命增量与人均GDP
增量（修正）的散点图

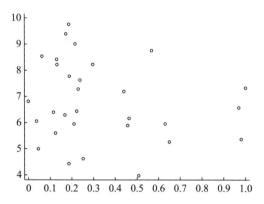

图 10　1990～2010 年各地区人口平均预期寿命增量与人均 GDP
增量（修正）的散点图

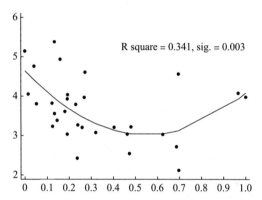

图 11　2010 年各地区人口平均预期寿命增量与人均 GDP
增量的散点关系图

另外，我们发现在 2000～2010 年，各地区经济发展水平的增幅对于其人口平均预期寿命的提升有较强的因果关系，并呈现出 U 型曲线关系，其曲线方程为：

$\Delta y = 4.644 - 5.897^* \Delta x + 5.344^* \Delta x^2$（$\Delta y$，$\Delta x$ 分别表示预期寿命增幅和人均 GDP 的相对增幅）

U 型曲线关系表明，经济发展对于人口平均预期寿命的提升有促进作用，但并不意味着经济发展增量越多，人口平均预期寿命提升的幅度也越大。相反，当经济发展水平的增量局限在某一范围内时①，经济发展水平的

---

① 令 $d\Delta y/\Delta x = 0$（一阶导数为 0），可得临界点为 $\Delta x = 5.897/(2*5.344) \approx 0.55$。

增幅越大，其对人口平均预期寿命的提升幅度反而越低（即边际效应下降）；而当经济发展水平超越该范围时，经济发展水平的增幅越大，其对人口平均预期寿命的提升幅度则越大。

从实际经济表现（数据）来看，经济发展水平的增幅越小（根据人均GDP 修正公式）的地区（主要集中为中西部地区），其初期的经济发展水平也较低，因而其人口平均预期寿命较低（见 Preston 曲线），而在 2000 年到 2010 年，虽然人均 GDP 的增量较小，但其人口平均预期寿命的增幅较大。而那些经济发展水平增幅较大的地区（主要集中为东部地区），其初期的经济发展水平较高，人口平均预期寿命已经达到一定水平，而在 2000 年到 2010 年，虽然人均 GDP 的增量较大，但是其人口平均预期寿命的增幅却偏小。说明区域经济发展不平衡，一方面影响了各地区人口平均预期寿命的差异，另一方面也影响了各地区人口平均预期寿命提升的空间。因此，要改善全国各地区人口平均预期寿命的总体水平，关键在于，一方面要缩小各地区间经济发展水平的差异，另一方面要重点提升经济较为落后地区的经济发展水平。

六　研究结论

国内外研究表明，人口平均预期寿命受到社会宏观因素的影响，诸如一个国家或社会的政策体系、文化、地理条件、经济因素、医疗卫生条件等（Galea，2008；马淑鸾，1989；门俐俐，1992；任强等，2004；苟晓霞，2011；苟晓霞，2012），其中经济因素对人口平均预期寿命有非常重要的影响（Preston，1975），主要表现为经济越是发达的国家或地区，其人口平均预期寿命也越高，这一趋势在世界上绝大多数国家都普遍存在。本研究根据这一趋势来解释中国各地区人口平均预期寿命与经济发展水平的关系，研究者收集了 1990～2010 年中国各地区人口平均预期寿命数据和人均国内生产总值（GDP）数据，通过曲线拟合估计，发现各地区人口平均预期寿命与人均国内生产总值呈现出 Preston 曲线的典型特征，并且在三个拟合模型中，均获得了较好的拟合优度。一方面，说明 Preston 曲线不仅可以用来解释和预测不同国别间的人口平均预期寿命同经济发展水平之间的关系，也适用于在同一国别内部研究区域经济发展不平衡对于人口平均预期寿命的影响。另一方面，也说明中国区域经济发展的不平衡是影响或制约各地区人口平均预期寿命的重要因素。

本研究还发现，在 1990 ~ 2000 年和 1990 ~ 2010 年这两个时间段，各地区经济增长的幅度同人口平均预期寿命提高的幅度之间，没有明显的相关关系。在这两个时间段内，预期寿命的增加一方面跟人口平均预期寿命的自然发展规律有关，另一方面则表示经济发展通过其他的方式来影响人口平均预期寿命的提高（普遍效应），如各类医疗卫生工程的推广和普及。因此，不能否定经济发展水平对于人口平均预期寿命的影响。而在 2000 ~ 2010 年，各地区经济增长的幅度对人口平均预期寿命提高的幅度则有显著的影响，并呈现出 U 形曲线特征。该效应表明，在经济发展对于人口平均预期寿命的普遍效应之外，仍有特殊效应或独立效应。在经济较为落后的地区，人口平均预期寿命起点较低，在经济获得一定程度的发展时，政府投入医疗卫生领域的资源也相应增多，因而人口平均预期寿命能够获得迅速提升；但在较为发达的地区，人口平均预期寿命的起点较高，虽然经济发展的幅度较大，但其对人口平均预期寿命提升的边际效应比较低，从而导致人口平均预期寿命提升的幅度有所下降。这些研究表明，中国各地区人口平均预期寿命存在差异，区域经济发展不平衡是重要原因之一，但仅通过发展经济并不是缓解各地区预期寿命差异（健康不平等）的最佳途径。一方面，要重点加强对于落后地区的经济建设，提升经济发展水平，缩小与发达地区之间的差距；另一方面，要将经济发展的成果积极转化到医疗卫生领域中去。

参考文献

黄荣清、庄亚儿，2004，《人口死亡水平的国际比较》，《人口学刊》第 6 期：3 - 7。

苟晓霞，2012，《"人均预期寿命提高 1 岁"的实证研究》，《人口与经济》第 3 期：45 - 50。

刘铮，1986，《婚姻状况、教育程度、职业状况和死亡率的关系》，《人口研究》第 6 期：2 - 5。

马淑鸾，1989，《影响预期寿命因素分析》，《人口研究》第 3 期：14 - 18。

门俐俐，1992，《影响中国人口死亡水平的社会经济因素分析》，《中国人口科学》第 5 期：8 - 16。

胡平、孙福滨、刘海城，1997，《不同受教育程度人口的死亡水平差异》，《人口与经济》第5期：39-45。

黄荣清，1994，《中国80年代死亡水平研究》《中国人口科学》第3期：1-11。

黄荣清，2005，《20世纪90年代中国人口死亡水平》，《中国人口科学》第3期：11-20。

任强等，2004，《20世纪80年代以来中国人口死亡的水平、模式及区域差异》，《中国人口科学》第3期：19-29。

任强等，2005，《近20年来中国人口死亡的性别差异研究》，《中国人口科学》第1期：2-14。

张晓磊，2007，《2000年以来中国人口死亡水平分死因研究》，《中国人口科学》第2期：69-74.

谢韦克，1995，《中国不同文化程度人口的死亡水平》，《中国人口科学》第3期：28-33.

林榕、张宇红，1991，《影响我国人口预期寿命的社会因素——婚姻》，《社会科学》第5期：47-50。

孙福滨、刘海城、胡平，1996，《中国不同职业人口死亡水平特征》，《中国人口科学》第5期：18-25。

王晓军、米海杰，2013，《中国人口死亡率改善水平比较分析》，《统计研究》第2期：58-63。

赵锦辉，1994，《1992年以来中国人口死亡变化趋势的经济因素分析》，《人口学刊》第2期：32-36。

涂子贤、王仁安，1995，《中国人口死亡水平的社会经济影响因素分析》，《南方人口》第2期：50-53。

苟晓霞，2011，《我国平均预期寿命地区差异分析》，《发展》第2期：109。

李力行、吴晓瑜，2011，《健康、教育和经济增长：理论及跨国证据》，《南开经济研究》第1期：102-119。

范叙春、朱保华，2012，《预期寿命增长、年龄结构改变与我国国民储蓄率》，《人口研究》第4期：18-28。

刘生龙、胡鞍钢、郎晓娟，2012，《预期寿命与中国家庭储蓄》，《经济研究》第8期：107-117。

张琼，2012，《中国2000年各地区人口健康状况差异及其影响因素》，《数理统计与管理》第1期：7-14。

殷祚云，2002，《Logistic曲线拟合方法研究》，《数理统计与管理》第1期：41-46。

Preston Samuel H., 1975, "The changing relation between mortality and level of economic development," *Population Studies*, 29 (2): 231-248.

Bloom, David E. and David Canning, 2007, "Commentary: The Preston Curve 30 years on: Still sparking fires," *International Journal of Epidemiology*, 36 (3): 498-499.

Georgiadis, Georgios, José Pineda, and Francisco Rodríguez, 2010, "Has the Preston Curve broken down?" *United Nations Development Programme Human Development Reports Research Paper*, No. 2010/32.

Pritchett, Lant and Lawrence H. Summers, 1996, "Wealthier is healthier," *The Journal of Human Resources*, 31 (4): 841 - 868.

Cutler, David M. , Angus S. Deaton, and Adriana Lleras-Muney, 2006, "The determinants of mortality," *Journal of Economic Perspectives*, 20 (3): 97 - 120.

Galea Sandro, 2008, "Macrosocial determinants of population health", *Macrosocial Determinants of Popution Health*, 167 (12), 1518 - 1519.

Hamoudi, Amar A. and Jeffrey D. Sachs, 1999, *Economic Consequences of Health Status: A Review of the Evidence*, Center for International Development at Harvard University.

Husain Muhammad Jami, 2011, *Revisiting the Preston Curve: An Analysis of the Joint Evolution of Income and Life Expectancy in the 20 th Century*, Keele Management School, Keele University, United Kingdom.

Acemoglu, Daron and Simon Johnson, 2007, "Disease and development: The effect of life expectancy on economic growth," *Journal of Political Economy*, 115 (6): 925 - 985.

Zhang, Jie and Junsen Zhang, 2005, "The effect of life expectancy on fertility, saving, schooling and economic growth: Theory and evidence," *The Scandinavian Journal of Economics*, 107 (1): 45 - 66.

Jack, William G. and Maureen Lewis, 2009, *Health Investments and Economic Growth: Macroeconomic Evidence and Microeconomic Foundations*, World Bank Policy Research Working Paper Series.

田野调查

都市田野作业的深度与
新手的焦虑[*]

——以香港社会运动的调查经验为例

夏循祥^{**}

摘　要： 当代人类学田野作业受到诸多质疑与反思。在复杂的都市田野作业中，社区概念发生了多元变化，更是带来了有关研究深度的多重困惑。都市田野作业新手们使用多点民族志方法时，遇到的最大挑战是材料的碎片化和缺乏脉络。虽然语言掌握、参与时间、尽可能投入地参与观察和深度访谈、积极回访等，依然有助于田野作业达到应有的深度，减缓新手们的各种混乱和焦虑，但民族志文本的写作才能够凸显并且证明田野作业的深度。

关键词： 田野作业　海外民族志　人类学调查　都市人类学

一　引言：田野作业的危机时代

无论是从"知识体系和专业实践"，还是从"专业社会化和训练"来看，田野工作及其基础上的民族志居于人类学学科的核心地位。（古塔、弗格森，2005）以马林诺夫斯基、拉德克里夫－布朗为代表的先驱创立了人

---

* 本研究成果获得中山大学粤港澳发展研究院项目"机遇与挑战：香港青年北上创业就业调查研究"的资助。

** 夏循祥，中山大学社会学与人类学学院人类学系师资博士后、讲师，主要研究方向：政治人类学、香港研究、城市研究、生态人类学。

类学田野调查和撰写民族志的科学方法，并从理论上和技术上归纳出一套"科学的"田野调查原则，后来成为西方人类学社区田野作业的范式（马林诺夫斯基，2002【1922】）。根据这种方法，人类学家通常要长期居住在被调查民族的一个小社区中，通过一年左右时间的田野作业（field work），以当地人语言（native language）进行参与观察和深度访谈，来了解当地居民的生活和行为方式，熟悉当地居民的伦理、道德、价值观念及心理特征等，从而从当地人观点出发（from the native point of view）研究其文化全貌。

20世纪80年代，民族志已经进入反思与实验时代。从更广泛的定性研究来说，民族志已经进入"第七时代"（邓津、林肯，2007）。自格尔兹将文化视为"社会现象可以在其中得到清晰描述的脉络"，将民族志视为深描（thick description）之后（格尔兹，1999），人类学家所做的都是在用"模糊的体裁"（格尔兹，2000：20～42）"书写"文化（克利福德、马库斯，2006），社会科学开始向人文学科寻求模型、理论和分析方法。因此，包括民族志学者在内的定性（质性）研究者遭遇到表述、合法化和惯例三个方面的危机：第一，定性研究者不再能够直接地捕获鲜活的经验；第二，在后结构主义时期，如何评价定性研究的效度、概括性和信度；第三，如果社会仅仅只是或者始终只是一种文本，那么影响世界的变迁是可能的吗（邓津、林肯，2007：21～22）？人类学家开始反思"田野"是如何成为人类学中常见语汇和专业知识，以及田野概念是如何束缚和限制了人类学实践的（古塔、弗格森，2005）。甚至可以说，科学民族志工作者过去使用的主要框架都被当代民族志学家抛弃了（维迪奇、莱曼，2007：63）。

全球化时代，随着对田野的理解发生变化，我们做田野的地点、方式、实践也必然发生变化。采取"多点民族志"（Marcus，1995）是一种适应跨文化现实的好方法。然而，这一建议或者判断却引起了一些人类学家的焦虑。他们认为这个过程会使民族志变得"单薄"，导致田野作业深度的消失（马库斯，2011）。在深度的标准出现之前，多少地点能够被深入调查呢（克里弗德，2005：194）？

此外，很多邻近学科，如文化研究，也开始为他们的学术成果贴上"民族志方法"这一标签。但人类学家（克里弗德，2005：195～196）坚称，"深入的田野工作规定了人类学的学科风格，它是学科自我认同与被他人认同的关键。"克里弗德认为，田野工作的深度标准由参与时间、投入程度、回访情况、语言掌握这几点构成。它们必然随着实际调查者的经验，存在着很大的变数（克里弗德，2005：191）。而诸如文化研究所采取的民族志方法，及其达成的研究成果并未能"浸入"（immersion）研究对象的生活方式，无法满足特定标准下的"深度"（格雷，2011：20－23）。

在危机与质疑中，"田野作业的深度"成为民族志合法性的一个重要维度。人类学家必须树立新的学科规范，通过更加有深度的田野作业来挑战这些批评。如何达到田野作业与民族志解释的深度，成为考验当代民族志工作者的一个核心问题。首先，田野作业显然需要深入到研究对象的生活中去，从而保证人类学研究和知识的独特性。其次，民族志的写作，即对文化的描述和解释也必须体现田野作业的深度。

一般来说，为获得博士毕业论文而进行的田野作业，是一个人类学从业者做过的时间最长、心血花费最多、最需要深度的田野作业。然而，此时的田野作业者往往都是新手。因此，新手不仅在田野作业的深度方面会遇到很多问题，在民族志写作方面也存在一个逐渐改进的过程。新手们所能够遭遇到的各种混乱，如融入上的沮丧和失败、多重身份的纠结、作为普通人在田野中的生活窘境、与研究对象的伦理关系、田野笔记的混乱和零散、处于多重社会冲突中书写文化的失败感等（参见休谟、穆拉克，2010）。对于如何形成田野作业的深度和对文化的深度描述，国内民族志者尚缺乏细致的讨论。对于新手们来说，更加缺乏指引和安慰。本文试图通过呈现笔者在香港进行田野调查的经历和民族志的写作过程，来分析都市田野作业与民族志写作中的深度问题，为田野作业的新手们提供一些可能有用的经验。

二　研究的开展与田野经历

2006 年 10 月至 2010 年 3 月间，我"断断续续"地在香港进行着田野调查，并在此基础上完成了博士毕业论文写作。研究对象是发生在香港岛湾仔区一个有关市区重建（即城市拆迁）的居民社会运动。1997 年，该项目被列入市区重建规划。2008 年 3 月，整个项目完成拆迁，但楼盘建设至今尚未完成。居民的抗争行动与居民组织的活动也一直持续着，虽然其抗争的目标与对象都已经改变太多。该项目在香港市区重建局（市建局）的编号为"H15"，其运动组织因此叫作"H15 关注组"；又因为项目主要牵涉到又名"喜帖街"的利东街，因此该运动也被指称为"利东街运动"或"喜帖街运动"（参见夏循祥、陈健民，2014；夏循祥，2017）。

2005年，我考上北京大学社会学系人类学专业攻读博士学位后，申请了"北京大学–香港中文大学联合培养研究生项目"，于2006年8月进入中大社会学系博士班学习，期望在2年时间内利用学生身份完成一个香港社区的调查。

2006年10月，我开始关注香港市区重建领域中的居民运动，尤其是利东街事件。11月5日，是利东街业权被政府宣布收回一周年的日子。我从H15关注组主页上得知他们会采取一系列行动来进行纪念，因此带了相机前去参观利东街。在这次行动中，我认识了关注组核心义工①阿洗②和一些街坊，了解到这一运动的基本情况。12月底，经阿洗介绍，我进入"重建监察"这个跨区民间组织，结识了深水埗、大角咀等几个重建区的街坊，真正进入田野作业期。通过几次出席居民会议，我给街坊们留下了认真、真诚的个人形象。2007年1月初，圣雅各福群会③负责利东街重建项目的社工震音介绍我进入H15关注组的每周例会。我向街坊们介绍了自己的学科背景和个人背景，表达了长期跟随他们进行活动和行动的愿望，也表明了写作博士论文的目的。他们对我这个大陆人来研究香港的社区运动表现出相当大的兴趣，并一致愿意接受我参加他们的例会。这样，从2007年1月4日起，我每周三晚7点（有时候一周多次，2008年后因部分成员的时间要求而改为每周四晚）都会参加H15关注组在圣雅各福群会7楼会议室（2008年6月后会议地点改为关注组租用的办公室）举行的例会，并参加他们不定期组织或参与的各种活动与行动，如利东街节、重建区居民游行等。长期的联系和互动中，由于"友善的局外人"形象，我与May姐、徐老、超哥、维怡等其他成员也都建立了互相信任的良好关系。街坊们基本上将我当成一个支持者；到后来更是将我当成关注组的一名正式成员，一个"内部人"，对内对外活动的所有计划、策略的讨论与争执，都没有避开我，行动

---

① 英文词为volunteer，香港译为义工，大陆译作志愿者。

② 由于这些人经常原名出现于香港大小媒体，算是公众人士。因此本文没有采取人类学惯常的匿名处理。

③ 位于湾仔石水渠街的一家社会组织，http://www.sjs.org.hk/tc/index/main.php，访问时间：2013–01–06.

时也会将我包括在分工中①。街坊们也会介绍我以关注组成员的身份出席一些场合，如蓝屋项目在城规会上的申述。每次活动或行动，我都尽可能地进行录音、照相和记录，掌握了大量的一手材料。

2008 年 7～9 月，我在 H15 关注组位于湾仔的办公室里住了一段时间，继续参与关注组的各种行动，并通过回顾关注组以往的资料、观察湾仔街头不同时段的居民活动，以及与关注组成员的一些共同生活环节（如喝茶、吃饭、闲聊）和工作来获取更多的经验材料，使各种资料更具社区感。我还通过关注组所进行的乐施会扶贫项目工作，对利东街项目的受影响者进行了一些参与观察和深度访谈。

2008 年 9 月后，我按照联合培养计划返回北京大学进行毕业论文的写作，通过电子邮件来获得后续资料。2009 年 8 月至 2010 年 3 月，我在香港中文大学亚太研究所公民社会研究中心从事兼职研究助理工作。每天我都会与 10 多位年轻同事在午餐的时候进行讨论，以便能更多地了解社会运动领域之外的香港人对政治和时事的一些看法。他们帮助我解决了一些资料问题，也提出了很好的建议。其间，我继续参加 H15 关注组的一些活动和会议，如接待来自内地的访问团、市区重建策略检讨工作坊、年终总结会等。

2010 年 6 月，我以"论无权者之权力的生成——香港城市拆迁的民族志"为题通过了北京大学人类学专业博士毕业论文答辩。2010 年 9 月，我按照中大社会学专业的要求进一步修改了论文，并于 10 月以《论无权者之权力的生成——香港市区重建的政治社会学考察》通过该校毕业论文答辩。此后，我还陆续对关注组的几位关键性人物进行了访谈，以期进一步理解这个运动和运动中的人。

三 都市田野作业的种种焦虑

在攻读硕士学位期间，我进行过总共 5 个月的乡村田野作业。按理说，我不算是一个新手了。但香港田野作业的整个过程乃至毕业之后的很长一段时间里，我与那些刚刚渡过成丁礼的人类学博士们一样，始终无法忘记

---

① 如 2008 年 3 月，在申请乐施会项目基金的计划书中，我被正式列为"H15 关注组成员"名单中，经协商后分配的主要工作是"整理资料和文秘工作"。

那些强烈的挫败、焦虑与混乱感。因为我总觉得，除了语言和时间长度，我的田野作业都不太符合"科学民族志"田野作业的传统标准；在方法论或问题意识方面，更难达到"反思民族志"所要求的深度。

进入田野之前，我通过短时间高强度地观看粤语学习音像资料，并参加中大的粤语培训班，能够听懂 60% 以上的港式粤语并进行简单会话。通过旁听一些粤语讲授的课程，我慢慢地了解香港社会并提高了粤语的听说水准。进入田野后，我一直尽量用粤语来与街坊们交流和沟通。遇到非常本土的方言词汇，我也会向街坊们求教。他们也以教我为乐。香港实行"两文三语"教育。香港居民基本上都能听懂普通话，并习惯会话中夹杂一些英文单词。对于具有中文专业背景和一定英文水准的我来说，和他们的交流基本上没有障碍。关注组有不少受过高等教育的人士，如北京长大的维怡还可以充当"翻译"。我后来为到访香港的内地人士担任过粤语译为普通话的翻译，也受到好评。因此，我的田野作业符合"操当地人语言"这一标准。

在这个"他者的"社会中，我连续性地待了 3 年半以上。然而时间上的超期却始终无法弥补"共同生活"这一标准的缺憾。首先，我找不到能够接待我的东道主（host），没有机会与香港人"同住"。香港的房租或房价都很高。已经离开湾仔的关注组成员徐生曾在利东街旁租住一间单人房，大概 200 呎①。租金要 4800 港元②。香港人普遍有着较强的隐私意识，用他们的话说是"谁愿意将自己的生活拿出来展览呢？"蓝屋③几位房客就因为蓝屋成为旅游景点而不愿意被展览。负责该项目的社工小 T 虽然与街坊非常熟悉，也得到普遍认可，但始终未能获得同住的机会。利东街更是早就没了住人的可能。狭义的"与当地人共同生活"这一方面我只有放弃。

其次，我甚至找不到一个界限明显的东道主社区（host community）。我进到关注组的时候，运动已经发生到了一个新的阶段，受影响商户和住户都已经全部迁出。街道里已经空无一人，已经找不到日常生活。利东街这

---

① 香港一般以平方英尺来计算房屋面积，通常写作"平方呎"，简称为"呎"，1 平方英尺 = 0.0929 平方米（准确值）。10 呎面积实际不足 1 平方米，为与内地房价对比，可以按 1 平方米来进行大致的换算。

② 据徐生讲，因为房主也是利东街街坊和关注组成员，才没有每年都加租。港元采取与美元挂钩的联系汇率制。2006 年 7 月，大致 103 人民币兑换 100 港币。之后，港币对人民币一路下跌。2012 年 12 月，100 港币只能兑换不到 82 人民币。

③ 与利东街同区的一幢旧建筑，因其全部外墙被漆成蓝色而得名，当时也面临着重建。

个地理意义上的田野点成为无人之地，只是一个居民偶尔采取抗议行动的场所。我的研究对象也只是一群参加社会运动的人，他们的日常生活分散在香港各处。每个人同时还参加很多其他社会活动，利东街运动只占据他们的一部分时间。因此，我很难捕捉到与研究对象因为持续的交流而产生的固定的心理联系，更缺乏一种边界感。如我曾经在乡村社区进行田野作业时感受到的那样。

第三，都市作为田野作业之地带来了强烈的紧张感。作为国际化大都市，香港是出了名的快速城市，更是个"现在时"的城市（吕大乐，2007），呈现在研究者面前的大部分是匿名化的"文本"（Stevenson，2003）。现代都市人的闲暇与工作对研究者都具有较强的排斥性。他们的工作（尤其是工薪族）不大可能让你观察，而大部分闲暇时光都要与家人、亲朋好友一起度过。我唯一能够做的就是跟着他们一起行动，或者预约他们进行访谈。也就是说，我不仅观察不到他们的日常生活，甚至找不到有时间接受访谈的人。

第四，"兼职的"田野作业者身份让我疲于奔命。头两年，我以全日制研究生的身份从中大领取全额奖学金——这也是我田野调查的资金来源，因此必须与其他博士研究生一样按期完成所有课程并获得 B⁺ 以上成绩，再完成两门博士资格考试，提交开题报告并通过答辩。除此之外，我必须要完成奖学金所要求的每周 12 小时的助理工作。因此我一直在以利东街为主的"田野点"和中大之间奔波，不仅"搭地铁去田野"（柏萨洛，2005），而且是个"兼职的"田野作业者。

最大的焦虑感来自于找不到一个能够使田野作业有意义的"问题"。我本意是希望能够在香港选择某一社区或者社团作为民族志研究对象，以"市民社会"及其相关理论为研究框架，通过陈述社区或社团生活世界与政治世界的结构，指出它们不同的各个方面如何内在地联系在一起并构成一个一致的整体。在此基础上，该民族志能够为大陆的公共政治和社会发展提供有益的借鉴。

然而，香港是一个被研究"透了"的社会。① 以上主题（topic），在本

① 香港大学亚洲研究中心"香港文化暨社会研究计划"出版的《香港读本系列》，包括宗教、政治、教育、电影、文学、性别等，一共有 12 本。以《阅读香港普及文化 1970 – 2000》（吴俊雄、张志伟，2001）为例，不含导言，即有 689 页。

地社会学学者的眼中根本不成其为"问题"（question），更不是值得社会学博士生来研究的"问题"（problem）。在中文大学指导老师眼中，我是两个学校不同专业联合培养的第一位博士研究生，"一方面要满足北大人类学专业的期望，做出地道、细腻、具反思性的民族志研究。另一方面要应付中大对分析框架和方法论的严格要求，必须提炼个案的理论意义。"因此，如何获得一个有意义而且值得研究的问题或概念，使在训练相对粗放的国内人类学专业成长起来的我，对田野作业始终怀有深深的自我警惕与焦虑。

四　在焦虑中"做"田野作业

以往的乡村田野作业的经验，督促着我几乎本能地积极地"做"田野。用研究对象的话来说，那就是"净做咯"，才有可能克服这些焦虑。因此我尽可能地去进行资料的收集与理解。

社会运动网络与资源的有限使香港草根社会组织呈现出较大的开放性，他们希望有更多的人了解并加入他们。在顺利地获得内部人的"身份许可"后，我跟着阿洗、May 姐等关键报道人一起去行动，发放单张（宣传单），进行街头问卷和焦点小组访谈。我还关注利东街以外的重建区居民运动以及同时发生的各种其他运动，去旁听深水埗、庙街等关注小组的会议，去观察几乎每天都有的各种游行，在流动而难以界定的田野中尽可能地进行着田野作业。官方机构如市建局组织的利东街、深水埗、厦门街工程的咨询会，湾仔区议会组织的"湾仔蓝图"工作坊等其他活动，以及香港城市规划委员会（城规会）进行的有关咨询活动，我也积极参加。在这些活动中，我认识了很多热心人士，为我的研究提供了有益的帮助，也获得了很多资料。

社会行动具有一定的风险性，需要适当的保密。我常常是在相对封闭的地点与"社运共同体"相处。社会行动在时间上具有暂存性，都会在数小时内结束。每次行动结束后又无处可去时，我常常一个人在湾仔街头漫步，总觉得自己是一个有着具体目的都市浪荡者（本雅明，1989），要像拾荒者有着善于发现潜在财富或变废为宝的目光，更要像文人、诗人一样发现细碎生活中的主流，把即将消失或者转瞬即逝的意象用最恰当的语言表述出来。即格尔兹（1999：23）所言，努力从一去不复返的场合抢救对社会话语流的"言说",并将它固定在阅读形式中。而抢救的能力将首先来自于对已有的社会理论和研究的阅读,找到问题并用来指导田野作业。

发达的信息传播和流动使我的田野还存在于文本与资讯之中。通过发达的资讯系统,我获得了大量的二手研究资料:一是来自于香港的大众媒体,包括官方的网站和宪报、各类商业媒体和网站、各种公开出版物;二是我同 H15 关注组及义工、其他组织的电子邮件往来,以及从个人博客等各种小众媒体(alternative media)中获得的资料。按照柯文(2000)的分类,大众媒体讲述的是作为"事件"的利东街运动,而小众媒体则展示了作为"经历"的利东街运动。而我所要做的,是找到别人尚未研究过的问题,在将其典型化的同时去"神话化"。

五 民族志文本的"救赎"

在获得有意义的问题和理论框架之前,我尽可能地按照各种思路来整理材料,在梳理和分析中让材料自己说话;坚持写作,在写作中让思考本身显现解释的深度。

首先,我以市建局、湾仔、利东街、天星码头、皇后码头等为关键词收集和整理各类信息,并综合政府公报、报纸新闻和个人田野笔记,写成了 10 万余字的"利东街运动田野报告",以历史的脉络来比较完整地展示了 1998 年以来与利东街有关的香港事件。初稿完成之后,我还请关注组义工和街坊进行了阅读并提出相关意见,并以事实为基础、以学术为目的地进行了适当的修改。这必然也有助于指导老师及同行帮助我构建概念和分析框架。

其次,我尽可能地逼迫自己围绕每一个小主题来写文章。我曾分别以公共领域、社会运动、市民社会、社会表演等为核心概念来整理文献综述和田野材料,文字总计在 50 万字以上。《海外民族志与中国社会科学》(谢立中,2010)组稿时,我以"一个公民社团的诞生、发展与延续"为题基本介绍了 H15 关注组的历史、行动机制与网络机制。(夏循祥,2010b)后来,这篇文章扩充、修改为毕业论文中的三个章节。台湾某高校曾经发出一个有关"公民教育"的会议征文,我便以"论公共参与作为一种公民教育"为题介绍了关注组的工作,后来也得以修改发表(夏循祥,2010a)。

这些文本都能够督促我从不同角度去思索那个能够决定解释深度的关键性问题，也成为支撑博士论文的水面下的冰山。

长时间的浸淫与思考，总会让人找到灵感。2010 年 3 月，"无权者（即普通老百姓）之权力"这一曾经被我放弃过的概念在阅读《斯瓦特巴坦人的政治过程》（巴特，2005）中，与"生成性的"（generative）这个分析性概念一起跳出来，合成了"社区里如何生长出权力"这样一个问题。由此，我提出"权力是生成性的"这一新观点，即权力的获得是一个不断生长的过程。而"无权者之权力的生长"既能从"无权者之权力"这一社会理论概念来谈社会运动，又能从过程人类学的角度来谈"权力的生成"。围绕着权力生成（生长）这一概念，我构建起民族志的基本研究框架，分析了权力生成的一般前提和原则，并具体展示了利东街居民组织权力生长的机遇与限制、权力生长的社会戏剧（过程），分析了权力生长的组织机制、行动机制、网络机制和生长途径，并讨论了权力生成之后与既有权力形成的政治生态及其功能。而"对抗性的合作"这一概念能够使研究跳出抗争模式来讲社会运动，能够为国内公共政治带来有益的启示。

论文通过答辩后，即使是答辩委员会中的几位香港老师，也都认为我已经成为香港市区重建研究的"专家"。但我依然因为田野作业的种种困惑和焦虑而处于严重不自信的状态。直到 2011 年 10 月，论文获得台湾政治大学出版社首届"思源人文社会科学博士论文奖"社会门优等奖的消息传来，才使我确信，我用一个还算不错的民族志文本挽救了长期被视为"失败"的田野作业。

六　田野作业深度及其考量

"田野调查仍然是学科训练的关键和人类学所留下的模糊遗产"，与文化研究及其他相关学科之间的界限也并非是开放的（克里弗德，2005）。没有田野作业，民族志就成为蹩脚的文学作品。因此，语言掌握、参与时间、尽可能投入地参与观察和深度访谈、积极回访等方面，依然是评判田野作业深度的基本标准，能够体现作为方法的民族志中"科学"的那一面。

首先，对语言的学习和掌握是使田野调查有深度的基本保证。正是对粤语的基本掌握，使我在尚没有"问题"的情况下顺利地融入研究对象的各种行动，能够自由地倾听他们的各种会议、谈话，不借助任何中介而进行访谈，而不依赖翻译才能了解话语背后的意义，才能从香港人的观点来理解他们的社会结合方式。

其次，时间依然是使田野作业有深度的关键特性。我在香港前后"沉浸"了3年多，而且经历了学习、调查和工作三种不同生活，这使我有足够的时间和感觉去思考香港社会，寻找理论问题，并最终获得了一定的深度。当然，时间并不必然保证深度。沃尔科特（2011：106-7）就认为时间本身无法保证田野工作的质量："一个人信息的广度、深度、准确度能否仅由时间来保证？""仅仅待在现场并不能保证什么。"我"兼职的"田野作业者身份，也证明了深度的文化解释"需要长时间且密集地探讨意义的生产问题，而不只是长期地进行观察"（格雷，2011：22）。

其三，都市社区与日常生活之概念随着调查地点和主题会发生变化。在时间得到保证的前提下，"有边界之地点"的社区概念一度让我将"投入程度"确定为人类学家是否能够参与和观察被研究者的日常生活，并总是让我担心：我真的在做田野作业吗？传统的社区或部落研究中，人类学家与研究对象同吃、同住、共同生活，通过建立持续而稳定的社区感而获得对日常生活的理解。而在当代都市田野作业中，民族志者必须突破狭隘地理意义上的社区，在流动的田野作业中"寻找线索，跟踪突显事件，搜集证据，处理个案"（马尔基，2005），通过长期、深入的互动来有效地收集资料，重新思考的社区和社区感。

在香港这样一个国际性的大都市，曾经有着明显的时间与空间边界的田野已经变成了多元现实，而都市性（urbanism）也必然给田野作业带来混杂感。回头看我的田野作业，"日常生活"自然与传统社区有所不同，指的是都市社会运动人士的常规性活动，也就是我积极和深入参与的各种居民活动。如果将香港看成一个整体的社区，我可以通过自己在这里的学习、工作和日常生活，也可以通过电视、电影、报纸等多种信息渠道，更可以通过众多的学术研究来了解、理解他们的日常生活及思想、情感等更深层次的"文化"。剩下要做的是，怎样用理论问题来引领田野作业。

其四，问题使"多点"形成网络。

多点民族志这一方法看似好理解：田野工作者必须具有灵活性，其工作场所应该是一个"包含多个地点"的网络。正如马库斯（2011）所言：

"一个关键的努力方向是：运用独特的策略，追踪进行中的研究项目，了解多个地点、不同行动者和搭档之间的密切联系，以准确考察他们所产生的合作性想象。当代民族志的功能就是把这些有关的、相互纠结的，但是没有联系的视野联系起来。"但什么是多点？什么是有意义的点？如何将点与点勾连成"网络"？都不是轻易就能够解决的问题。"对于复杂社会里的田野工作者而言，最大的挑战是防止他们的材料片段化（fragmentation）和去背景化（decontextualisation）"（埃里克森、许兰德，2013）。

我观察的是香港社会中的一群人，试图找到的是他们的行动以及这条已经消失了的街道，与这个城市、这个社会的深层次关系。一旦问题确定为"香港社会如何构成"时，利东街瞬时从无人之地变成一个内涵丰富的地方，它既是一个精神社区、一个网络社区，还是一个社会运动社区、一个能够展示香港社会丰富的历史层面和象征意义的田野点。在这里，我们可以通过当地草根社会的视野观察一个充满抗争的社会如何保持可持续运作，个体如何通过不同层次的社会网络与世界社会联系起来。"田野工作的精髓在于做的目的，而不在于做的地点"（沃尔科特，2011：45）。没有具体的田野点，却又无处不是田野点：我曾经跟踪过的深水埗、大角咀、嘉咸街等其他重建区的运动都在"社会如何构成"这一问题的引领下成为有意义的"点"。那些零零碎碎的观察、那些看似片段和没有背景的材料，都在通过"个体的社会结合"中构连出了整体性和一致性。

其五，民族志是田野作业深度的具体呈现。

人类学研究必然包含田野作业与民族志写作两大部分。不光是新手，几乎所有的田野作业都伴随着诸多的焦虑、挫败与混乱。没有民族志，田野作业是无法自我证明的，因此也无所谓失败。

田野作业与民族志分析应该是同步进行，而无法截然分开。因此，民族志写作会凸显田野作业的深度，也成就文化解释的深度。写作目的决定了你如何做田野，尤其是在时间相对有限或者功利性色彩稍浓的时刻。田野作业永远都无法足够，田野材料永远都有浪费。如何做田野，收集什么类型为主的田野材料，都取决于你关心什么样的问题，写作什么主题的民族志。田野作业期间对所获得材料的日常分析和整理同样重要，田野笔记（埃默森等，2012）以及扎根理论有关备忘录的写作（卡麦兹，2011）都可以成为民族志的雏形。对于新手来说，培养对所见所闻始终保持新鲜感，是最重要的。哪怕是那些焦虑、挫败与混乱的感觉。

好的民族志可以是慢慢磨出来的（高丙中，2008）。关键问题是你是否有足够的田野材料去解释一个理论问题，建构一个概念，或者就一个有意义的话题展开比前人更深入的讨论。一个善于思考的民族志工作者必须具备拯救"失败的田野作业"的能力。田野中的各种经历（experience）（Turner and Bruner，1986）都是在民族志写作与思考过程中，甚至是民族志完成之后才凸显其意义的。或者说，我们会用写作来证明田野作业的深度，或者用写作来挽救哪怕失败的田野作业。（巴利，2011）

无论都市研究还是乡村研究的田野作业，只有在合乎语言、时间、深度、社区感的建立等基本要求的基础上进行勤奋的工作和积极的思考，民族志者才有可能在"探讨与社会建构以及文化认同相关的意义"方面达到想要的深度。最重要的一点是，田野作业无法进行自我证明，必须通过民族志文本来体现，并且在知识生产与再生产的过程中证明其深度。

参考文献

埃里克森、托马斯·许兰德，2013，《什么是人类学》，周云水、吴攀龙、陈靖云译，北京大学出版社。

柏萨洛，2005，"你不能乘地铁去田野：地球村的村落认识论"，载古塔、弗格森主编《人类学定位：田野科学的界限与基础》，华夏出版社。

本雅明，1989，《发达资本主义时代的抒情诗人》，张旭东、魏文生译，三联书店。

诺曼·K. 邓津、伊冯娜·S. 林肯主编，2007，《定性研究：方法论基础》，风笑天等译，重庆大学出版社。

弗雷德里克·巴特，2005、《斯瓦特巴坦人的政治过程：一个社会人类学研究的范例》，黄建生译，人民出版社。

高丙中，2008，《民族志是如何磨成的——以贝特森的〈纳文〉为例》，《思想战线》第 1 期。

格雷·安，2011，《文化研究：民族志方法与生活文化》，许梦云译，重庆大学出版社。

古塔（Akhil Gupta）、弗格森（James Ferguson）主编，2005，《人类学定位：田野科学的界限与基础》，骆建建、袁同凯、郭立新译，华夏出版社。

凯西·卡麦兹，2011，《建构扎根理论：质性研究实践指南》，边国英译，重庆大学出版社。

柯文，2000，《历史三调：作为事件、经历和神话的义和团》，杜继东译，江苏人民出版社。

克里弗德，2005，"广泛的实践：田野、旅行与人类学训练"，载古塔、弗格森主编《人类学定位：田野科学的界限与基础》，华夏出版社。

克利福德·格尔兹，2000，《地方性知识》，王海龙、张家瑄译，中央编译出版社。

克利福德·格尔兹，1999，《文化的解释》，纳日碧力戈等译，人民出版社。

林恩·休谟，简·穆拉克，2010，《人类学家在田野——参与观察中的案例分析》，龙菲、徐大慰译，译文出版社。

吕大乐，2007，《唔该，埋单——一个社会学家的香港笔记》，牛津大学出版社。

罗伯特·埃默森、雷切尔·弗雷兹、琳达·肖，2012，《如何做田野笔记》，符裕、何珉译，译文出版社。

马尔基，2005，"新闻与文化：瞬间现象与田野传统"，载古塔、弗格森主编《人类学定位：田野科学的界限与基础》，华夏出版社。

马林诺夫斯基，2002，《西太平洋的航海者》，梁永佳、李绍明译，华夏出版社。

奈吉尔·巴利，2011，《天真的人类学家》，何颖怡译，广西师范大学出版社。

乔治·马库斯，2011，《15年后的多点民族志研究》，《西北民族研究》第3期。

沃尔科特，2011，《田野工作的艺术》，马近远译，重庆大学出版社。

吴俊雄、张志伟，2001，《阅读香港普及文化1970 – 2000》，牛津大学出版社。

夏循祥，2017，《权力的生成：香港市区重建的民族志》，社会科学文献出版社。

夏循祥，2010a，《论公共参与作为一种公民教育》，《思想战线》第2期。

夏循祥，2010b，"一个公民社团的诞生、发展与延续"，载谢立中主编《海外民族志与中国社会科学》，社会科学文献出版社。

夏循祥、陈健民，2014，《论无权者之权力的生成：以香港利东街居民运动为例》，《社会》第1期。

谢立中主编，2010，《海外民族志与中国社会科学》，社会科学文献出版社。

亚瑟·J·维迪奇、斯坦福·M·莱曼，2007，"定性研究方法：在社会学与人类学中的历史"，载诺曼·K. 邓津、伊冯娜·S. 林肯主编《定性研究：方法论基础》，重庆大学出版社。

詹姆斯·克利福德、乔治·马库斯，2006，《写文化——民族志的诗学与政治学》，高丙中、吴晓黎、李霞等译，商务印书馆。

Marcus George E., 1995, "Ethnography in/of the world system: The emergence of multi-sited ethnography," *Annual Review of Anthropology*, 24: 95 – 117.

Stevenson, Deborah, 2003, *Cities and Urban Cultures*, Maidenhead: Open University Press.

Turner Victor W., Edward M. Bruner (eds.), 1986, *The Anthropology of Experience*, Urbana and Chicago: University of Illinois Press.

上海城市社区老年人的个体化
生活境况

邓世碧[*]

摘 要：随着人口预期寿命的提高和医疗技术的发展，老年人群体中年龄跨度、身体健康状况差异都较大，而且这些差异与其生活境况关联甚大。笔者分年龄和健康状况进行了归纳：从年龄来看，低龄老人注重发挥余热、中龄老人主导自己生活的愿望强烈、高龄老人的照料需求明显；从自理能力的差异方面来看，自理能力差的老年人难以主导自己的生活、生活中的负面情绪更明显，而自理能力强的老年人明显更能掌控自己的生活，而且情绪更为稳定和积极。上海城市社区老年人正在经历的个体化是这样一种现象：在社会经济和制度发展过程中，家庭越来越小型化、个体与家庭的关系被劳动市场所重构、针对个体的制度保障逐渐发展起来，老年人个体生活自主的意愿和能力（主要是经济保障）增强、对自我的关注逐渐增长，但是仍然重视家庭观念及代际互惠。

关键词：上海城市社区 个体化 老年人生活境况 城市老龄问题

引 言

截至 2014 年 12 月 31 日，上海户籍的 60 岁以上老龄人口达到了 413.98 万人，占总人口的 28.8%，已经超过了四分之一。如此大量的人口，他们的生活境况如何？如果将他们的生活与社会结构的变迁结合起来，是否可以做

---

* 邓世碧，上海同济城市规划设计研究院，助理研究员，主要研究方向：城市社会学。

一定的类型化总结？几乎可以毫不犹豫地假设，他们的生活一定有一些共同的特征——居住方式、经济来源、日常生活，似乎每个人都可以根据这些关键词列举出一些自己的印象。然而，这些印象在何种程度上是准确的？

当谈到"老年人"这个词时，马上出现在你脑中的形象是步履蹒跚、形容枯槁、脆弱无助的，还是身姿矫健、满面笑容、充满活力的？这恐怕是一个难以回答的问题。因为，在当今社会，"老年人"已经是一个年龄跨度极大、身体健康状况各异的群体。1956 年，联合国《人口老龄化及其社会经济后果》将 65 岁及以上人口达到总人口的 7% 以上的社会划分为老年型社会；而 1982 年在维也纳召开的"世界老龄问题大会"则将 60 岁及以上人口达到总人口的 10% 以上的社会划分为老年型社会。但是只有 60 岁以上的人才是老年人？年龄只有 50 岁、但已经退休、靠养老金生活的人是老年人吗？此外，人均预期寿命越来越高——上海的早已超过 80 岁，我们所称的"老年人"实际上已经包括了几个世代的人。而且，医疗技术的发展也强化了老年人群体的身体自理能力方面的差异——不少罹患重病、难以自理生活的人也可以在医疗技术的帮助下延续寿命。因此，"差异性"也必须被纳入老龄研究的考量中。

一 研究对象与方法

本文以 60 周岁及以上、居住在上海市区的户籍人口为研究对象。在上海市的民政工作实践中，也将 60 岁作为提供老龄服务（如政府补贴的居家养老）的标准；而之所以限定为上海市区户籍人口，有两方面的原因：第一，户籍对于老年人享受上海的社会保障政策，尤其是医疗保险有重要影响；第二，居住在上海市区的户籍老年人一般都有工作经历、目前拥有退休工资，群体特征具有一定的一致性。对研究群体的明确限定，有助于我们进一步展开类别分析。

访谈法是笔者获取研究资料的主要方法之一。2014 年到 2015 年，笔者在上海市区开展了一系列老年人个案访谈。访谈对象从 62 岁到 89 岁，8 位男性、11 位女性，共计 19 人（表 1）。从调研地点来看，黄浦区 6 人、杨浦区 12 人、普陀区 1 人。从年龄来看，60~69 岁的有 7 人、70~79 岁的有 7 人、80 岁及以上的有 5 人。从居住状况来看，仅与配偶同住（纯老家庭）

的有 7 人，独居的 6 人，与后代同住的 6 人（表1）。

表1　个案访谈对象基本情况（以调研时的情况为准）

序号	调研地点	访谈对象	性别	年龄	共同居住者	住房状况
1	黄浦区	A 阿姨	女	62 岁	配偶	里弄房屋
2	普陀区	B 阿姨	女	62 岁	配偶、儿子	商品房
3	杨浦区	C 老伯	男	62 岁	配偶	公房
4	杨浦区	D 老伯	男	64 岁	配偶、女儿一家	商品房
5	杨浦区	Z 老伯	男	65 岁	独居①	公房
6	黄浦区	F 阿姨	女	69 岁	配偶	里弄房屋
7	杨浦区	G 阿姨	女	69 岁	配偶、女儿一家②	公房
8	黄浦区	H 阿姨	女	72 岁	丧偶独居	里弄房屋
9	杨浦区	J 阿姨	女	72 岁	独居③	公房
10	杨浦区	K 老伯	男	74 岁	单身独居	公房
11	杨浦区	L 老伯	男	76 岁	配偶	公房
12	杨浦区	M 阿姨	女	77 岁	丧偶独居	公房
13	杨浦区	N 老伯	男	78 岁	配偶	公房
14	杨浦区	O 阿姨	女	79 岁	配偶、儿子一家	商品房
15	黄浦区	P 老伯	男	83 岁	配偶	里弄房屋
16	杨浦区	Q 阿姨	女	84 岁	丧偶独居	商品房
17	杨浦区	R 阿姨	女	84 岁	孙子④	公房
18	黄浦区	S 阿姨	女	85 岁	女儿一家	里弄房屋
19	黄浦区	T 老伯	男	89 岁	配偶	里弄房屋

　　除了以老年人为对象的调研，笔者还在上海市黄浦区 R 街道、杨浦区 S 街道和 Y 街道以及浦东新区，以部分基层政府养老工作人员和两位提供养老服务的社会组织成员为对象进行了访谈（表2），以了解基层政府及社会组织对老龄问题的看法和他们的养老实践。

---

① 发妻十多年前去世，再婚之后又离婚。
② 女儿、女婿和外孙女一家每周有三四天与 G 阿姨及其丈夫一起居住，其余时间在女儿的公婆家附近居住。
③ 丈夫在养老院内。
④ 日托所负责人 T 女士介绍说 R 阿姨是与其孙子同住，但她自己认为是独居。

表2 基层政府和社会组织工作人员（以调研时的情况为准）

序号	调研地点	工作类别	访谈对象
1	黄浦区 R 街道	街道公务员	Q 先生/A 女士
2	黄浦区 R 街道	居委会书记	B 女士
3	杨浦区 Y 街道	街道公务员	Z 先生/F 女士/L 女士
4	杨浦区 S 街道	街道公务员	C 女士
5	浦东新区	区政府公务员	L 先生
6	杨浦区	某日托中心负责人	T 女士
7	浦东新区	社会组织成员	H 女士

此外，笔者还综合运用了文献法来搜集数据：不仅仔细梳理了已公开发表的老龄研究文献，还对政府部门和学术机构已公开发表的统计资料进行了收集和分析，这些已公开发表的数据包括上海民政网上公布的统计年鉴、上海市老年人口和老龄事业监测统计信息等老年人相关统计资料。

二 总体趋势：过属于自己的生活

笔者研究发现，上海城市社区老年人在居住方式、经济状况和日常生活在三个方面体现出很强的自主性，表现为居住空巢化、经济独立化、日常生活自我管理和自主安排。此外，对于体力衰弱的老年人而言，生活照料的社会化成为他们主宰自己生活的一种形式——无论最初是主动选择还是被动接受，其结果都是老年人面临更多的选择。而且，诸多现象表明，老年人非常重视自己的生活意义，通过各种方式实现人生价值。

（一）居住方式：空巢家庭比例高

有研究认为"虽然在城市中大部分老人仍更趋向于与子女居住，占总体的58.3%，但已有相当一部分老人趋向于独立居住，这部分老人占总体的大约39%"，"低龄、有配偶、健康自评好的和经济主要来源于自己或配偶的老人更趋向于独立居住"（陆杰华、白铭文、柳玉芝，2008）。根据上海民政发布的2013年和2014年"上海市老年人口和老龄事业监测统计信息"数据计算得知，2013年，全市60岁以上人口中，纯老家庭人口比例为

23.3%；在所有纯老家庭中，27.7% 为 80 岁以上的高龄老人；独居老人比例为 6%；2014 年的比例与 2013 年的几乎相同——全市 60 岁以上老年人中，23.3% 为纯老家庭；而在所有纯老家庭中，28.4% 为 80 岁以上的高龄老人；独居老人占老年人口的比例约为 6%。[①] 上海市老龄科学研究中心 1998 年、2003 年、2005 年、2008 年和 2013 年调研的结果显示，空巢家庭比例有逐年增长的趋势（殷志刚、周海旺，2014）。从表 1 可以看出，笔者的个案访谈对象的居住方式也显示出较高的空巢家庭比例。

（二）经济独立：养老金作为主要生活来源

有研究表明，2000 年中国城市老年人中"首次有一半以上以退休金作为主要生活来源"（杜鹏，2003），这个比例到 2004 年增加到了 60%（杜鹏、武超，2006）。上海市老龄科学研究中心 2013 年抽样调查的结果：在老年人口收入来源的构成中，养老金占比为 94.1%，而子女亲属补贴占比仅为 1.7%、老年人自己的劳动收入占 2.8%（殷志刚、周海旺，2014）；"仅有 0.3% 的老年人以子女及其他亲属补贴为主要收入来源"，"91.9% 的老年人以养老金、4.2% 的老年人以养老补贴为收入来源"（瞿小敏，2015）。笔者的个案访谈也印证了这种结果。

在受访的 19 位老年人中，只有 N 老伯和 T 老伯的子女对他们有经济上的支持，但这种支持都不是必需的：N 老伯自己每月退休金有 3300 元，自己花的不多，其子女的经济支持主要表现在包了"老酒"和"衣裳"，但是他说"我不要他们包他们也包"；T 老伯每月退休金有 10000 余元，本不需要子女的经济资助，但是小儿子为他承担了保姆费。J 阿姨尤其具有代表性，她不仅在经济上与子女完全分开，而且觉得不跟子女要钱的人是"好"的——"我们这里的人都很好，基本上都不跟子女要钱。"

（三）生活独立：自我依赖

老年人生活的独立性主要表现为他们自主安排自己的生活：包括实现

---

① 上海民政 http://www.shmzj.gov.cn. 2013 年末，上海市 60 岁及以上老年人口 387.62 万人，其中"纯老家庭"老年人数 90.43 万人，80 岁及以上"纯老家庭"老年人数 25.02 万人；独居老年人 23.51 万人，其中孤老人数为 2.40 万人。2014 年末，上海市 60 岁及以上老年人口 413.98 万人，其中"纯老家庭"老年人数 96.60 万人，80 岁及以上"纯老家庭"老年人数 27.48 万人；独居老年人数 24.63 万人，其中孤老人数为 2.24 万人。

自己的兴趣爱好、对自我生活的规划、生活中的自我依赖等方面。

上海市老龄科学研究中心 1998 年、2003 年、2005 年、2008 年和 2013 年的五次调研结果表明：没有任何兴趣爱好的老年人一直占 10% 左右，大约 90% 以上的老年人都有一种及以上的兴趣爱好；拥有两种及以上兴趣爱好的老年人在 2008 年的调查中最高，达到 81.2%，在 2013 年的调查中占 74%；而且在五次调查中均在 70% 以上（殷志刚、周海旺，2014）。

老年人对自己生活的规划，包括安排一日三餐、克服孤独感等。日托中心因而成为老年人的选择之一：一方面，日托中心可以提供一顿中饭；另一方面，日托中心人多，可以大家讲话、做活动，同时还是相互之间疏散心情的一个地方。笔者在某日托中心调研到 Z 老伯、H 阿姨、J 阿姨、K 老伯、L 老伯、O 阿姨、Q 阿姨和 R 阿姨，他们对日托中心的评价都是非常正面的。

在生活上，老年人坚持自我依靠，尽量不给子女或他人"添麻烦"、"增加负担"。L 老伯觉得对子女"不好意思"，因为他认为自己的身体坏得太早了，给子女带来了麻烦；J 阿姨也认为，依靠小孩就是"找他们麻烦"。从长远来看，这种自我依赖还包括对自己自理能力变差之后的计划。有部分老人表示，即使以后他们自理能力更差了，也不会与子女同住，而是可能选择养老院——用 J 阿姨的话来说，就是不想让子女做父母与配偶之间的"三夹板"。

除了养老院之外，也有一些老年人在考虑一种比较自由的"搭伴养老"的模式——媒体上①已经有类似的德国案例的介绍：几位志趣相投、但是并非家人的老年人一同居住，在生活上互相照应。访谈中，B 阿姨和 J 阿姨都阐述了这种想法，今年才五十多岁的 T 女士也有类似的设想。他们认为，几个人住在一起，其他的房子就可以租借出去，部分解决养老的资金来源问题，而相对集中居住也可以共同请保姆照料，节约开支；有朋友住一起相互照应的话，即使子女不能天天陪伴，也不必担心年老孤独的问题，不用依赖子女；而且，兴趣相投的老年人还可以"自由"地过自己想过的生活，至少在生活自主程度上会比较高。

---

① "德国的'同居式'养老"，公众微信号"乐退族"。http://dwz.cn/2rzZH5. 2015 - 12 - 25.

（四）生活照料：社会化

当自己的体力衰弱之后，"子女靠不住"或者"不想靠子女"的想法催生的结果，就是老年人生活照料的社会化：无论是进养老院还是接受家政服务都是如此。家政服务包括钟点工和保姆两种形式——目前上海的保姆都是市场提供的，而钟点工则有两种来源：既有市场提供的，也有政府补贴的居家养老服务。但是享受政府补贴居家养老服务的人数较少，每个街道只有几百人，例如杨浦区 Y 街道 319 人[①]，S 街道也是 300 多人[②]。笔者的调研对象中，G 阿姨的父亲和 T 老伯请了保姆，D 老伯、K 老伯、O 阿姨、R 阿姨等人请了钟点工，都属于市场提供的家政服务。

（五）找寻自我价值

老年人在自主安排生活的同时，也通过各种各样的方式实现人生价值，让自己的生活更有意义。笔者在调查中了解到主要有四类方式：再就业、当志愿者、参加老年社团和上老年学校。

1998 年的一项调查结果显示，上海市 60 岁及以上的城市老年人在业比例为 11.3%（桂世勋，2000）。有学者于 2010 年在上海市静安区开展了一项"老年独生子女父母状况与需求调查"，结果显示：69 岁及以下的独生子女父母中，"希望"再就业的比例为 8.1%，"不希望"再就业的比例为 46.1%，持"一般"态度的占 45.8%，说明有一部分低龄老人愿意参与再就业（黄祖宏、王蓉蓉，2013）。笔者的调研对象中也有几位在退休之后继续工作。Q 阿姨在退休之后又工作了七八年，直到丈夫身体不好需要照顾，才停止工作回家照顾丈夫，她认为自己再就业主要是"帮助"别人，为他们提供指导；O 阿姨退休以后还继续作为民盟的妇女委员会的成员参加活动，而且在其中非常有归属感。

"志愿者活动是城市老年人社会参与的主渠道"（段世江、安素霞，2011），"实现角色转变"、"实现自我价值"、"建立人际网络"和"履行社会责任"是老年人参与志愿活动的四个主要动机（段世江、王凤湘，2010）。上海民政统计，2014 年，上海市老年志愿者团队共有 7623 个，参加人数达 25.31 万

---

① 2015 年 6 月 4 日访谈 Y 街道三位公务员提供的数据。
② 2015 年 6 月 12 日访谈 S 街道 C 女士提供的数据。

人。笔者的调研对象中，R 阿姨从 1982 年搬到目前居住的小区开始就一直担任楼组长，直到 2012 年；J 阿姨也做过居民小组长。担任居民小组长的经历丰富了她们的社区人际关系，在社区中受到尊敬和关爱。N 老伯从退休以后就进入社区平安组，2002 年街道牵头成立市民环境督察队，他成为团队的负责人。N 老伯善于总结团队的志愿者工作方法，并在实践中进行改良。他认为志愿者服务让他接触了社会、交了朋友、锻炼了身体、奉献了社会，使他的生活很开心。

老年社团包括老年学术组织、老年协会、老年文艺团队、老年人体育协会和体育团队等。据统计，到 2014 年末，上海市共有 19 个街道、乡镇级以上的老年学术组织，243 个街道、乡镇级以上的老年协会，1489 个居（村）委老年协会，1.55 万个老年文艺团队，411 个老年人体育协会和 1.14 万个老年体育团队。其中，老年文艺团队参加人数达 39.90 万人，老年人体育协会参加人数 49.18 万人，老年人体育团队参加人数也达到 31.35 万人。老年人根据自己的兴趣爱好、知识层次参加不同的社团组织，在摆脱孤独感的同时找到生活的价值。

老年教育既可以提高老年人闲暇生活的质量、又有利于发挥其智力资源，还可以促进他们完善自身、抗衰益寿（陈乃林、孙孔懿，1998），对于拓展老年人的参与空间、实现角色的转变、扩大交往范围也有很重要的意义（付晓萍，2007）。2014 年，全上海市的老年教育机构服务了近 100 万老年人。[①] 对于单身的 K 老伯来说，老年学校就是他退休之后生活中必不可少的一部分。他在老年学校学会了交谊舞，会说一些英语（在与笔者的交谈中称自己的状态为 "English 叫 Only One"），学会用电脑发 E-mail 等。对于自己在老年学校的学习成果，K 老伯感到非常自豪。

三　老年人生活境况的差别化比较分析

以上从整体上考察了上海老年人的生活图景，这种笼统的分析虽然可

[①] 2014 年，全上海市共有四所市级老年大学，全年共有学员 1.80 万人；区县、高校老年大学和市级老年大学分校、系统校 65 所，全年共有学员 6.46 万人；街道、乡镇老年学校 222 所；全年共有学员 19.17 万人；居、村委老年教学点 5139 个，全年共有学员 26.13 万人；远程老年大学集中收视点 5382 个，全年共有学员 51.14 万人。

以在一定程度上标记出当代老年人生活的一些特征——用贝克的话来总结就是"过属于自己的生活"——但是抹杀了老年人群体内部的差异性，尤其应该考虑不同年龄段的老年人家庭结构的差异，以及不同自理能力造成的老年人生活的机会与限制。自理能力与年龄有相关性，但并非绝对的因果关系，因而将二者分开论述。

（一）纵向比较：年龄差异

结合上海市老龄科学研究中心和上海社会科学院城市与人口发展研究所研究人员在分析上海市 5 次老年人口状况与意愿调查结果（殷志刚、周海旺，2014）时所采用的年龄分组，并参考曲海波的三层次分类方式，本文将 60~69 岁的人口定义为"低龄老人"，70~79 岁的人口定义为"中龄老人"，80 岁及以上的人口定义为"高龄老人"，并据此进行比较分析。由于退出工作岗位之后，家庭和家人一般就是老年生活的绝对重心，在"家庭"的范畴内讨论老年人的居住、经济、日常生活才有其意义。因此，笔者将从老年人因年龄差异而面临的不同家庭特征入手来分析他们面临的生活境况。

1. 低龄老人

低龄老人一般都刚从工作岗位上退休，生活重心有一个明显的转变，即从工作与家庭兼顾到非常明显地向家庭倾斜、甚至完全以家庭为重。笔者调研的低龄老人主要有四个特征：首先，大部分为独生子女父母；其次，大都有孙辈，而且从调研结果来看都是年龄较小、需要较多照顾的；第三，大部分的配偶健在且同住；第四，部分调研对象还有父母辈需要照顾，而且父母辈都没有与他们同住。（表3）这些特征既是其个体化生活境况的一部分构成要素，又是其个体化生活境况的重要影响因素。

表3　60~69 岁调研对象基本情况

调研对象	子女数量	有无孙辈	是否照顾孙辈	共同居住者	父母辈健在老人
A 阿姨	1 女	有	否	配偶	/
B 阿姨	1 子	无	/	配偶、儿子	婆婆
C 老伯	1 女	有	否	配偶	母亲、岳父母
D 老伯	1 女	有	否	配偶、女儿一家	/

续表

调研对象	子女数量	有无孙辈	是否照顾孙辈	共同居住者	父母辈健在老人
Z 老伯	1 女	有	否	独居	/
F 阿姨	2 子	有	否	配偶	/
G 阿姨	1 女	有	是	配偶、女儿一家 （每周三四天）	父亲

1.1 独生子女父母养老难

国家计划生育政策使得当前的很多低龄老人一生只养育了一个儿女。笔者的七位调研对象中，只有 F 阿姨养育了两个孩子，其他均只养育了一个孩子。"独生子女"不仅影响了老年人得到子女经济支持的程度（罗丹，2013），而且直接影响了家庭居住方式，以及老年人得到的生活照料、精神慰藉等的程度（王玲凤、施跃健，2008）。已有研究表明，城市"独生子女在结婚后大约会有超过 50% 的人离开父母家庭"（风笑天，2009a），而且"已婚独生子女的父母们单独居住的比例接近三分之二，明显高于同龄非独生子女父母的比例，二者之间的差距达到 25%"（风笑天，2009b）。笔者的七位调研对象，只有 G 阿姨计划长期与女儿一家住在一起。D 老伯虽然目前与女儿住在一起，但他预计以后会分开；B 阿姨的儿子目前未婚，所以还住在一起，她认为儿子婚后分开居住的可能性较大，"有（经济）能力就分开"。不与父母住在一起，独生子女能够提供给父母的生活照料和精神慰藉自然不多。

养老院虽然提供了另外的一种选择，但是笔者的调研对象大都对其不太信任，更多是作为最后无奈的选择：B 阿姨经历了自己父亲在养老院被绑手脚、挨打的遭遇；C 老伯觉得有些养老院距离医疗机构太远、看病不太行，而且如果不能自理的"进了养老院就死得快"；Z 老伯目前唯一的亲人是女儿，但是住在婆家，自己如果不能自理的话，养老院将是"最后的出路"。此外，条件较好的养老院费用较高，也是困扰他们的问题。

1.2 照顾孙辈：传统代际互惠的延续

当前的上海年轻夫妻一般需要双方都工作以支持家庭的开销，对孩子的照料大都要求助于父母。从整个社会来看，只要条件允许，照顾孙辈似乎是老年人义不容辞的责任。B 阿姨认为，当年如果没有婆婆帮忙带孩子的话，自己读书、工作、出国都不会顺利；因此，老年人不应当"自私"，应该帮子女带孩子。D 老伯认为"这是我们中国的传统，老的都放不下小的"。
G 阿姨也认为应该帮助子女带小孩，这是与子女之间的一种"互惠"，有付出才有得到，她将带外孙女的行为描述为"承担一点抚养第三代的责任"。

笔者所调研到的低龄老人，绝大多数都没有照顾孙辈，其中绝大部分与老年人自己或配偶的身体健康状况差有关。但是相应地，他们的亲家大都承担了这个任务——C 老伯、D 老伯、Z 老伯、F 阿姨都是这种情况；而 G 阿姨则是与亲家分摊，女儿把孩子带到哪一家就由哪一家来照顾。

结合"是否照顾孙辈"和老年人的居住状况还发现，是否照顾孙辈在一定程度上影响老年人的居住状况。如：Z 老伯的亲家、F 阿姨的亲家、G 阿姨的亲家都承担了全部或部分照顾孙辈的工作，而子女也与他们同住。D 老伯是个特例，但需要考虑到他的妻子身体较好，每天为全家人做饭、做家务；而且孩子的奶奶住得并不远，可以过来帮忙带小孩。并且，长远来看，他认为他们夫妻还是会与女儿一家分开住。当然，除了代际互惠的影响，也要考虑经济方面的因素——在上海市区面积大到能够供一家三代共同生活的房子并不便宜、很多家庭买不起，当然也就很难共同居住。

1.3 配偶是重要的家庭支持来源

对 2010 年全国"六普"数据的分析表明，60 - 64 岁的低龄老人有配偶的比例为 85.54%，丧偶比例为 15.01%，80 岁以上的高龄老人有配偶比例仅为 34.85%，丧偶比例为 63.38%；而上海老年人有配偶的比例高达 75.67%，丧偶比例为 22%。（孙鹃娟，2015）这说明低龄老人的有配偶比例较高，而这一比例会随着年龄增长而降低，符合自然规律。笔者的七位调研对象中，六位的配偶健在。

配偶支持是城市空巢老人老年生活的重要影响因素，"只与配偶居住的老年人生活满意度比其他居住安排的老年人都要高"（瞿小敏，2015），而且有研究表明男性老人"体验到的配偶支持大于女性老人"（王玲凤、施跃健，2008）。A 阿姨的丈夫目前生活无法自理，出行都只能依靠轮椅，言语交流也有一定障碍，生活主要由 A 阿姨打理，夫妻二人每天都会到家附近的公园散步；D 老伯由于脑溢血后遗症，身体左半部分丧失知觉，日常生活也由妻子照顾；C 老伯的妻子 2013 年生了肝癌，自己除了在生活上照料妻子，还经常劝慰她；G 阿姨目前与丈夫共同照顾外孙女，两个人"互相调节搞好家庭"。与前面几位形成明显对比的就是 Z 老伯。他目前独居，发妻已于十多年前去世、再婚的妻子也已经离婚，而自己 2013 年脑梗，目前生活自理能力较差，女儿出嫁。当笔者问他目前生活中最重要的是什么时，他回答"不抱希望"——健康状况差，而且缺乏陪伴使得他情绪较为消极。

除了精神支持和生活陪伴，配偶对于老人的经济能力也有较大影响，从而影响老人的生活水平。有配偶的老年人，一个家庭中有两份退休工资，生活相对独居老人而言一般会宽裕很多。由于上海的"男性老年人口平均收入普遍高于女性老年人口"，而且差异还在不断增大（殷志刚、周海旺，2014），所以尤其对于女性老年人来说，丈夫是否在世会明显影响其生活水平。B 阿姨每月只有 3000 元左右的退休金、F 阿姨每月只有 2000 多元退休金，但是因为她们各自的配偶收入水平都较高，因此生活都处于小康水平。

1.4 赡养父母辈：精神照料为主

2014 年上海户籍人口平均预期寿命已经达到 82.29 岁，其中男性 80.04 岁，女性 84.59 岁。随着人口寿命的提高，必然有不少人在自己进入老年期之后，上一辈还有老人健在——笔者的调研对象中就有三位面临这样的情况。那么，健在的上一辈老人对于这些低龄老人的生活有何影响？

目前的低龄老人一般都有兄弟姐妹，其父母的居住方式也就比较多样：B 阿姨的婆婆平时独居，只在冬天时有一段时间与他们家住在一起；C 老伯的母亲目前住在 C 老伯的小妹家，而岳父母则没有与子女同住；G 阿姨的父亲目前与其哥哥同住一个小区，是另租的房子，子女雇了一个 24 小时保姆照顾他。

总体而言，这些低龄老人给予他们父母的主要是精神慰藉，经常去看望他们，偶尔进行生活照料，经济支持并不太多：B 阿姨和 C 老伯会给长辈一些经济支持，但是给的并不多，只是"零花钱"；而 C 老伯的岳父母、G 阿姨的父亲，都是基本不需要子女提供经济支持的。而且，由于有兄弟姐妹可以分担对父母的照料，例如轮流看望父母，因此他们虽然需要给长辈养老，但实际压力并不算非常大。

2 中龄老人

就笔者的调研情况来看，相比低龄老人，中龄老人的家庭特征（见表4）是：大部分都有一个以上的子女，但是与子女共同居住的比例更低；独自居住的情况增多；不需要照顾孙辈和长辈。

表4 70-79岁调研对象基本情况

调研对象	子女数量	是否照顾孙辈	共同居住者	父母辈健在老人
H阿姨	1子	否	丧偶独居	/
J阿姨	1子1女	否	独居（丈夫在养老院）	/
K老伯	无	否	单身独居	/
L老伯	2子1女	否	配偶	/
M阿姨	2子	否	丧偶独居	/
N老伯	1子1女	否	配偶	/
O阿姨	1子2女	否	配偶、儿子一家	/

2.1 有多个子女也要单过

七位受访对象中，H阿姨因为身体原因没能生育第二个子女，K老伯则至今未婚；其他五位都有两到三个孩子。但是多子女似乎并没有增加老人与子女同住的概率——五位多子女的老人当中只有O阿姨一人有子女同住。但是多子女意味着老人能够得到子女陪伴的机会增加——几个子女可以交替陪伴老人；即使不能直接见面，相互打电话的人都会更多一些。如果老人生病住院，也比较容易得到照料。

老年人不与子女同住的原因是多方面的。L老伯家的情况主要是房子结构不适合与子女同住。M阿姨提到了三个原因，也是其他调研对象有所提及的：第一是比较自由，第二是不想给子女带来麻烦，第三是难以割舍熟悉的居住环境和邻里空间。N老伯补充了另一点，他称之为"远香近臭"——不住在一起可以减少与子女之间产生矛盾的可能性，一家人更和睦。除却上述几个原因，笔者认为还有两点可以补充：第一是大部分受访对象目前身体状况还比较好，生活基本能够自理；第二是这些受访对象的孙辈都不需要他们照顾，与子女在家庭支持方面的互惠关系弱化——可以参考低龄老人的情况：照顾孙辈的低龄老人与子女同住的可能性更大。

2.2 健康状况下降，独居比例上升，出现"渐进式离家养老"

相比低龄老人，中龄老人空巢的比例更高，而且独居老人增加明显①：

---

① 这一趋势得到2014年同济大学社区综合调研数据的支持：总样本量411；低龄老人中29.6%来自空巢家庭，中龄老人中44.9%来自空巢家庭，高龄老人中63.9%来自空巢家庭；低龄老人中5.8%是独居老人，中龄老人中9.2%是独居老人，高龄老人中16.7%是独居老人。

除了 O 阿姨有儿子一家同住，其他受访对象都来自空巢家庭，而且七位老人当中有四位是独居。K 老伯未婚独居是一个特例，H 阿姨和 M 阿姨是丧偶独居，J 阿姨则是将已不能自理的丈夫送入养老院后自己独居。这里我们要着重分析 J 阿姨的情况。

J 阿姨没有与子女同住，丈夫患脑梗改变了夫妻二人的老年生活。丈夫脑梗之后行动不便、大小便不能自理。2012 年 7 月份，J 阿姨夫妇二人到日托中心；一年后，由于照顾起来实在有困难，J 阿姨将丈夫送到了日托中心附近的养老院，而自己仍旧每周一到周五白天在日托中心活动，周一到周五中午和周六白天去养老院照顾丈夫，周日在家整理家务。这样的生活安排使得 J 阿姨能够不用太操劳、从而保持健康的身体，也保证了她能够给予丈夫更优质的陪伴。而且她表示，自己以后如果自理有困难了，也会住进养老院。

这表明，当纯老家庭的夫妻中一方不能自理、另一方很难再承担全部的照料责任的时候，社会机构就成为一种选择，而且是一种渐进式的选择：先进入提供初步帮助、可以辅助照顾不能自理者、但费用较低的机构，如日托中心；随着身体状况恶化之后，不能自理的一方进入提供全护理但费用较高的养老院；当另一方的身体机能也下降至一定程度后，考虑双方都进入养老院。养老投入的逐步增加可以缓解老年人的经济压力，而不至于忽然之间经济就变得拮据。

2.3 老年生活要有尊严

随着年纪的增大，在家庭层面，身体衰弱需要照顾、经济能力有限，使得老年人成为弱者；在社会层面，老年人不再参与生产活动、日新月异的科技也将他们甩在身后，"年老"不再是获得年轻人尊重的充分条件。得到尊重，是老年人的普遍期待，他们表现出对独立和自由的强烈要求，非常希望自己被认可、被尊重，过无拘束、有尊严的老年生活。H 阿姨的家在日托中心附近。由于是独居老人，她受到居委会的特别照顾，很早就进了日托中心；但在笔者调研的时候，她表示自己一般在日托中心拿一顿中饭吃，其他时间都不待在那里。因为她觉得在日托中心里连上厕所、喝水这些事也要报告使她的尊严受到伤害——虽然也明白工作人员是担心老人发生危险，但是感觉不开心，后来就不待在那里了。J 阿姨目前除了周六要自己做些好一点的菜带给丈夫，一般不再自己做晚饭："不要把时间就花在这个上面，太累了。烧了七十年的饭了，还烧啊？不烧了"。这可以看作家务方面的一种自我解放。

身体状况较差，尤其是需要别人照顾的老人，一般通过经济的方式来获取尊严感。L老伯在心梗之后明显感受到自己的弱势地位，他尽量不要子女的钱，甚至子女帮他们买菜他也会想要给子女付钱，希望通过经济上的独立来挽回自己的"尊严"。O阿姨中风之后行动不便，但是她在经济上的优势也在一定程度上弥补了自己身体缺陷所削弱的自尊感：偶尔可以给子女、给丈夫钱，让她获得了尊严感。

3. 高龄老人

高龄老人比低龄老人"自理能力明显偏低，且下降更为迅速，是需要照顾的主要人群"（殷志刚、周海旺，2014）。老年人的照料需求基本可以分为生活照料、医疗照料和精神照料三类（俞卫、刘柏惠，2012）；而照料方式有来自正式组织的专业或半专业人员提供的正式照料和亲友、慈善机构等提供的非正式照料（沈妍，2007）。由于笔者的调研对象选择的都是居家养老，照料需求主要在生活照料和精神照料方面；医疗照料主要是看病、配药时得到的医院医护人员的照料，日常生活中的医疗照料尚未得到重视。老人体验到的家庭成员为其提供的精神慰藉、经济支持、家务帮助等，属于非正式照料；日托中心所提供的照料即是正式照料的一种；市场提供的对老年人开展生活照料的家政服务（如钟点工、保姆）也是正式照料的一种。

表5 80岁及以上调研对象基本情况

调研对象	子女数量	是否有曾孙辈	共同居住者	是否请家政
P老伯	1女	无	配偶	钟点工
Q阿姨	2子2女	有	丧偶独居	/
R阿姨	2子3女	有	孙子（自认为独居）	钟点工
S阿姨	1子2女	有	女儿一家	/
T老伯	3子2女	有	配偶	保姆

3.1 高龄老人的家庭内照料：精神照料为主

虽然高龄老人普遍多子女，但是他们空巢的比例却非常高[①]；大部分都已经有了曾孙辈，处于四代同堂家庭成员结构的顶端。表5显示，笔者调研的五位高龄老人中，一位丧偶独居，两位仅与配偶同住，一位虽然与孙子同住、但是由于生活不同步，觉得自己是独居；还有一位是与女儿一家同住。而且五位当中四位有多个子女，且已经有曾孙辈。结合前面关于低龄老人、中龄老人的分析，以及高龄老人的家庭成员结构可以推断：高龄老人的子女更多地把精力放在照顾自己的子女和孙子女身上，对高龄老人的照料相对缺乏——在访谈中就发现，有些高龄老人即使跟子女住一起，也会因为有了曾孙辈而并不能得到子女很好的陪伴。如果子女年纪还比较轻，则尚未退出工作岗位，生活更加忙碌而无暇细致入微地照料高龄老人。还有一种情况是，子女健康状况变差，或家庭出现变故，无力照顾老人。典型的例子是 Q 阿姨：她虽然有两子两女，但由于大女儿前不久丧夫，二女儿出车祸后腿部残疾，小儿子得了尿毒症，目前只有大儿子能够在生活上给她提供帮助。

3.2 日托中心：正式照料的一种类型

日托中心是上海市政府推进社区养老的一种方式，一般由街道开办之后委托给社会组织运营。老年人入托的成本不高，一般只需交纳很少的管理费（Y 街道二托是 60 元；S 街道日托中心是 150 元）和每个月的饭钱（Y 街道二托是 15 元一客；S 街道日托中心是 9 元一客)①，但是要入托却是比较难的：一方面因为日托中心一般不接收不能自理的老人，另一方面是因为日托中心本身能够服务的老人数量非常有限——一个街道一般只有一个日托中心，而且每个日托中心一般只能服务 20 位左右的老人。

在照料的内容方面，日托中心一方面为老年人提供一个交流的平台，排解他们的孤独感；另一方面，为入托的老年人提供一顿中饭，部分解决老人吃饭难的问题。虽然日托中心所提供的服务对于入托老人是十分有益的，但由于其服务人数和服务内容都极为有限，对于社区居家养老来说，只能算一种示范性的尝试。对于大多数老年人来说，养老还得在家里，而且生活照料不仅是提供一顿中饭，还有更多的家务需要做。

3.3 居家养老的社会支持：家政服务

随着体力的下降，他人的生活照料对于居家养老的高龄老人非常重要。在家庭和社区能够给予高龄老人的生活照料相对不足的情况下，有不少高龄老人转而求助于家政服务——由市场提供的正式照料。根据自身的经济

---

① 数据通过访谈 Y 街道日托中心 T 女士和 S 街道公务员 C 女士获得。

条件和身体状况，有些老人选择请钟点工帮忙收拾家务、做饭，有些老人则聘请住家保姆进行全面的照顾。笔者调研的五位高龄老人中，P 老伯和 R 阿姨请了钟点工，T 老伯则请了保姆。低龄老人 D 老伯和中龄老人 K 老伯、O 阿姨也请了钟点工。但是，并非所有需要生活照料的老年人都能请到家政服务，老年护理的保姆相对难找——甚至出现老人护理"有单无人做"的情况（陈群民、李显波、王瑞杰，2011）。职业报酬对于家政从业人员的工作积极性有极大影响，而"雇主的支付能力"又是家政服务报酬的重要影响因子（余央央、封进，2014）。综合来看，高龄老人的经济能力一般比较有限，而且注重节约，很难为家政服务支付很高的报酬。但是，子女的家庭条件能在很大程度上影响老年人对家政服务的支付能力和支付意愿——如果子女家庭条件较好，老年人既不用担心难以应付突袭的大病，也不用担心子女的经济压力，从而更有可能自己"享受"一点。

（二）横向比较：自理能力差异

虽然自理能力与年龄增长有一定关系，但并非完全由年龄决定。笔者调查发现，突然发生的疾病，尤其是心脑血管疾病经常是影响老年人自理能力的决定性因素。中国老龄事业发展中心的信息也表明，循环系统疾病（如心肌梗死、中风等）是老年人口死亡比例最高的疾病。在表 6 中，笔者将调研对象的身体状况分为自理、基本自理和半自理三种类型，主要比较老人自由行动的能力。这里以能够不借助其他辅助物而能够自由行走作为"自理"的标准；"基本自理"指虽然患有一些比较严重的疾病或者身体比较衰弱，但是仍然能够自由行走；"半自理"则指自由行走有困难。笔者没有调研到完全不能自理的老人，但是从已经调研到的三类老年人也可以比较出一些趋势："半自理"、即自由行走有困难的老人，全部都患过心脑血管疾病，而且包括了低、中、高三个年龄段的老人；其他的疾病，如腰椎、颈椎、糖尿病等，虽然对老人的健康状况损伤也很大，但是对他们的自由行动能力影响较小。

生活自理能力对于老年人生活境况的影响，笔者主要从两方面来考虑：第一，自理能力强的人更有能力支配和主导自己的生活；而自理能力弱的人即使内心希望主导自己的生活，也大都容易处于"心有余而力不足"的境地。第二，人的健康是"一种生理的、心理的和社会的完全安宁状态，而不仅是没有疾病或虚弱"（WHO，1946），需要从生理、心理和社会三个方面来综合考虑，而三者又是相互影响的；自理能力属于生理健康的范畴，自然会影响人的心理和社会的"安宁状态"，从而影响老年人的生活境况。

表6　调研对象身体状况一览表

序号	访谈对象	性别	年龄	共同居住者	自理情况	提到的疾病
1	T老伯	男	89岁	配偶	半自理	脑供血不足
2	D老伯	男	64岁	配偶、女儿一家	半自理	脑溢血
3	Z老伯	男	65岁	独居	半自理	脑梗
4	L老伯	男	76岁	配偶	半自理	心梗
5	O阿姨	女	79岁	配偶、儿子一家	半自理	脑梗、癌症（治愈）
6	A阿姨	女	62岁	配偶	基本自理	腰椎、颈椎、胸椎
7	B阿姨	女	62岁	配偶、儿子	基本自理	糖尿病、气管炎
8	P老伯	男	83岁	配偶	基本自理	心脏病
9	S阿姨	女	85岁	女儿一家	基本自理	/
10	C老伯	男	62岁	配偶	自理	/
11	F阿姨	女	69岁	配偶	自理	腰椎
12	G阿姨	女	69岁	配偶、女儿一家	自理	/
13	H阿姨	女	72岁	丧偶独居	自理	/
14	J阿姨	女	72岁	独居	自理	癌症（治愈）
15	K老伯	男	74岁	单身独居	自理	/
16	M阿姨	女	77岁	丧偶独居	自理	/
17	N老伯	男	78岁	配偶	自理	/
18	Q阿姨	女	84岁	丧偶独居	自理	/
19	R阿姨	女	84岁	孙子	自理	/

1. 难以自理，难以掌控的生活

生活不能自理、行动能力受限，对老年人最直接的影响就是很难自己做决定，从而也就不能主导自己的生活——G阿姨就认为，居家养老仍然是最好的选择，去养老院的很多都是自己动不了、被别人送进去的。L老伯夫妻都因为疾病影响了行动能力，很难自由行走，吃的东西也只能让子女买回来，由于不好意思向子女提要求，不能自由地决定自己吃什么，只能子女买什么就吃什么，但是这样又不开心；O阿姨最希望能够自由地走路，身体不好让她觉得不幸福。

自理的老年人能够自由地安排自己的生活，选择自己的生活方式。这一点在 G 阿姨身上体现得最明显。G 阿姨身体比较健康，爱好交谊舞，对目前生活有明确的规划，而且主导了家中换房的计划；无论是"决定"换房、自己去调查分析，还是获得家人支持，都表明了她对自己的生活有非常强的掌控感。

2. 自理能力与心理健康

随着年龄的增长，身体机能衰退变得自然而然，绝大多数老年人都会面临健康问题，疾病成为他们生活的一部分，生理健康状况不可避免地会影响老人的心理健康。但是调研结果表明，影响程度是随着老人的自理能力而变化的。自理能力强的人，面对老年生活时心态更积极，而自理能力弱的人心态更消极——尤其是年纪较轻却由于突发疾病影响自理能力的低龄老人，更容易产生负面情绪，例如 Z 老伯。他虽然只有 60 多岁，但是由于疾病严重损害了他的身体健康状况，自理能力较弱而且身边没有人照顾，因此表现出非常负面的情绪——整个调研过程中经常说的词就是"没办法"，对生活充满无力感，表现得非常无奈。相对而言，T 老伯年龄已经接近 90 岁，可能已经处于乐天知命的人生阶段，情绪还比较积极。其他身体自理能力较强的老年人，也都持有比较积极的心态。尤其是 N 老伯，身体比较健康，以志愿活动、做贡献为乐。

四　研究小结

以上研究发现，贝克所描述的个体化社会中人们追求"属于自己的生活"、"为自己而活"的愿望已经在上海老年人身上有所体现，上海老年人的正在经历一种个体化的人生历程。

贝克描述的个体化是一种"生活境况和生涯模式的改变"。随着生产力的发展，风险伴随知识的增长而增长，个体被置于一个由于原有社会结构和传统规则不断解构而充满不确定性的社会中，不得不通过一个又一个的"选择"来达到"为自己而活"的目的——但这种"选择"的结果并非"与众不同"，而是"缺乏真正的个性"，并且个体地承受内在化于其个体生命的"系统风险"。这种"制度化个体主义意义上的个体化"进程具有四项基本特征，即"去传统化"、"个体的制度化抽离和再嵌入"、"被迫追寻'为自己而活'，缺乏真正的个性"以及"系统风险的生平内在化"（贝克，2004；贝克等，2011）。阎云翔认为，中国的个体化模式与贝克等人描述的西欧状况有根本的区别：首先，关于脱嵌，于西欧是个体身份的重塑；而在中国，身份认同的重要性体现在它对生活机会的影响；其次，中国缺失西欧具有的文化民主和福利国家体制，个体的脱嵌并未得到相应的制度保障，从而可能"回到家庭和私人关系网络中寻求保障"；第三，西方的个体化以第一现代性下业已形成的个人主义为基础，而中国的个体化进程中个人主义"发育不良"，"个体必须在身份建构和心理发展层面上面对独立的自我与传统的集体约束力之间的矛盾和张力"；第四，"中国的个体化进程在很大程度上是在国家的管理下展开的"，这种管理通过利益导向等方式"引导个体化的走向"——所以，中国的个体化实际上是"在政治权威主义的背景下，市场经济和全球资本主义联手迫使人们更加重视个性和自力更生"。（阎云翔，2012）在笔者看来，上海老年人所面临的社会状况既不同于西欧社会，也不符合阎云翔的描述，但又兼有二者的部分特征。

自1843年正式开埠起，上海经历了一百年的半殖民地时期（熊月之、周武，2007），其西化程度从一开始就高于中国大部分地方；而上海城市的发展史堪称一部移民史，来自国内外的移民共同促成了这座城市的一次次变迁——移民城市的特点也决定了其思想的兼容并包；经济上，新中国成立，尤其是改革开放后，上海的经济取得腾飞，发展水平远超中国绝大部分城市，更遑论农村地区——目前，上海"91.9%的老年人以养老金、4.2%的老年人以养老补贴为收入来源"（瞿小敏，2015），较为完善的养老金制度解决了老年人经济方面的后顾之忧；此外，上海较为完善的医保体系对于老年人的生活也有重大意义。可以说，较为完善的养老金制度和针对个体的基本医疗保障体系，为老年人进行个体选择创造了必要的条件，与阎云翔的研究对象差异明显。但是也必须承认，阎云翔对于中国家庭观念的结论在上海依旧很有解释力，代际支持对于老年人非常重要——这种支持更多表现为生活照料和精神慰藉，而非直接的经济支持——配偶及子女仍是老年人生活不能完全自理时最主要的生活照料者（瞿小敏，2015；殷志刚、周海旺，2014；马万万，2014），同时家人也是"老年人最重要的精神寄托者"，并且对于老年人的幸福感而言，"精神支持的作用和意义远远大于一般经济和社会地位的改善作用"（杨雪晶，2011）。因此，家人及其行为、态度对于老年人的选择有着至关重要的影响。

就当前的上海来说，可以从以下几方面考察老年人个体化的社会机制：首先，上海老年人的空巢现象应该与家庭小型化结合起来分析。一方面，上海是一个移民城市，移民进入城市后，"经济模式的转变迫使传统的自给自足的自然经济瓦解是导致家庭小型化的首要原因；迁移也使传统的多代同堂的大家庭自然解体"，"在大家庭向小家庭生活方式转变的同时，住宅也顺应社会需求逐步向小型化发展"（李彦伯，2013），而住宅小型化又进一步使得大家庭解体，多代同住更加困难。另一方面，"计划生育"政策限制了家庭人口的数量，一对夫妇只能生育一到两个孩子，也促成了家庭的小型化。子女成年结婚后，步入老年期的父母空巢居住就成为一种难以避免的趋势。但空巢现象对于老年人是好事还是坏事很难下定论：一方面，"空巢"使得老年人可能面临更多的风险，日常生活缺乏照料、能得到的精神陪伴也较少；但也有研究表明"只与配偶居住的老年人生活满意度比其他居住安排的老年人都要高"（瞿小敏，2015），这可能与独立居住减少了老年人与子女产生摩擦的机会有关，正如 N 老伯所说的"远香近臭"。

其次，劳动市场重构了"个体－家庭"关系。正如贝克所言，劳动市场是个体化的动力。对于笔者所分析的上海老年人而言，劳动市场有三重意义：第一，退休之前的工作经历为他们提供了年老之后的经济保障——退休金，使得他们能够在经济上独立，而不依赖子女。第二，不工作就没有经济来源的观念已经深入人心，而当前的劳动市场要求一定的正式教育经历，使得他们在子女步入劳动市场之前就有很长时间与子女分离的经历，某种程度上逐渐将这种"不在场"正当化并内化了。第三，劳动市场一般要求劳动者在每周五个工作日的白天工作八小时（甚至更多），甚至有些岗位周六周日也需要加班；因此，当子女进入劳动市场之后，老年人能得到的陪伴和照料就非常少了。可以看到，劳动市场天然地拥有一种将个体剥离家庭的力量。

然而，劳动市场对中国社会的影响并不是单一的，市场和政府所提供的服务并未构成个体完全脱离家庭的基础，因而劳动市场的压力又迫使个体不得不在某些时段回归到家庭寻求帮助。对于大部分上海人来说，只靠一个人工作的工资将难以支付高昂的生活成本，因而绝大多数家庭都是双职工。双职工家庭面临的最大问题就是，年幼的子代无人照料。目前社会上幼托机构费用高昂，而且资源有限，尤其是提供婴幼儿照料的规范机构极少，不少年轻的父母只好求助于他们的父母，代际互惠因而得以延续。可见，劳动市场同时具有将个体剥离家庭和迫使个体回归家庭的力量。

第三，针对个体的制度设计加速了个体的崛起。针对个体的制度设计在当前社会比比皆是，最基本的、也是与个体利益牵连最广的例子就是身份证。你想出门，火车票、飞机票、甚至部分汽车票都需要持身份证购买；你想工作，单位要你交身份证复印件；你想存钱，办银行卡之前复印身份证；要租房，签合同之前先确认身份证；每一次升学，身份证信息必须准确填写……每一次行动，都有可能被要求证明"我是我"，而这种证明很多时候就由身份证来提供。当然身份证只是针对个体的制度设计最基本的一环，当作为个体的身份确认之后，一切后续的针对个体的制度就顺理成章了。

2015年12月17日浙江诸暨市的一起案件在网上引发了热议："患有高血压的邹某，让女儿用丈夫老周的社保卡买药，合计报销11376.64元，结果母女俩双双获刑"。这一案例生动地表明了目前中国制度设计的个体性——即使是同一家人，在医保卡的使用上也要区分你我，并不可以混用。而案件的发生，以及其后引发的热议，又从侧面反映了这种"个体化"的制度设计并不是个体自由选择的结果，甚至表明民众尚未完全接受和内化这种结果。

前面这起案件所涉及的医保制度是老年人个体化的催化剂之一；而养老金制度是另一种催化剂：养老金发放给个体而非家庭，就使得个体有了经济自主权，可以在经济许可的范围内自由选择市场提供的服务——在当前社会，"消费"成为生活的重要手段，经济自主权也意味着生活的自由度，对于老年人尤其如此：部分老年人通过花钱来换取家人的尊敬，而这只是其中一个影响；另一个重要意义在于，经济上的自主为老年人在选择照料者时提供了"市场"这个选项。

针对个体的一系列制度设计，使得个体逐渐脱离所属群体而受到承认，个体的权利和自由得到伸张，个人主义在中国的土地上也在生长——从家庭层面来看，无论是年轻人还是老年人，在讨论是否几代人一起住时，都强调"自由"和"方便"二词。站在老年人的角度来说，就是自己与年轻人的生活习惯不同，住在一起"不方便"，"不自由"。但是，与权利和自由相对应的义务和责任也落在了个体身上，对于老年人也是如此。不仅每个人只能享受自己姓名对应的社保卡提供的保障,养老金制度相关的经济自主权也带来了"盈亏自负"的风险,自己有养老金还要找子女要钱逐渐变成了一种"不好"的行为。

综上所述,笔者认为,上海城市社区老年人正在经历的个体化是这样一种现象:在社会经济和制度发展过程中,针对个体的制度保障逐渐发展起来,老年人个体生活自主的意愿和能力(主要是经济保障)增强、对自我的关注逐渐增长,但是仍然重视家庭观念及代际互惠;能否在家庭与社会之间找到一个平衡点,关系到他们老年生活的幸福与否。阎云翔关于中国社会个人主义发育不良的观点,在某种程度上也适用于上海老年人:他们与家庭的牵绊虽然有所松动,但是仍然非常强。一方面,代际互惠对于老年人仍然非常重要,甚至有很多老年人认为帮子女带小孩是自己的义务;另一方面,虽然对养老院的接受度有所提高,但是居家养老依旧是绝大部分老年人的选择。阎云翔的分析对象和笔者的研究对象的主要差别在于制度环境方面——较为健全的而且是针对个体的养老金制度、医疗保险制度很大程度上构成了上海城市社区老年人个体化的制度基础。

参考文献

〔德〕乌尔里希·贝克、伊丽莎白·贝克-格恩斯海姆,2011,《个体化》,李荣、范譞、张惠强译,北京大学出版社。

〔德〕乌尔里希·贝克,2004,《风险社会》,何博闻译,译林出版社。

陈乃林、孙孔懿,1998,《终身教育的一项紧迫课题——关于我国老年教育的若干思考》,《教育研究》第 3 期。

陈群民、李显波、王瑞杰,2011,《加快上海家政服务业发展研究》,《上海经济研究》第 6 期。

杜鹏,2003,《中国老年人主要生活来源的现状与变化》,《人口研究》第 6 期。

杜鹏、武超,2006,《1994～2004 年中国老年人主要生活来源的变化》,《人口研究》第 2 期。

段世江、安素霞,2011,《志愿活动是城市老年人社会参与的主渠道——兼论老年志愿者活动开展的必然性》,《河北大学学报(哲学社会科学版)》第 3 期。

段世江、王凤湘,2010,《中国老年志愿者参与动机的质性分析》,《河北大学学报(哲学社会科学版)》第 2 期。

风笑天,2009a,《第一代独生子女父母的家庭结构:全国五大城市的调查分析》,

《社会科学研究》第 2 期。

风笑天，2009b，《城市独生子女与父母的居住关系》，《学海》第 5 期。

付晓萍，2007，《老年教育对老年人继续社会化的功能分析——以上海老年大学为个案》，《济南职业学院学报》第 5 期。

桂世勋，2000，《为老年人就业创造新机会——以上海城市老人为例》，《华东师范大学学报（哲学社会科学版）》第 3 期。

黄祖宏、王蓉蓉，2013，《独生子女父母再就业意愿的影响因素——基于对上海市老年独生子女父母调查的 Ordinal 回归实证分析》，《南京人口管理干部学院学报》第 1 期。

李彦伯，2013，《城市历史街区的现代性——上海里弄住宅的发展及其镜鉴》，《住宅科技》第 12 期。

陆杰华、白铭文、柳玉芝，2008，《城市老年人居住方式意愿研究——以北京、天津、上海、重庆为例》，《人口学刊》第 1 期。

罗丹，2013，《城市独生子女家庭养老问题研究综述》，《老龄科学研究》第 1 卷第 5 期。

吕俊华、彼得·罗、张杰，2003，《中国现代城市住宅：1840－2000》，清华大学出版社。

马万万，2014，《城市老年人养老中的社会支持研究——以上海市徐汇区 H 街道为例》，华东理工大学。

瞿小敏，2015，《居住安排、代际支持与城市老年人的生活满意度——以上海市为例的实证研究》，《未来与发展》第 3 期。

沈妍，2007，《正式照料与非正式照料的整合——上海老年社区照料体系构建探索》，上海交通大学。

孙鹃娟，2015，《中国老年人的婚姻状况与变化趋势——基于第六次人口普查数据的分析》，《人口学刊》第 4 期。

王玲凤、施跃健，2008，《城市空巢老人的社会支持及其与心理健康状况的关系》，《中国心理卫生杂志》第 22 卷第 2 期。

熊月之、周武，2007，《上海：一座现代化都市的编年史》，上海书店出版社。

阎云翔，2012，《中国社会的个体化》，陆洋等译，上海译文出版社。

杨雪晶，2011，《个体化与城市老年人的非正式支持》，复旦大学。

殷志刚、周海旺，2014，《上海市老年人口状况与意愿发展报告 1998－2013》，上海社会科学院出版社。

余央央、封进，2014，《老年照料的相对报酬：对"护工荒"的一个解释》，《财经研究》第 8 期。

俞卫、刘柏惠，2012，《我国老年照料服务体系构建及需求量预测——以上海为例》，《人口学刊》第 4 期。

WHO, 1946, *Constitution of the World Health Organization*, http://apps. who. int/gb/bd/PDF/bd47/EN/constitution-en. pdf, Accessed on December 15, 2015.

圆桌讨论：同济大学社会学系
遗产社区调研

一 遗产社区研究的重要性

周俭（同济大学建筑与城市规划学院教授，上海同济城市规划设计研究院院长）

改革开放三十多年以来，中国城市的发展日新月异。政治、经济体制机制以及社会政策的变化深刻地影响着我国城市社会的物质空间、经济活动和社会关系，也产生了很多需要专家学者关注、探索和研究的社会课题。今天我们的讨论聚焦于城市遗产社区。

中国有着五千年的文明历史，很多城市都留下了历史发展的痕迹。这些痕迹不仅存在于物质层面，同时也存在于社会的传统文化和生活习俗，而且都影响着当前城市的发展。在历史遗留的城市地区中，有相当一部分仍居住着大量的居民。例如上海的里弄，是 20 世纪 20 年代末到 40 年代初这段时间发展起来传统社区居住空间类型。这类遗产社区、历史街区，在社会发展过程中产生了很多问题。习总书记曾言"保护记忆，留住乡愁"，如今在国内从中央到地方、从学者到学生，都在从不同角度探讨"遗产保护"这一话题。近年来同济大学创办了"城市年轮"遗产社区保护公益活动，大学生走进上海的中小学，给孩子们传授有关社区遗产历史故事、文化遗产价值等知识，从而更积极有效地进行文化遗产保护理念和知识的传播与推广。现在的问题在于，居住在传统历史地段的居民所形成的群体，在城市快速发展的过程当中处于何种地位？我们应该如何在保护物质遗产的同时传承原来的文化？如何全面认识遗产社区的问题和它存在的价值？这即是我们今天讨论的主题。

Zukin 教授最近到丽江考察了世界文化遗产——丽江古城，也到上海看了一些里弄，而且 Zukin 教授和几位专家专门写了一本书，叫《全球城市、本土商街》，里面也谈到了上海田子坊的案例，所以她对中国上海的情况还是比较熟悉的，大家可以很好地交流。

二 2016年"上海遗产社区综合调研"项目简介

（一）遗产社区综合调研主要议题

朱伟珏 同济大学社会学系教授、城市与社会研究中心常务副主任

遗产社区课题从 2015 年 9 月份开始，计划于今年 11 月份基本结束，是"社会空间与社区发展规划"项目的第二期。第一期课题从 2014 年年底开始，我们对上海市的 13 个社区进行了研究，从社区认同、社区记忆、公众参与、社区商业、社区文化、健康等 9 个方面对当地居民进行了调研，初步的研究成果出版在《上海社区研究与规划》一书中。在此基础上，我们将研究范围进一步凝练。第一期调研试图覆盖上海市所有居住类型，包括遗产社区的新式里弄、老式里弄，五六十年代建造的工人新村、改革开放后建造的商品房、动迁房、经济适用房等；而第二期的调研，我们集中到了老城区的老式里弄和新式里弄。

新式里弄是指上海在半殖民时期于租界内建造的、有煤卫设备的里弄社区；而老式里弄则指建造在租界以外（华界）的住房，造价低于新式里弄，房屋品质相对较低，居住较为拥挤，多为石库门建筑，内部没有煤卫设备，田子坊即是典型的老式里弄。我们根据遗产社区的特征，结合第一期研究经验，设定了此次调研的几个议题：

城市更新：上海的城市发展已经从大规模的建设转变为对存量建筑的改造，城市更新已经成为社会发展的一个重要议题。

社区记忆和社区认同：在经历了 30 年的高速城市发展后，可能只有在老城区才能辨识出上海的城市面貌了。当你走在五角场万达商场，你很难

发现这里与北京或者任何一个小县城的万达商场有什么不同。但是当你置身于上海的老城区时，上海独有的街区记忆就随处可见了。这与街区的建筑、风景，我们的记忆与认同，都有很大关系。我认为认同和记忆主要包括四个层次：第一，微观层面上，居住在遗产社区内的居民所沉淀的记忆（包括对建筑及其中的社会生态的记忆）使他们产生了认同感；第二，中观层面上，老建筑和居住其中的居民本身构成了上海市的城市记忆；第三，宏观层面上，在中国的近现代史上，上海的老城区承载了某种特殊的社会记忆，许多近现代杰出人物包括孙中山、毛泽东、周恩来都曾在这里生活或工作过；第四，这些建筑本身也承载一种租界记忆。租界的认同，对我们近现代到底产生了怎样的影响？我们一直把租界看成是一种殖民的象征，但它对我国现代化进程的推动作用也是不言而喻的。我们如何看待它，是作为一种后殖民的建筑景观、人文景观呢，还是作为推动我们现代性的一种记忆呢？也许两者都有，其间关系非常复杂。

社会融合：上海遗产社区有一个明显特征，即居住人口的阶层十分混杂。1949 年以前，这里是富人区，居住着很多资本家、学者、政治家、知名演员等各类精英人群。1949～1966 年，虽然外国人撤离上海，大部分本土精英仍然居住在这一区域内，当地社会生态较没有被完全破坏。1966 年"文革"开始以后，很多平民通过单位分配进入老城区，资本家被迫让渡居住空间，当地居民的社会阶层变得比较复杂。改革开放以后，这种复杂性又添加另一层色彩：原本老城区比较有教养、拥有文化资本的年轻一代越来越多地搬离，仍居住在其中的多为老年人，或者没有很好地完成社会流动的中年人和少部分年轻人。当地目前的居民特点是：老年人特别多。有些人将老城区的住房出租，租户呈现着明显的两级化：21 世纪之前基本都是租给贫困的外来移民，最近有一个新的取向——绅士化，一些精英，尤其是外国精英租住其中（如长乐路、富民路一带，因靠近外国领馆，居住着很多外国人）；一些接受过良好教育的归国精英，也喜爱老城区所代表的建筑风格和文化内涵，所以回到那里。但是现在里弄的亭子间，基本上都是租给在老城区的餐饮店等打工的外来务工人员。所以当地的社会阶层是非常复杂的。如今上海大部分的商品房社区、经适房社区，其内部阶层大体是均质且清晰的，可以被概括为富人区、平民区，唯有老城区承载着如此丰富的阶层混居，这在社会学意义上无疑是一个天然的"实验区"。

健康：健康这一话题乍看似乎与居住类型并没有非常特定的关系，但其实其中隐藏着千丝万缕的关系。健康问题每个年龄层都有，但问题最多的实际是老年人。目前的发达国家可能是郊区老龄化较为严重，但是上海是市中心、老城区的老龄化非常严重。如果漫步其中会发现，周围基本都是老年人。所以，健康问题的研究就和老龄问题的研究结合起来了。在第一期的调研中我们发现，新建商品房居民的平均收入是老城区平均收入的两倍——老城区实际上是社会弱势群体的聚居区。所以这个地区其实是一个研究健康不平等、研究老龄化问题的很好的场所。

以上几个主题是课题组成员与城规学院的一些老师一起讨论的结果。确定主题之后，就开始具体实施调研。今年的调研共分为两个阶段：第一阶段为社区（居委会）层面的调研，已在今年4月底、5月初结束了。现在正在开展第二阶段的调研，是对老城区居民的问卷调查。调研结束之后我们将对调研数据进行分析，撰写研究报告。

（二）遗产社区综合调研执行过程介绍

王甫勤　同济大学社会学系副教授

调研背景：此次遗产社区调研以城市与社会研究中心平台，但实际上在此之前，同济城市规划设计研究院和社会学系已经合作开展了一些课题研究，为中心的筹办做了准备。我们希望能借此推动城市规划学科和社会学学科的交叉研究。本研究的主要目的在于探讨社区公共空间与居民生活质量的影响。我们以社区公共空间为自变量，以居民生活质量（包括社区认同、社区记忆）为因变量，探讨两者之间的关系——研究预设是希望发现它们之间有因果关系，不管是在商品房社区、动迁安置房社区还是在遗产社区。

两期研究的方法有所差异。在2014年的第一期研究中，我们的研究范围是上海市不同类型的社区，其中包括商品房社区、动迁安置房、新旧里弄以及经济适用房等社区。我们采用截面设计研究，即通过一个调查点来研究两变量间的因果关系。主要是通过问卷调查收集个人层次数据。在2016年的遗产社区研究中，我们增加了社区层次数据的收集，通过对社区居委会干部的访谈收集社区内部的人口结构等数据；在居民层次，依然采用问卷调查方法收集数据。

研究内容：第一期调研中，我们的研究内容为住房与空间分异、社区认同与记忆、社区商业空间与公共空间、邻里交往与公共安全、社区文化活动、公众规划参与、健康与公共服务等 9 大方面。第二期的研究主要涉及四个方面：在个人层面还是主要研究社区认同与记忆、社区融合、社区更新、社会资本与健康几大议题。这次还增加了社区层面数据的收集，包括人口结构（常住、户籍、外来人口）、社区周边 800 米范围内的商业空间和公共空间、居住环境与区位配套，以及社区内部基层治理情况。我们还将在数据分析过程中探讨这两个不同层级的数据之间的因果关系。

抽样设计：第一期课题主要采取方便抽样。根据经验判断，重点找商品房、动迁安置房、经济适用房等，共抽取了 13 个不同居住类型的小区。去年的调研样本没有考虑到区位分布的问题，13 个小区中有 7 个在内环内，6 个在外环外，内环与外环之间样本缺失。今年我们改进了这一设计，考虑了样本社区在区域上的分布。

在社区内部的调研主要采取配额抽样。第一期课题主要根据社区内部性别、年龄、教育程度的结构进行配额抽样，保持样本结构和社区人口总体结构基本一致，一共发放了 1100 份问卷，实际回收 1040 份；数据整理工作已经完成，我们也围绕这份数据写了一些研究报告。第二期课题集中在遗产社区。我们将遗产社区定义为"1949 年前建造的、目前以居住功能为主的里弄社区"。抽样于 2015 年 10 月份完成，当时有 1476 条里弄，但是现在调研时已经有很多里弄被逐渐拆除了。我们根据当时 1476 条里弄的新旧类型、是否挂牌、所在区位的商品房交易价格进行分层抽样，共抽取了 108 条里弄——由于实地调研时有三条里弄已经被拆除，所以总的样本是 105 条里弄；在里弄内部则根据性别、年龄与自住/租住进行配额抽样。目前计划发放 1200 份问卷，已经完成将近一半，计划于六月底全部完成。

调研执行与问卷收集：2014 年调研我们总共动员了社会学系 9 位教师、60 位本科生和研究生参与，一个月内完成了问卷调研工作。今年的数据收集进度相对较慢。我们从三月份启动了社区居委层次的数据收集工作，举办了三四十场座谈会，收集了 105 份社区层次的问卷，由此整理出当前 105 条里弄的人口信息，然后进行第二阶段的抽样。社区层次问卷的初步汇总发现，根据 105 条里弄数据可以推论，目前整个上海市居住在里弄内的常住住户约为 30 万户，人口约为 85 万，其中外来人口约为 20 万、老龄人口为

50 万左右，可见其老龄化程度非常之高。

我们在 2015 年 7 月出版了《上海社区研究与规划》，是对第一期课题调研数据分析报告的汇总；接下来我们将对比两期课题的调研数据，并在里弄层次上发现遗产社区的价值和其存在的问题。

（三）专家讨论

周俭：作为一个城市规划师，我多年从事城市遗产保护工作。从规划的角度，我一直在思考：在中国，大部分城市的历史街区都在衰退，其人口、房价、居住环境、基础设施、住房条件，都无法和改革开放以后发展起来的商品房相比。为什么会有这么大的差异？在过去的几十年，政府和规划师们都致力于一件事——开发新区，保护旧区。20 世纪八九十年代，我国城市并没有开始扩展，人口却不断增长，城市十分拥挤。当时的方针引导我们拓展新区，把人口从旧城区疏解出来，在一定程度上提高了人均住房条件，基础设施如交通、环境、卫生、绿化等，都得到了极大发展。20 世纪 80 年代我们的人均住房面积只有 3～4 平方米/人，到现在人均住房面积有了十倍的增长，达到人均 30 平方米左右。

但是在疏解老城区人口的同时，城市中有限的公共资源也被大量搬迁到新区。质量较高的公共设施和商业服务原本都位于老城区，如今移至新区，老城区逐渐被忽视，逐渐衰败。到现在，老城区只剩下老年人和低收入者以及外来务工人员居住。如何复兴历史老区是政府和规划师需要着重思考的议题，而仅从城市规划的角度很难将这一问题理解透彻。老城区的价值在哪里？其发展的动力和资源在哪里？居住在历史街区的居民和不居住在历史街区的市民，如何看待这些历史街区？在这样的背景下我们寻求搭建一个平台，让不同的声音得到充分的交流与对话。

规划与社会学如何共同切入到历史街区的保护中呢？其实对城市历史城区的保护不仅仅是建筑的保护，还包括对城市空间、城市记忆和城市生活的保护。我们以"空间"为线索，以社会调研为基础，探讨不同区位、不同价值、不同居住状况的老城区的情况，最终实现老城区的复兴。刚才所说的城市更新、社区认同、社区记忆、健康等四个方面的问题，都是以空间为线索串联起来的。

Zukin：这的确是一场工程量浩大的研究项目，我十分钦佩诸位所倾注的努力。我很好奇，你们的调研有没有政府人口普查数据的支撑，因为人口是流动的，对人口状况的描述十分困难。在一些重要的时间节点，如1949年前后、"文革"期间、改革开放之后，上海的人口结构都发生了深刻而复杂的变化。居住在里弄的居民是流动的，老年人也如此，他们甚至无时无刻不在改变，他们可能会用手机和外界交流沟通，可能会熟练上网或使用智能设备。我从美国带来的一个问题是：地方认同的地理尺度——本地居民的认同感是建立在整个城市的尺度上，还是对所属的行政区（黄浦区、静安区）有认同感？这些行政地域的划分和居民对当地的认知是否重合？在美国，我们经常谈论"邻里（neighborhood）"，意指通常要小于小区的个体身份认同的地理范围。我不确定上海的居民是对里弄有认同感呢还是对里弄周围的小区有认同感，还是直接从家到行政区（district）的认同？我对里弄人口的流动与其身份认同的地理范围之间的联系感到好奇。社会学家的测量工具是否能够精准地测量人们对他们所处的社会环境的看法？

朱伟珏：实际上我们是有人口普查数据的。1979年之后，我国会定期进行人口普查。但数据的准确性仍需要进行探讨和验证。关于地域认同，我认为可以分两个层次来理解：

其一，个体身份认同的范围。以我自己为例。我出生于上海的南昌路。实际上正如Zukin教授所讲，认同的范围是很小的——迄今为止，我不太能想象我到上海的其他地方去生活。我曾在同济大学附近的商品房居住了11年，都没有住惯，所以去年又搬回南昌路居住。我觉得南昌路是我的家，到了那里我就安心了，充满了愉快。这个非常狭小的地域，带给我一种强烈的依恋感，从而产生认同。我觉得Zukin教授的建议十分具有启示意义，我们将在接下来的研究中关注"将身份认同界定在哪个范围"这一问题。

其二，外来移民、即非上海户籍人口的身份认同。我们在这次调研中发现，外来人口对我们的调研非常不配合，基本上都会进行某种程度的抵抗。我认为这部分是由于身份认同的原因。外来移民还没有确定自己是不是上海市民，更难以确定是某一特定区域的居民。因为他们的流动性高，可能两三年就要移动一次，很难对某一地域产生强烈的认同。如果他们还是认同他们的家乡的话，实际上也是一种想象上的认同；实际的认同又是什么呢？我在国外留学十多年，这个问题也困扰了我十多年，所以我回来——这可能也是很多新移民面临的问题。如何解决这个问题？Zukin教授给我们提出了一个非常尖锐的问题。

张俊：社会单位与空间单位是否统一，实际上是一个非常本质的城市社会学问题。中国的城市中有很多地域的边界，也有很多社会组织的形式，那么社会组织形式和空间地域是否重合？重合的形式是什么？一个社区共同体既有空间的概念，也有社会组织的概念。在 2014 年的调研中我们曾试图探讨这一话题，我们发现居民是有一定边界的、居委会也是有一定边界的，还有一些基于历史、文化和传统的重要的地标形成的社区；居民更加倾向于通过居住区域边界而形成认同。但由于社区样本量较小，仅有 13 个样本，所以我们的结论在社区层面上信度较低。在个体流动性较强、社会关系层次多的情况下，社会关系是否还与空间形态紧密相关？也许在我们此次里弄调研中会发现。因为这次有一百多个里弄样本，很多调研对象是在里弄居住了一辈子的老人，他们的社会关系与空间认知都是和这些里弄相关的，他们的空间与社会关系可能是很重合的。

听众：刚才 Zukin 教授提到人口调查数据，我认为我们可以做一个遗产社区人口社会变迁的分析。十年前我在做关于绅士化的博士毕业论文时，通过对四普（1990）和五普（2000）人口的受教育和职业数据的比较，发现内城区周边人口社会变迁极其猛烈，基本呈现同心圆模式，我又对比了旧式里弄和棚户区的分布图，发现这正是棚户区改造最为迅猛的十年。通过人口动态分析，我们能发现很多社区正在衰落，一些社区以前居住着上海的上中层人口，但随着商品化过程，很多人逐渐搬出，遗产社区开始在居住层面和社会层面衰落。但是 2000 年以后又有了新的趋势：如田子坊，因为一批怀旧的艺术家的进驻，带来了社区自发的复兴。现在还有很多历史社区开始有中上层人士甚至是外国人入住，典型例子是静安别墅。通过人口的动态分析，我们将会发现一些历史街区居民的社会阶层正在上升，即绅士化。第二是如何将遗产社区保护与居民的生活质量结合起来。居民如何认识这些文化遗产？如何在社会上复兴遗产社区，我认为对遗产社区中社会网络的调查也十分重要。如果让遗产社区的居民全部搬离，遗产社区的物质环境虽然能得到统一的更新保护，但在社会学的意义上其代价是巨大的——这些居民赖以生存的社会网络会断裂，他们将遭受社会资本的损失。

章超：我最近正在和钟老师进行上海老城区城市更新的调研，部分研究设计是选取 20－30 位居住在这些老房子中的外国人进行访谈，试图了解这些新迁入的外国居民的住房选择动机以及他们在这些混合的街区中的居住体验。在很多西方有关绅士化的研究文献中，历史的建筑风格，比如维多利亚式建筑的美学特色被认为是吸引新中产阶级进入旧街区的主要原因，也被称为"绅士化审美"（gentrification aesthetics）。我们试图发现目前上海中心城区的更新和伦敦、纽约等其他西方城市的绅士化经验有哪些相同和不同之处，包括过程、动机、机制等方面。通过对 airbnb 租房数据的初步分析，以历史住宅为原本、重新设计和装修后再出租的房产，在装修风格上有很多相似之处，常见的有阁楼、红色木质雕花隔断、厨卫间黑白相嵌的马赛克、仿制古董木箱的茶几等。这些显著的符号是有关外国移民住房选择的想象性表达，似乎和西方文献中所提到的"绅士化审美"相似。在下一步的访谈中，我们将去探索外国移民本身对历史建筑及这些符号的认识和阐释，以及上海旧城绅士化的动力和机制。

杨辰："空间与社会的关系"是城市规划和社会学都比较感兴趣的话题。我对遗产社区不是非常熟悉，但是之前带学生在上海的弄堂里做过调查，有一些经验让我既吃惊又兴奋，比如里弄社区复杂的产权。弄堂既是空间和人群方面衰败的社区，同时又是城市文化遗产——这种遗产受到官方或非官方的肯定。其衰败体现在从事低端服务业的外来人口的涌入，引起了一系列社区管理的问题。所有这些问题纠缠在一起，集中呈现在一个非常有限的空间单元内，这是一个非常具有特征性的区域，对于空间研究和社会学研究而言都是非常吸引人的。这些遗产社区在过去 20 年的更新方式有两种：或者让它持续地衰败，或者被推平重建、以高楼来替代老的街区。这两种方式实际上有很大问题。这个课题意在寻找"第三条道路"，如何能够在不推倒重建的同时阻止社区的恶化。我觉得第一步是要调查分析这些社区到底出现了哪些问题，具体问题要具体分析，所以大样本的群体调查是非常必要的。

我自己做过很多上海郊区大型居住社区的研究，很多是低收入聚居的社区。我发现这里的居民很多来自市区的遗产社区，所以很有意思——虽然我们的研究空间不同，但是研究群体却是有关系的。我的研究对象的亲戚和老朋友相当部分仍居住在老城区，他们对郊区的新环境仍然是不认同的——不论政府给他们提供多么优质的配套设施，他们依然表现出对这些公共设施的不信任，他们觉得郊区的学校、医院的质量还是无法和市区相比，所以有大量居民不愿意居住在郊区，出现了很多房屋空置化现象——在顾村的调查中我们发现其住房空置率高达40%，有的甚至更高。这些原本居住在里弄的居民在迁入郊区之后其生活方式、社会网络以及社区认同发生了怎样的变化，我认为能做一个很好的对比研究。在此希望能了解一些美国的老城区居民搬迁前后的社会网络、社会认同相关的研究成果。

Zukin：十分抱歉我并不了解美国关于这方面的研究。实际上，关于绅士化的研究中缺失的，是关于那些由于绅士化而流离失所的人们的研究。60岁左右退休以后，这些绅士化区域的人们可能会卖掉他们的房子，来自异国的人可能会迁回他们的母国，来自美国东南部的（非裔）移民可能会回到美国东南部；一些人可能会搬到附近的州的农村地区。很遗憾，我们并没有关于这些移民的研究，因为当他们搬走以后，我们没有办法得知他们搬迁至何处。所以，至今还有关于"绅士化是否真的使人们流离失所了""他们身上发生了什么"之类的讨论。有人告诉我们关于某个离开的人的故事，但是我们并不知道他发生了什么。

日常流动，是从一个时间段向另一个时间段的流动。人们如何去拜访他们的朋友和家人，如何购买食物和日常生活用品，因为商店和商业变得非常的不同——是否更面向游客或者更面向高收入阶层？所以，我们听说居住在绅士化社区的人们必须走更远的路去购买食物，等等。如果你居住在遗产社区，你并不希望走出家门看到到处都是游客；重要的是把人们保留在原处，并重新发掘老建筑的美。我不认为任何一个国家真的解决了这个问题，如何在改造建筑的同时维护现有居民的社会资本。我所知道的把居民留在原地的相关研究，其研究背景与上海的非常的不同：那是关于给低收入人群钱、让他们办理低收入社区的联邦政府项目的研究，研究了人们搬离之后发生了什么，一些人搬到了其他的低收入社区，另一些搬到了稍好的地区——这部分居民的孩子比留在低收入街区的孩子更为成功。这是一个非常有争议的研究，有些研究者质疑其所谓的"成功"是否是真的成功。但这是一个对人们搬家之后的情况的研究。居住问题在任何国家都是一个非常严峻的问题。我很理解人们想要搬离没有独立卫浴、狭小的居住空间的愿望，但是他们必须放弃目前已有的东西。我不否认，卢湾、静安的有形文化遗产对于我这样的外国人而言都是有形的，走到街上可以看到树、人居尺度、小尺度的商店、社交场所、娱乐场地等，这是一个非常漂亮的地方。如何在不重新安置居民的前提下保护它，这是头号问题。美国的情况似乎是上海的反面，随着绅士化进程，人口逐渐减少。尽管这些地区的人口问题还很严峻，总体人口还是相当程度地减少了，这给了想要看清当地物理环境的人更大的视野。理想的情况是，修建临时住所，让人们在那里住一年，很快地修复老建筑，然后让人们再搬回去。有人告诉我说香港有这样做，但是我不确定是否有资金做这样浩大的工程。

钟晓华：我认为移民研究是城市遗产社区课题的一个极其重要的议题。我们将里弄社区的移民分为 3 种类型。

（1）外国住户。我们认为他们是里弄社区中产阶级化、绅士化的推动力量。我们从 airbnb 和 smart shanghai 等网站获得大数据，因为这些线上平台是来沪工作的外国人找房的主要平台。他们会在这些线上平台留下对理想住房的描述，如地段、住房类型；而挂牌的人也会把自己的房源做一些关键词的描述。我们收集了 2016 年 4 月底的数据，发现了一些频率较高的描述。对在沪居住外国人的分布的统计，我们发现他们基本居住在内环内。这也验证了我们关于市中心出现了锁定于外国住户的"中产阶级化"的假设。

（2）外来务工人员。调研中我们发现，部分里弄的外来务工移民人口比例高达 50%，他们选择住在这里是因为里弄租金便宜，区位便利（他们一般在市中心上班——家政、保安等）。这一群人相比外国移民，处在一个相对弱势的地位。最近上海正在大力拆除违章建筑和无证经营小店，这对于他们是毁灭性的，甚至会因此失去谋生的渠道——有些人就打算回老家了。这也是上海城市更新的一部分，但是这个过程中没有关注这部分移民。

（3）本地移民。他们由于动迁，从市中心的里弄社区搬至城市外围，但仍然和市区保持联系。很多里弄老居民表示，搬到城市外围的很多老邻居还是会回来看他们。

此外，我发现我们的调研实施还是有难度的。一方面在于恰逢里弄拆违大修。刚才 Zukin 教授提到了是否可以建临时性住所，但是上海并没有这样做。居民住在其中生活遭受了很大的困扰，抱怨颇深。他们希望这些问题能通过参与调研而有所反映，但是他们已经多次参与调研但生活状况并没有得到改善，所以居民对调研的积极性不高。我也感到自己的调研不会给他们的生活带来多大的积极影响，我不知道大家在研究的过程中有没有这种无力感。

Zukin：我在调研的过程中也常常有这样的无力感，毕竟我只是一个没有政治权力的学者。有些时候这种无力感会非常强。大概是去年，我接受了我们学校电视台记者的采访。当时我走在我的地方商街项目的一个调研地点。一位摄影师拿着非常专业的摄影器材走在我和记者后面。这是一个以低收入和中等收入非裔美国穆斯林为主的街道。我经过一个由非裔美国穆斯林拥有的面包店的时候，我看到橱窗上有个标志，表明店铺被政府建筑部关闭了。很明显，是基础设施方面发生了一些问题。当店主看到我和后面跟着的大摄影机时，他跑来问我是否可以帮助他。他告诉我，他们家的面包店由于天然气泄漏被政府关闭了，在修好之前他都不能再开店。然后我们开始讨论社区组织等一些我作为社会学家很感兴趣的问题，但是很明显我并不能帮他，我对政府建筑部没有任何影响力。作为研究者，我们很少能帮助我们想帮助的人。

孙明：在此项目当中，我最关心的议题是社会融合。我负责调研的里弄多分布在闸北区和虹口区，都是居住条件较差的里弄社区。那么像这样的里弄，它的价值在哪里？我试图从社会融合角度把它分成两个维度来看：第一，虽然这些社区贫困、拥挤、肮脏、无序、存在安全隐患，但对于那些底层外来务工人员而言，他们想要在高房价的上海寻找租金低廉、接近工作地点的落脚点，这些里弄社区恰恰迎合了他们的需求，因此是有价值的。如果居委会代表的基层权力能起到"托底"的作用，让它们不会滑落成为最差的贫民窟，而是成为外来务工人员的"跳板"，在这个意义上我们说这些里弄社区是有其存在价值的。第二个维度，我们在调研中发现外来务工人员和本地居民之间的融合不容乐观。居住空间的接近并不一定会带来社会距离的接近，本地居民和外来租户由于对空间的争夺、生活习惯的差异、行为方式价值理念的分歧，导致了大量邻里冲突。当地居委会也坦陈，对外来人口的管理是其工作当中的难题。邻里纠纷大部分发生于本地居民和外来居民之间。所以从社会融合角度来看，这两个群体的混合居住结果并不乐观。

陈晋：我们把遗产社区的居民转移到另一个空间，造成了其在原来社区与新居住地之间的身份认同的错位。我们可以从两个方面理解这一问题：第一是居民的日常互动。他们的行为随着场所的转变而发生改变。经验层面来看，他们在哪里吃饭、在哪里买菜、在哪里聊天，这些活动的场所在新旧空间中是存在一些差别的，而这些活动正是构成其身份认同的重要因素之一。我认为 Zukin 教授提到的身份认同的地理边界，是里弄居民天然拥有的东西，因为他们的日常互动发生在这些场所中。另外一个层面是关于叙事的问题。人们如何描述、如何介绍、如何在话语中与朋友和家人交流。即使是 Airbnb 这样的网络平台，所介绍的都不仅仅是房子的信息，而是包括周边区域的情况。这些叙事事实上构成了地方的网络。我们正在做的事情，是在行动的层面以及叙事的层面挖掘空间的元素，正是这些元素构成了居民日常行为和话语的基础。当我们把一个老城区称之为遗产社区的时候，是谁的遗产？我们为谁而保留？我想这是一个核心的问题，是我们在研究中无法回避的问题。

Zukin：去年我和我的两位研究生对美国的一个餐饮点评网站（类似大众点评）进行了研究。我们特别做了一个跟你们所做的很类似的工作。我们检索了布鲁克林的两个社区的餐馆评论中的叙事。这两个社区的居住区绅士化的程度差不多。一个社区主要是非裔美国人，另一个社区主要是白人，大部分居民和商人是来自波兰的移民——后一个社区实际上看起来没有前一个社区漂亮。但是用来描述这两个社区的语言非常不同。使用这个点评网站的人们几乎都是二三十岁、受过良好教育的年轻专业技术人士。他们可能并没有很多钱，但是确实可以代表推动绅士化的人群。他们描述波兰人餐厅的方式与描述非裔餐厅、加勒比裔餐厅的方式非常不同。他们用"cozy"这种西方文化中非常流行的词来描述波兰人餐厅。这是很滑稽的。因为任何了解近代波兰、了解社会主义波兰的人都知道，他们的食物非常糟糕、餐厅非常糟糕。但是人们对那个空间、那些人的文化的看法是，他们是欧洲的、浪漫的、舒适的。而对非裔美国人、加勒比裔美国人的食物，社区的评价则更负面，一些人认为他们是脏的、危险的、无趣的。所以我认为，叙事和话语架构了城市的不同区域、不同类型的建筑。在美国和英国，20 世纪五六十年代，架构发生了很大的变化，所以原来认为老旧的建筑，突然被一部分受过良好教育的人认为是有趣的。人们不再那么渴望现代的新建筑，因为它并非原真的、并非原来砖石结构，而是新材料建造的。这个变化催生了美国和英国 20 世纪 60 年代的历史保护运动。但是法国的情况非常不同。在日本甚至到现在，我不确定很多人想要搬回老的商品房里。从建筑师开始的文化遗产保护运动看起来很美，但是并不现代，所以可能仍然不是很多法国人或者日本人想要的。问题在于，如何在遗产建筑环境中维持居住社区。

听众：我是一个建筑师，我的博士论文研究的是田子坊。我开始完全是从物质空间角度研究城市问题，直到我做博士论文的时候开始有所转变，发现仅仅从建筑的视角无法判断一个建筑的好坏、保护是否成功。在城市规划角度，我们对遗产社区的保护最主要的是对建筑风貌、即物质空间的保护。刚才诸位专家都提及，如何保护真正居住和使用这个空间的居民的社会生态，我也认为这是十分重要的。我想请教朱教授，当您在 20 多年后重新回到南昌路，那里的人群、生活方式、周边的改变，是否还能让您找到小时候的身份认同感？

朱伟珏：我的个人经历导致我经常遭遇个人身份认同的危机。第一个危机出现在我去日本留学之后。我从小生活在上海，很少离开南昌路这个区域，小时候并没有真正考虑过这个问题。我到日本最初的一段时间也没有这方面的困惑，因为当时我的日语不够好，而且学业繁忙，没有时间去思考这一问题。但当我在日本就业，经济上有了起色之后，我有了足够的闲暇时间，有了看电视的时间，可以观看日本的选举，就遭遇了认同危机。我周围的日本朋友会为政治选举的事情吵得面红耳赤，这时我就觉得很滑稽，因为我觉得任何一个人当选，对我而言没有任何意义。这时候我就开始觉得难受：可能我的物质生活条件很好，但是我的心应该安放在哪里？我应该做一个中国人，还是做一个日本人，这对于我是一个很现实的问题。如果要入籍，我就要抛弃我爸爸的姓。这样我就觉得办不到，无法获得新的认同。随之而来的就是一系列的不适——而这种不适完全是精神上的，而非物质上的。

有一天，我突然觉得"我可以回去了"，实际也没有什么契机，然后就回来了。刚开始住在平凉路，但是那时候工资很低，我觉得每天来回打车要一百多块，我觉得不能忍受；但是坐公交要坐几个小时，我也不能忍受。然后我就在附近买了一套房子。自从买了这套房子，我就开始产生另外一种认同危机。因为我到了上海，想要享受我曾经所理解的上海生活，但是现实中我的生活完全不是想象中的样子。有很多细小的例子。南昌路两旁种满了梧桐树，到了夏天绿树成荫，没有刺眼的阳光，走在路上是不需要撑伞的；但是我的居所附近是高楼密布的"沙漠"，一到夏天室外异常炎热。暑假两个月，我只能待在家里——因为我附近连一个咖啡馆都找不到，要去一个咖啡馆要走 20 分钟，有几次走过去差点中暑。因为春天、冬天，我都能到户外去活动，唯有夏天走不出去，所以每到夏天我就痛恨我住的地方。另一个例子是，我在南昌路用一把伞可以用一生，但是在我那里一把伞用一个季度已经很了不起了，因为我们那里是高楼，高楼会改变气候，一把伞在下面穿行不多久就坏了。我在日本住的都是低楼，所以感觉还没有这么强烈，而在这里就感觉特别地不舒服。此外，邻里之间的关系跟我所想象的有差距，也是让我感觉不舒服的原因。我离开十几年，对国内的记忆是停留的，虽然我回来时已经 21 世纪，但是想象还停留在 20 世纪 80 年代——感觉周围人都在往前走，我还停留在 80 年代，更产生不适。

后来系里做项目，我就回到南昌路，买下了一套很小的房子。虽然居住条件本身变得差一点，但当我每天早晨在阁楼上醒来的时候，我就会想：我再也不用回到那个空壳子里了！因为我觉得这个阁楼很好，早晨一缕阳光照在我的脸上，我觉得很幸福。而且在那边，生活节奏慢下来，我感觉又回到了童年，因为当我站在街边，就会有很多人来找我闲谈，到复兴公园也可以找各种人聊天，生活在这里，日子变得很"好混"。所以，真正的认同可能也不是连贯的东西，可能是一种声音、一种记忆、一种味觉、一种气味。静安区的愚园路，大家都说很好，但是我就是不喜欢，可能因为人的身体也是有一种记忆的。总体而言，我觉得童年的居住经历是一个人最深层次、最重要的记忆，而后来慢慢刻上去的记忆可能会随着时间的流逝逐渐淡忘，但童年的记忆是很难被遗忘的。就像现在我能记得的歌都是年轻时候唱的，新学的都会忘记。

三　2014年江苏同里"古镇居民生活满意度和遗产认知"调研

（一）同里基本情况

周俭　同济大学建筑与规划学院教授　上海同济城市规划设计研究院院长

去年暑期我们在江南水乡同里古镇进行了调研。同里是我国的历史文化古镇，其中的文化遗产保存较为完整。经过数十年的发展，同里的旅游业得到了快速发展，一个人口只有一万多人的古镇每年要接待两三百万游客。在保护和发展的过程当中，除了本地居民，也涌入了很多外来经商人员，他们也生活在同里。同里既是一个生活的社区，也是旅游的景点，在这样一种模式下其中居民的生活现状是怎样的？

（二）古镇居民遗产文化认知基本情况

陈晋　同济大学社会学系讲师

我们的调研名为"古镇居民生活满意度和遗产认知"，这次调研的两大主题是社区和遗产。两大主题包含7个维度：

（1）社区居住满意度。当地居民是否满意目前的居住环境，他们对居住环境的评价是怎样的？

（2）社区服务。居民对社区服务的评价如何？

（3）邻里交往。古镇居民的邻里交往模式是怎样的？和上海里弄居民有何异同？

（4）文化遗产认知度。居民对古镇建筑、空间结构、景点、文化的认知。

（5）遗产保护和规划。居民对遗产保护工作的评价和对未来规划的想法。

（6）旅游开发。那里有水墨同里、旅游线路开发、商业设施等等，我们主要看居住在同里的居民对古镇的这些旅游开发有着怎样的看法。

（7）遗产保护项目。居民对具体的保护项目的过程、效果的评价如何。

去年7月，社会学系的两名教师带领13位本科生、6位研究生，以及两位城规专业研究生共计23人开展了这项为期半个月的调研。我们的调查对象为同里最重要的两个社区，即东兴和鱼行，基本覆盖古镇范围的居民。总共回收了500多份问卷，开展了200多个访谈，每个访谈基本都在一小时以上。我们预计还将回到同里和当地居民以及管理者代表展开小组讨论。

初步研究发现：

江南水乡不同于里弄的空间环境和文化，这对我们之前的研究经验和习惯构成一些挑战。我们的调研对象的生活方式、交流方式都不同于上海里弄内的居民。

我们还发现当地居民对未来地方发展有着相当多的意见。这些居民总体生活满意度较高，他们也能意识到旅游业发展给其生活带来的好处，他们对同里未来的发展表示乐观。但旅游业发展导致物价的上涨的确给其生活带来了一定的困难。

此外，他们对环境问题比较关注，有超过半数的居民在访谈中提到了对环境保护的担忧，其中提到最多的即是他们对水环境、对河道的担忧，这正是水乡古镇最为核心的部分。河道由航运的交通枢纽变成了居民日常生活的一部分。

最后，我们发现了空间的改变带来了居民记忆的断裂。在古镇的修复过程中，有很多场所（古庙、古树、河流）被破坏，部分居民记忆里的街区地图被颠覆。

当被问到古镇的遗产是否需要保护时，几乎所有人都表示支持；但当我们问起我们曾做过的改善时，有非常多的居民根本就不了解这些项目，他们甚至没有意识到那是一个保护的过程，而这些不被了解的项目大多跟环境和商业开发有关。而当我们进到居民家里很老的房子去询问他们的时候，他们非常清楚这些房子的历史。我觉得这是一个非常好的思路，让我们知道在规划遗产保护时，什么东西是可感知的，是对居民有价值的。

我们今年还将对上海周边的其他水乡古镇进行研究，我们最终希望能够形成一个不同时空背景下相关联的个案的比较，做一个长三角地区的比较研究。

（三）专家讨论

朱伟珏 同济大学社会学系教授、城市与社会研究中心常务副主任

我们遗产社区一直在做满意度的调查，但是感觉满意度的调查还是比较肤浅的。刚才陈老师讲到我们准备再到同里进行访谈，实际上是我们想更进一步了解同里的居民是否形成了对遗产的共识，如果没有形成的话，考虑如何能形成。很遗憾我们之前没有完成这项工作，但是我希望能在今年的水乡古镇研究中完成这项工作，并在去年的基础上深化相关研究。

Sharon Zukin 美国纽约市立大学布鲁克林学院与研究生中心社会学教授

我认为，这些解释的工作需要付出很多想象力和努力。正如你们所提到的，遗产社区居民的异化非常严重。他们一方面感受到自身与场所的联系，感激政府对其家园的保护，他们理解，一些大的环境条件已经得到了提升；但是一旦改造完成，这里就不再是他们的空间了。这是很典型的绅

士化，恐怕是很多文化遗产区域的典型。一旦被制定，资本进入，它们就变成了特殊的地方，寻找价值，很多时候就变成了寻找经济价值——意味着开发吸引外来者的商业，而非考虑原住民。但是我同意陈晋老师所说的，最关键是要明确所谓的"价值"，是谁的价值、什么价值、为谁而保护。我认为历史价值、建筑价值、房地产价值等是普遍的，我们都可以共享。但是最终，一些人会住在那里，而另一些人不会，所以我觉得这是一个基本的文化问题，大家都会面临如何在不让居民的生活变得更差的前提下保存过去的遗产的问题。我认为，只要社会可以保护人们住在他们想住的地方的权利，那就很好。那已经是他们存在的最关键部分。但是总会有大环境的改变、技术的变革、城市化带来的变化、人口的变化等持续改变着他们存在的其他方面。所以，我认为我们应该在工业文明终结的前提下看待这种变化，在新的城市形式兴起的前提下看待居民生活。

很多年前，我做了关于法国工业变革的研究，我认为法国的政府和社区组织能够阻止将工作转移到其他国家和地区、使得工人下岗失业的、普遍的工业变革，但我们最终发现那是不可能的，尽管法国政府和社区组织在保持就业方面有很强的历史。那让我想到，每个国家都面临着普遍的问题。每个国家有不同的政治体制、文化价值，但是我们大部分都意识到遗产，以及帮助人们生活在遗产中是很重要的，但是我不认为哪个地方已经找到了问题的答案。我觉得很棒的是，在座的各位意识到了遗产社区保护当中是保护物质还是保护人的生活的问题。

大师论坛

日本城市圈的发展阶段

——以东京圈为例

松本康（Yasushi Matsumoto）*

1. 绪论

我的研究专长是城市社会学，所以首先讲讲与城市社会学相关的三个问题。第一个问题是，城市产生什么。与之相关的是对城市的社会、心理影响的研究，如沃斯（1938）、甘斯（1962）、费舍尔（1982）等人的研究；以及对城市化相关社会变化的研究。第二个问题是，城市如何产生，即对城市的成长、衰退原因的研究。以 20 世纪 70 年代以来的去工业化和各发达工业国家的大都市发生衰退为背景，以工业化、城市化为前提的城市社会研究逐渐转变为对资本主义结构变迁引起的城市变化的政治经济学分析，以卡斯特尔（1989）、萨森（2001）、哈维（1989）为代表。第三个问题是，城市是一种怎样的社会过程。相关的是对都市的形成、衰退、再生过程，以及各种各样参与社会过程的行动者的研究。以往一般研究城市的现代性，而现在也开始重视对各个城市的独特性的研究。今天我的讲座主要结合东京城市圈的变化，考察第二个和第三个问题，即城市的成长与衰退和城市的社会过程。

我想将城市社会学和城市生态学两种理论结合起来，在空间背景下把握城市的社会结构、社会过程。城市生态学是伴随着对城市社会空间结构变化和城市内部居住分化的探索与分析发展起来的，主要代表有伯吉斯（1925）、霍伊特（1939）、谢夫凯和贝尔（1955）、亨特（1974）等。本研

---

* 日本立教大学社会学院院长、教授，日本城市社会学会会长。

究结合城市圈发展阶段模型和城市生态学分析，阐明东京圈发展过程的特征以及近年的趋势。

2. 城市圈的发展阶段：城市化·郊区化·再城市化

20 世纪 70 年代，发达国家经历了大城市的衰退，一直以来以城市化趋势为前提的城市理论面临严峻的考验。在欧洲，有学者提出了以人口增减为指标的城市圈发展模型（Van den Berg et al.，1982）。这一模型以比较单纯的选址假定为基础，没有包含对产业结构转变的分析。欧洲城市圈发展阶段模型包括四个阶段：城市化、郊区化、逆城市化和再城市化。城市化阶段，为了追逐利益，人口和产业向城市聚集，政府也对城市进行投资；但是随着城市人口和产业的聚集，地价高涨、交通拥堵、效率低下等问题逐渐产生，为了规避城市的效率低下，郊区逐渐发展起来，政府也对郊区进行投资，这就是郊区化；而伴随着城市的分散化，城市圈整体进入衰退过程，即逆城市化；为了追求集聚效益，人口和产业会再次到中心城区扎根，即再城市化的产生。

日本的大城市圈发展阶段模式与欧洲不同，它没有经历逆城市化阶段，而是在两次郊区化之后，直接进入再城市化阶段。二战以后，日本的大城市基本上都已经被毁坏了，伴随着战后复兴，人口向城市集中；第一次郊区化阶段，工厂向郊区转移，城市中心区服务业功能发达，人口向郊区转移；第二次郊区化源自泡沫经济带来的地价高涨，城市中心区域再开发，人口向郊区流出；再城市化则是由于 1990 年以后泡沫经济的崩溃，地价下跌，人口到城市中心区居住，这是一种没有经历过逆城市化的再城市化。

关于东京。

日本 1889 年设置东京市，但是现在已经没有东京市这个概念了，它于 1943 年编入东京都。东京都包括东京都特别区（即原来的东京市地区，是东京都的中心城区）、多摩地区（郊区）和岛屿地区，东京圈则包括了东京都、埼玉县、千叶县和神奈川县，一都三县。

东京都从 20 世纪初人口开始增加。1932 年，东京市扩张，到 1940 年，人口达到 678 万，但是 1945 年美国的空袭给东京市带来毁灭性的打击；1945 年至 1965 年之间，人口快速增长，中心区人口达到 889 万人；1965 年以后，中心区人口减少，郊区人口增加，郊区化发生；2000 年以来，中心区人口再次增加，即再城市化。

人口的增减要从两方面来考虑：社会变化和自然变化。其中，社会变化是由迁入人口减去迁出人口，而自然变化等于出生人口减去死亡人口。在东京的城市化阶段（1955–1965 年），迁入人口多于迁出人口，出生人口多于死亡人口；在第一次郊区化阶段（1965–1985 年），迁入人口少于迁出人口，但是出生人口多于死亡人口；在第二次郊区化阶段（1985–1995 年），迁入人口少于迁出人口，出生人口多于死亡人口；再城市化阶段（1995 年以后），迁入人口多于迁出人口，出生人口大约等于死亡人口。大阪市和名古屋市的人口变化趋势与东京的相似。总体而言，城市化阶段，三大都市圈的中心城区人口都增加；第一次郊区化阶段和第二次郊区化阶段，东京特别区部（即中心城区）人口减少；再城市化阶段，虽然出生人口与死亡人口大体持平，但由于人口迁入，总体上中心城区人口是增加的。

郊区化过程，就是中心城市人口减少、郊区人口增加（空心化）的现象。

第一次郊区化阶段，由于量产工厂向郊外转移，住宅供给也郊区化：①原来在中心城区租房的年轻家庭，为了养育孩子迁往郊区；②新流入的人口也在郊区寻找住所。

第二次郊区化阶段，由于中心城区地价高涨，①原来居住在中心城区的第二代年轻阶层、私营小业主都向郊区移居；②新流入的人口也到郊区寻找住宅。

再城市化阶段，泡沫经济崩溃，伴随着地价的下降，中心城区的住宅供给增加。大企业的福利设施（职工住宅、运动场、培训设施）被卖光，并在旧址上建起住宅公寓。并不仅仅中心城区，而是整个东京都的人口都增加了。这一时期人口增加的主要原因是迁出人口数的减少，而非迁入人口数的增加。那些在泡沫经济时期由于无力购买住房而不得不迁出的人，1997 年以后，似乎能在东京都内买得起住房了。但是迁入都内的年轻单身人士比任何时代都多。

3. 东京圈的人口年龄层次构成：年轻阶层的迁入与空心化的反转

从不同年龄层的迁移来看，第一次郊区化阶段，年轻人向城市移动，处于育儿期的家庭向郊外移动；第二次郊区化阶段，年轻人向城市迁移，中青年向郊区迁移；再城市化阶段，年轻人向城市移动，中青年迁移到城市定居。

空心化的反转。

人口增加的地区，育儿期家庭多。在郊区化时期，年轻人迁移到郊区，老年人一般不太愿意搬家，老龄化从城市中心区开始发生，造成中心城区的空心化；而到了再城市化时期，年轻人向城市中心区迁移，城市中心区的中青年增加，郊区人口老龄化——这就是空心化的反转。

4. 社会阶层的居住分化：去工业化与服务、信息经济

城市过程与社会经济结构。

城市化阶段（1955－1965年），与工业化伴随的年轻劳动力，尤其是蓝领工人流入；在第一次郊区化阶段（1965－1985年），由于量产工厂向郊外转移、中心城市的流通和管理功能发展，白领人口增加，他们喜欢住在郊区，但是又在市区工作，这种方式促进了郊区化的发展；在第二次郊区化阶段（1985－1995年），中心城市的管理功能和对单位服务功能增大，服务业从业者增多；再城市化阶段（1995年以后），中心城市的对单位服务业（尤其对于东京来说，信息相关的服务业）强大，专业技术人员增多。

社会阶层的居住分化：

在工业化、城市化阶段，东京临海地区和东部工业地带形成，成为蓝领工人的居住地；东京西部和多摩东部地区成为白领的居住地。

第一次郊区化过程中，多摩西部工厂聚集，蓝领工人向此地集中。

第二次郊区化阶段，即1985－1995年的泡沫经济时期，高级白领的居住地在多摩南部扩大，专业技术人员则在多摩东部的中央线沿线和多摩新城两处大量聚集。

再城市化阶段，管理人员多住在东京都中心区域，专业技术人员从东京都中心区域向多摩东部的中央线沿线、京王线、小田急线沿线的多摩新城地区，以及川崎市、横滨市的郊区东急田园都市线·东横线的沿线集中，形成了一个"知识劳动者扇区"。

5. 结论

日本城市圈的发展可以分为城市化、第一次郊区化、第二次郊区化和再城市化四个阶段；城市化阶段中心城区的"空心化"现象（年轻阶层的移居和育儿期家庭在郊区的定居），在再城市化阶段反转；郊区的老龄化和空心化的反转是由于年轻人迁回中心城区；空心化与社区生命周期（community life cycle）相伴随（30年前郊区化阶段迁入郊区养育孩子的中青年家庭，在30年后的再城市化阶段，孩子进入中心城区，老人留在郊区）。

城市化阶段，东京东部、临海地区工业化，东京西部、多摩东部"白领化"；郊区化阶段，"白领扇区"扩大；再城市化阶段，专业技术阶层扩大，从东京西部、多摩东部到神奈川方向形成了"知识劳动者扇区"。

虽然大阪和名古屋也表现出类似的发展路径，但是近年来它们应对全球经济的策略有所差异。东京要建成全国金融中心和信息服务业中心，大阪在制造业衰落后发展原动力不足，名古屋正在集聚全球制造业的支持下发展壮大。

城市更新与创意城市

——以横滨市为例

松本康（Yasushi Matsumoto）

1. 研究背景与目的

"创意城市"是本次演讲的关键词，这不是一个社会学的概念。日语叫"创造都市"，汉语叫"创意城市"。"创意城市"这个术语是由英国的一位城市设计师兰德里提出来的，但是他并没有给出一个完整的定义。我自己给了它一个定义：在全球化和去工业化的过程中逐渐衰退的工业城市，通过活用区域内人的资源、文化资源而产生该地域自身的价值，并提出可持续的城市更新政策。

日本有一个"内发式发展"的概念，我把它翻译为 indigenous development，不知道翻译得对不对。所谓"内发式发展"，就是靠区域内部的资源整合取得发展。20 世纪 60 年代，日本经济高速增长期的地域开发政策是吸引重化学工业发展。宫本宪一（2007）对此进行了严厉批评，认为这种政策对地区经济的发展影响效果十分有限，而且这一政策带来了经济之外的影响，如公害问题、环境问题。宫本把这种发展方式称为"外来型开发"，即依存于外来资本、技术或者理论的开发方式。与之相对应的"内发式发展"则是通过地区企业、工会、协会、NPO、居民组织等团体或个人自发地在学习基础上规划、更多自主的技术开发、保护当地环境、合理利用地区资源，一方面立足于当地文化发展经济，另一方面通过地方自治团体谋求居民福祉的地域开发。

宫本之后是佐佐木雅幸（2007）。他是第一个将"创意城市"理论引入日本的人。他沿着兰德里的理论，将创意城市看作文化和产业融合的城市。

佐佐木尤其关注意大利弗洛尼亚的手工业文化的社会协同组织事业网络，日本的金泽与这里非常类似——金泽市是以纤维产业和纤维机械工业为基础的内发式发展。这是一种手工艺的而非大规模的生产方式，跟后福特主义所提倡的非常相似。

作为社会过程的"创意城市"政策，在世界各地都开始流行，其概念有扩散的趋势，很多城市都标榜自己是创意城市。把这些标榜为"创意城市"的政策的形成和实施过程作为社会过程来研究，对于社会学是很有必要的。本研究的目的就是以 2004 年在日本首先提出"创意城市"构想的横滨市为例，分析其背景、意图、实施过程、课题等。研究方法包括田野调查，包括对市公务员、NPO 代表、艺术家等的访谈；以及查阅过去的政策负责人的著述、艺术 NPO 或艺术集团编纂的记录、横滨市政策相关文书、报道资料等。

2. 横滨市的概要和历史背景

截至 2015 年 1 月，横滨有 371 万人，人口规模仅次于东京 23 区——在政令指定城市当中全国第一。日本的行政划分是都、道、府、县，县下面有市、村、町等，但是政令指定城市不需要经过都道府县的过程，可以直接跟中央联系。横滨市还是位于东京 30 千米范围内的卫星城市，受东京的影响很大。横滨还有一个特点，它没有封建城市的基础，而是一个近代港湾城市。根据 1858 年《日美修好通商条约》，横滨市预定要开放作为港口，并建立外国人居住区，次年港口开放；1889 年明治政府成立了横滨市；1899 年，治外法权撤销，外国人居住制度废止，但是当时的外国人居住区作为地名保留下来，称为"关内"，构成旧的横滨市中心。

1956 年，横滨被指定为政令指定城市；1963 年，社会党的飞鸟田一雄当选为市长，正好当时是经济高速增长期，公害问题相当严重，而当时日本还没有设置限制公害的法律；1964 年，飞鸟田市长作为市民代表，与电源开发矶子火力发电厂协商，签订了全国第一个防止公害的协定——这并不是一个公开的法律，而是政府和发电厂相互协商以后私下的一个协定，但是因为市长作为市民代表站出来了，社会也就无法再忽视这一政策；虽然没有获得国家授权，但是之后就形成了这样一个模式，市长可以作为市民代表与企业谈判。

1965 年，制定了《城市建设的将来规划构想》，也就是通常说的"六大事业"。所谓的六大事业就是：①强化城市中心——搬迁三菱造船厂，填海创造新的市中心。在旧的市中心（关内）与横滨车站之间是三菱造船厂，强化城市中心的做法就是把三菱造船厂搬迁出去，并在其原址上兴建新城。实际上在1976年政府与三菱重工缔结了搬迁协定，1983年全部搬迁完成。虽然横滨市没有权力让三菱重工搬迁，但是通过私下的协商最终让三菱重工搬走了。现在这里就变成了新的市中心，叫"港口未来21"。②金泽地区填海造陆。这一地区是拿给三菱造船厂，让它搬过来，作为城市开发用地。③开发港北新城。当时考虑到东京郊区住宅用地开发肯定都非常混乱，所以它抢先吸引了一些国家级的住宅区项目集中在这一块，1970年开始动工。④造高速公路。高速公路本来不是横滨市政府能操作的项目，而是国家级的项目，但是通过日本的建筑厅特意让它们通过。⑤造高速铁路（即地铁）。这个是横滨市政府可以控制的项目，主要是为了建立通过市中心的高速交通，鉴于它受到东京市的影响很大，要尽可能提升横滨市的中心地位。⑥港湾大桥。港湾大桥建在横滨市的入口处，这是为了货物不用经过市中心而专门建的，这一迂回的交通也成为横滨市的象征。以上这些项目都已经基本实现。

此外，横滨市还比较注重城市设计。

1971年，飞鸟田第三次当选市长，在企划调整室里设立了一个城市设计科。这是没有先例的，即使目前也只有横滨有城市设计这个专门的部门。城市设计有七个目标：①行人优先；②重视自然特征；③重视历史文化遗产，跟之后的创意城市有关；④扩大城市公共空间和绿地；⑤重视临水空间；⑥增加交往场所；⑦追求视觉的美感。"城市设计"的范围扩大，小到在地上铺一些彩砖，大到对港口新城建筑高度的限制，都称为"城市设计"。

刚才讲到重视历史文化遗产，在这一过程中，横滨市付出了巨大的努力。

1978年，飞鸟田市长退休，自民党的细乡上任，田村明也退休，但是在市民的支持下，城市设计室被保留下来。1988年，制定了《营造使历史存活的城镇纲要》，这成为历史建筑的登记、认证和保存的框架文件。

保存历史建筑的开端就是原川崎银行横滨支店，经过协商妥协之后，仅保留了沿路的建筑，里边则新建了大楼。从行人平视的角度可以看到保留下来的古建筑，但是抬眼就可以看到现代化的建筑。原东京三菱银行横滨中央支店也是妥协的结果，下面是原来的建筑，上面建了公寓。但是横滨市政府并不满足于这样的形式。

刚才的话题先搁置，我们再来看文化政策。

横滨市从 20 世纪 70 年代后半期开始在首长部局设置了文化负责人。1995 年，教育委员会的文化事业部废止，与首长部局的市民文化部统一。首长部局接管教育委员会的社会教育行政实施的面向普通市民的文化事业，即"文化行政"。

1987 年，横滨市美术振兴财团成立，负责横滨美术馆的运营；1991 年，横滨市文化振兴财团成立；2002 年，两者统合为横滨市艺术文化振兴财团，对主要的文化设施进行管理。

横滨国际展览会。

2001 年，国际交流基金（外务省下属）、横滨市、NHK、朝日新闻社四家联合举办了 2001 年横滨国际展览会。之后每三年举办一次，2005 年、2008 年和 2011 年各举办一次，2014 年和东亚文化城市事业同时举办。从2011 年开始，受当时的民主党政府削减预算政策、提出"事业分类"的影响，国际交流基金终止了这个预算，但是文化厅支持了这部分预算。2011年之前是以国际交流基金为中心来举办这一国际展览会的，但之后是以横滨市政府为中心。

3. 横滨的创意城市构想

背景

2000 年前后，横滨市旧市中心衰退的倾向显著。平成不景气和亚洲金融危机导致了银行之间的整合，银行建筑的存废就成为问题。同时，泡沫经济破灭后，东京市中心土地再整合启动，办公用地供给过剩成为问题，被称为"2003 问题"。横滨"港口未来 21"土地出售低迷，关内地区的办公用地需求也处于低迷。而 2004 年直达东京的"港口未来线"要开通，刺激了公寓的需求，也就出现了银行再开发为公寓的动向，原先市中心的街道变得混乱，市政府对此产生了危机感。

政治方面也产生了变动。2002 年，中田宏战胜了得到自民党、民主党、公明党、社民党和保守党共同支持的高秀秀信当选为市长。中田宏当选后，指定东京大学研究生院的北泽猛副教授参与市政决策。北泽猛深受田村明的影响，在去东大之前担任了城市设计室的室长。他就原第一银行的保存向中田进言，但是中田认为不光要保存还要活用这个建筑。2002 年 11 月，北泽作为委员长，成立了"依靠振兴文化艺术、旅游业促进市中心活化研讨委员会"。2003 年 3 月这个委员会进行中期整合，在"依靠文化艺术、旅游业，以市中心再生为目标——艺术创造特区·横滨"的提案中提出对历史建筑物的文化艺术活用事业。

2004 年 1 月的最终报告"文化艺术创意城市——面向创意城市横滨的形成"，首次明确提到了"创意城市"这个术语。这一报告涉及三个战略性的项目：

①创新一带的形成。活用历史建筑物、空置仓库等，聚集艺术家和创造者。这一计划已经取得成功。

②映像文化城市。吸引一些影像系统的产业，形成创新型产业群。这个计划目前来看进行得并不顺利。

③国家艺术公园。面向港口开放 150 周年，重新整合临海区域的港湾空间。这一计划取得了部分成功。

4. 创新一带的形成

通过 2003 年 3 月的中期整合，原第一银行和原富士银行被活用为文化设施，2003 年 12 月通过公开招募确定了两个管理团体，二者在 2004 年 3 月共同成立了 BankART1929 这样一个运营管理团体。Bank 是银行，Art 是艺术，1929 是建筑物的年份。

创新一带的形成以银行建筑的再利用为开端，还开展了其他诸多项目，如 BankArt Studio NYK、北仲 Brick & 北仲 White、ZAIM、本町大楼 45、Hammer Head 摄影棚、象鼻公园和象鼻凉台、黄金町等。

5. 成绩与问题

以上大都是形成创新一带的一些项目，映像文化城市项目没有什么动作，就只有东京艺术大学影像系多多少少在这方面有些影响。国家艺术公园就是象鼻公园。2010 年是一个转折点，领袖人物北泽猛去世，中田市长因为出现很多问题辞职了，林当选为市长。2012 年文化观光局进行事业整顿，实施创意城市政策，现在稍微有点向产业城市的方面发展。

创新一带形成的主要原因：

第一，市政府不直接从事这些事业，而是委托艺术 NPO 来操作，吸引了艺术家、创造者和建筑家。以北仲 B&W 为契机，形成了网络，市民也可以看到城市的变化，产生了名为"关内外 OPEN"的活动，向普通市民开放展览。

第二，横滨市有设计行政、文化行政的经验，与建筑、艺术的亲和性强。尤其是一些官员，如飞鸟田等，接受了田村明、北泽猛等的指导，非常活跃，我把他们称为"创意官员"。

第三，艺术 NPO 对于创造艺术城镇有着使命感。而且不仅是 NPO，民间的建筑师、行政也懂艺术，他们是两者的中间人。

第四，很重要的是房地产价格的低迷产生了空置的办公建筑，使得对其重新利用成为可能。

"映像文化城市"轨道的修正

"映像文化城市"本来是作为"产业振兴"措施提出的，但是它并没能吸引影像企业。但是由于东京艺术大学影像研究科在那里扎根，反而变成了人才培养的政策。结果"产业振兴"的课题就没有实现。从 2014 年开始，文化观光局着手"创意产业振兴"（商业配套）事业。2014 年以来，文化观光局强化了创意产业振兴，YCC、ZAIM 等采用了民间企业作为运营团体。

我认为，从城市设计观点开始构想的横滨市创意城市政策，缺乏社会经济的视角，产业振兴政策有弱点。

脚步停滞的"国家艺术公园"构想

2006 年的构想、创意城市政策是从空间形成视角提出的东西；2009 年修建了象鼻公园和象鼻凉台；2010 年的提案书也保留了空间形成的视角，但是在 2012 年《基本的思考方式》中消失了。跟 Hammer Head 摄影棚一样，象鼻凉台也是考虑了国家艺术公园构想的项目。现实情况是，这些项目大都由 NPO 来经营。

作为课题的"市民主导"

2004 年的提案中提出"由市民主导的创意城市营造"；2010 年提出"所有的市民都是艺术家"；有一些跟市民有交集的项目，尤其是横滨国际展览会，市民作为志愿者无偿参与。但是要让 370 万市民都来关心，确实也不是件容易的事。很多居民都是住在横滨但是在东京工作，他们关心的是东京而不是横滨。对于横滨来说，摆脱东京对它的影响还是一个长期的课题。

6. 结论

横滨的创意城市政策是以 21 世纪初横滨旧城区街区的衰退为背景，围绕历史建筑的保存、活用方式展开的。当时受到了纽约的阁楼生活模式（Zukin，1982）、兰德里（2008）的创意城市论和佛罗里达（2002）的创意阶级论的影响。

政策是在当时的城市设计和文化政策的积累基础上构想的，着眼于保存横滨市旧市中心区域的象征价值；从而也就缺乏社会科学的分析视角。

当初的三大项目，即创新一带的形成（文化政策）、映像文化城市（产业政策）、国家艺术公园（空间政策）当中，取得最大进展的就是创新一带的形成。

创新一带形成的成功有四个原因：①市政府把事业委托给 NPO 来做；②负责过设计行政、文化行政的政府官员和艺术家、创造者之间的亲和性；③艺术 NPO 对于营造城镇有使命感；④地价低迷使得空置的办公场所转换用途变得容易。

映像城市项目由于吸引了艺术大学，变为人才培养的政策，产业振兴政策难以实行。2014 年以来，文化观光局出台了创意产业振兴政策，但是尚未出现成果。

国家艺术公园构想，作为开港 150 周年事业，虽然部分实现，但是之后脚步停滞了。以港湾局为中心的山下的码头再开发计划逐渐浮现。

2020 年东京奥运会和残奥会即将召开，横滨市中心区的空间改造也迎来热潮，如横滨车站大改造计划、市政府向北仲搬迁、山下码头的再开发等。在此期间，旧市中心的相对价值可能会下降。将来如何让这一地区再恢复活力还需要考虑。

社区与社会

简·欧勒夫·尼尔森（Jan Olof Nilsson）[*]

1887 年，滕尼斯使用 "Gemeinschaft und Gesellschaft"（德语）作为其新书的书名，1955 年，这本书在英语中被翻译成 "Community and Society"。将 "Gemeinschaft" 译为 "Community" 较为精准，但 "Society" 一词无法精确传达 "Gesellschaft" 一词的内涵。费孝通深受帕克的影响，将此书中文译为 "社区与社会"。但实际上，"Community" 一词更多传达的是一种人际关系上的联结，而 "社区" 一词更多的与地点和空间相关。

"Community" 被认为是社会学当中最为晦涩难懂的术语，至今仍未有广泛认可的定义。Robert A. Nisbet 在 *The Sociological Tradition* 中指出，社会学的单位理念中，最基本也最影响深远的即 community。在文学、戏剧、电影等领域当中，我们都可以看到社区与社会之间的冲突斗争，二者之间的矛盾像一条绵延的线贯穿于历史长河中。

我们可以通过现代性（Modernity）这个概念来理解 "Gesellschaft"。Modernity 并不等于 Gesellschaft，但是让我们将 Modernity 作为 Gemeinschaft 的对立面吧。Modernity 这个词来自于拉丁文 modo，首次使用于 200 年左右，表示某种目前或近期的事物。这实际上是理解 "现代性" 的关键，它是一个关于时间的概念，而非关于地点的概念。第一个用现代性一词描述社会特征的学者是卢梭，他用这一名词来描述 18 世纪中期欧洲的社会形态。由此可见，"现代性" 的内涵并非一成不变，而是会随着时间的变化而演变。在《新爱洛伊丝》（*New Heloise*）一书中，卢梭为我们展现的城乡矛盾与社

* 瑞典隆德大学社会学系教授。

区与社会之间的矛盾有着异曲同工之妙。在现代社会（Gesellschaft）中生活的人们存在着对归属感和认同感的困惑，而在传统社区（Gemeinschaft）中生活的人们并不会出现这种问题。

马克思在《共产党宣言》中将社区（Community）描述为"田园诗般的关系形态（idyllic relations）"。如果马克思先生尚在，一定会对浦东的风光赞叹有加。涂尔干认为前现代社会的联结形式是机械团结，而现代社会是有机团结，人们的当务之急即是将当今社会演变成社区形态（Community）。韦伯区分了传统社会行为、情感社会行为、价值合理社会行为和工具理性社会行为。而现代生活中的工具理性社会行为，代表了现代社会（Gesellschaft）中的社会行为，韦伯认为这类行为会将人类置于"理性铁笼"之中，对现代性持悲观态度。齐美尔在《大都市与精神生活》一书中提到，乡村是一个发展缓慢、情感交流较多、个体间交换的、个体对群体依赖性较强的地方，而城市则是一个不断演化、理性的、个体化的、金钱本位的地方。

1930 年的斯德哥尔摩展览会是一个关于现代性的展览。如果我们将时间的概念从生活中剥离开来，另一个贯穿于生活之中的基本元素就是建筑。城市被认为是理性的、与时俱进的，但同时也包含着对传统人际关系的反思，而这恰恰是现代建筑学所忽略的。

随着传统社区的衰落，一种单位观念渐渐消失了。当我们在讨论社区时，其内涵可能已并非传统意义上的社区。我们该如何在现代社会保护传统社区？是否能规划出一个能产生丰富人际关系的社区？

社区仍然存在，但其内里已被现代性腐蚀。我曾在上海居住多年，却从未和邻里有过任何交流甚至是寒暄；然而在微信上我有 700 多个好友，彼此之间从未停止过相互问候。虚拟社区在某种程度上取代了空间上真实的社区。

社会学家眼中的"街区"

让－伊夫·欧迪尔（Jean-Yves Authier）*

　　街区是城市社会学领域的核心话题之一。在法语中，"街区"（quartiers）一词为复数形态，我们可以从三个方面理解这一现象：其一，城市当中包含了多种多样的街区；其二，不同的领域和学科对"街区"概念有不同的认识；其三，不同人群对"街区"概念的理解也各不相同。街区对居民而言是生活的场所，对城市管理者而言是实施政策的行政区域，对于学者而言则是极具研究价值的独特领域。简言之，街区是一个多元而丰富的概念。

　　街区的概念也随着时间的变化发生演变。自从 1980 年以后，欧洲特别是法国一些大的街区发生了一些骚乱，一些老街区发生贫困化现象，因此学者对街区关注的重点集中于贫困化、失业、移民等问题。20 世纪 80 年代之后，法国政府针对不同的街区制定了一系列不同的政策，来应对日趋复杂的城市问题。街区像是社会的一面镜子，呈现着社会当中出现的问题，从街区层面出发解决社会问题也成了众多学者和城市管理者的共识。

　　在法国的城市，街区居民的异质化程度一般都比较强，同一街区的居民往往有着不同的收入、职业，对自身的身份认同也截然不同。但近年也出现了"爱美丽街区"（幸福街区），所谓"爱美丽街区"（Amelie）源于法国电影《天使爱美丽》给我们呈现的奇妙场景：在主人公 Amelie 所生活的城市街区，街坊邻居都彼此熟悉且联系紧密，生活丰富且具有村落气息。法国的街区同时呈现着城市和乡村两种状态。

　　此次演讲主要讨论三个问题：

---

　　* 法国里昂第二大学社会学系教授。

① 社会学家眼中的街区，主要对街区概念进行辨析；

②"街区终结"的观点，在新技术层出不穷的当代，街区的意义是否减弱；

③ 街区效应，街区是否仍对居民生活起着积极作用。

一 社会学家眼中的街区

1. 作为城市的空间单元

首先，街区是城市空间的一部分，是人群聚集的空间。随着个体化的兴起，街区越来越成为城市中可以被切割的基础单元，也代表着其居民的身份特征和社会地位。其次，街区也是多种功能重合的社会单元，例如我们可以把一个社区称为"中产街区"、"贫困街区"、"遗产街区"、"商业街区"。同时，街区也是一种行政划分的手段。

街区一直是社会学家极其重要的研究对象。学者在研究一些社会现象诸如社会不平等时，往往会以社区为单元进行深入研究。也有学者对街区的范围和边界进行了研究。

2. 作为居住的场所

其次，街区是人群居住的场所，是居民的生活圈。列斐伏尔认为，街区是私人空间和公共空间的过渡区，在衔接私人住宅和公共场所中起着不可或缺的作用。街区的范围可大可小，很难定义。即使是同一街区的居民对街区的边界也有不同的认识，个体的身份和经历都影响着其对街区范围的认知。一个基督教徒在街区内有其固定使用的教堂和社交场所，他对街区范围的认知就和普通的居民不同。

3. 作为一种集体生活单元

再次，街区还可以作为集体生活的单元。在芝加哥学派社会学家帕克看来，地方化的生活、个体对街区的认同感可以让街区产生凝聚力，从而成为街区居民组织生活的一种方式。这也说明在组织集体生活方面，街区是具有一定作用的。

4. 作为集体行动的组织方式

最后，街区还可以成为集体行动的组织方式。在欧洲，存在着很多基于街区的社团和社会组织。比如在城市更新的过程中，同一街区的居民会自发组织起来进行一些保护遗产社区的活动。

二 居民的社区：街区的终结？

1. "街区终结"的观点

很多观察家和学者发现，大城市中的街区正在经历一个衰败的过程。这种衰败不单单是空间上的衰败（老城区住房的破败），更多的是街区社会关系的消逝：邻里交往不断减少，街坊间的亲密感逐渐被冷漠取代。究其原因，有学者认为是大城市人口流动性的不断增强，也有学者认为是居住和就业的关系发生了变化。法国的一位重要社会学家和规划师 Francois As-cher 认为，街区的衰败和现代化都市的发展相伴而生，甚至可以认为已经不存在街区居民这样一个概念，因为居民个体属于整个城市而不仅仅是某条街区。在 20 世纪 30 年代，芝加哥学派学者沃斯就曾提出，大都市的生活不是建立在亲密的社交关系之上，它恰恰是"反街区"的。这一观点在法国学界也得到了共鸣。有法国学者质疑当下街区内的社交关系是否还能用"亲密"一词来形容。芝加哥学派对此从人类学和社会学的角度进行了相对完善的研究。他们发现，居民对街区的认知仍然有相对完整的边界，居民的社交网络和活动范围仍然深受街区的影响。众多学者对街区的独特化研究恰恰证明了在大都市层面下，街区仍然具有独特性。

讲者针对这一问题在法国的大都市（巴黎、里昂、马赛）进行了深入研究。结果显示：第一，街区的空间与社会单元非常明显，居民对自身所处的街区有着明确的认知；第二，居民的日常生活仍存在明确的街区边界，居民的日常生活包括购物、休闲仍处于一个较明确的生活圈中。

2. 街区的力量

街区给居民日常交往提供了空间，是居民社会化的场所，联结了个人和整个社会。在调查中我们发现一个有趣的细节：不少居民都认为住房可以换，但街区不能换，这说明街区仍在居民生活中扮演着重要的角色。居民的社会属性（年龄、性别、职业）影响着其对街区的使用方式，不同的居民对街区的使用方式也不同。有的居民对街区的使用有限，有的居民则十分依赖街区，有居民认为街区仅是购物的场所，也有居民认为街区是社交的主要场所。

3. 街区在城市居民生活中的地位

在调查中，我们对街区内居民的日常生活、休闲、购物等活动场所进行了详细的记录，结果发现这些场所分散在城市的各个区域，但街区仍处在一个占优势的地位，对居民的生活有着显著的影响。即使是对于流动性较强的居民，街区对其生活的影响仍不容忽视。简言之，街区在当代社会仍然具有十分重要的价值。

三 街区效应

1. 居住与共居方式的变化："街区－生活圈"效应

北美众多研究发现，街区有聚居贫困人口的效应。大量的研究显示街区对青少年的教育和就业都有着深远的影响。北美的街区偏重定量，法国的街区研究在这方面做了很好的补充。讲者的研究发现，街区不仅是一个空间单元，还能够生产和再生产社会关系。街区不是制造秩序的场所，而是给居民提供了自我发展和自我定位的平台。街区是居民特殊的财产，而这份财产的价值和居民的居住历史、街区的区位都有着密不可分的关系。

2. 居住社会化的效应：街区的力量

街区在个体和社会的连接中发挥着重要作用。通过街区这一空间，人们逐渐构建起他人对自己的看法以及自身评价，街区成为居民建立社会关系的途径。街区对居民的影响不局限于社交关系，甚至影响着居民的思考方式、生活方式的选择以及处事理念。法国学者的研究显示，上述影响不仅局限于贫困社区，中产社区中也存在类似现象。

3. 街区互助与身份认同

街区居民利用街区建立起自己的社会身份。在纽约的苏荷地区，一些艺术家进驻并对该地区进行了改造，这一改造改变了居民对街区的看法，也影响了居民对自身的身份认同。街区不仅在空间和社会关系层面对居民有影响，在居民建立自己身份认同和社会地位的过程当中也扮演着重要的角色。

正如1929年一位学者所说："街区悄悄地离我们而去，带走了弥足珍贵的财产。而正是那些道不完的家长里短、邻里间的嘘寒问暖、熟人间的仗义相助，构成了我们的街区。"

嘉宾对话：

于海（复旦大学社会学系）：

感谢 Authier 教授和 Olof 教授为我们带来的高水平演讲。两位学者的风格迥然不同，前者是社会学家的视角，后者则是更接近哲学的视角，都聚焦了当今学界的前沿问题：社区。Authier 教授告诉我们街区仍将存在，并为我们指出了街区的三种效应。对此我的理解是：生活方式、社会化和社会认同。这三种效应都跟人有关。社区效应能产生的前提是：具有完整的人口结构，社区内人群互动频繁。反之，空间不会自发地产生效用。那么，上海的高档社区可以产生身份认同么？可以，但那是想象中的、不真实的。富人区的身份认同不是建立在人和人互动的基础上，而是产生于一系列抽象数据界定的社会地位。

我的疑惑在于为何街区能影响人格（社会化）、其存在方式（生活方式），以及自我认同。这些影响是否仅仅是由街区的空间形态导致的？它又和空间形态的哪些方面有关？Authier 教授为我们描述的应该是法国没有经历过大规模空间改造的社区，由此我联想到上海，正如 Olof 教授提及他在上海居住数年却没有和邻居进行任何交流，那么上海发生了什么？

上海的传统社区半数以上消失了，我们在居住的物理空间上发生了极大的变化。上海的城市更新使空间发生了根本性的变化，其中之一就在于把人群困在了一个更大的空间，而切断了人与人之间的联系。我们如今的社区还能生产出上述的街区效么？在我看来，这种街区效应只有通过"肉搏"的方式来获得——人必须面对面的和他人交往。如今，居住空间和人的联系消失了。

农村社区的情况更糟，中午从朋友那里听到的事情让我为之震惊：在农村社区，老年人看到自己的鸡被偷却无能为力，因为小偷跑得快，而村里没有青壮年；儿童溺水身亡却无人知晓……中国农村为中国城市的发展做出了巨大牺牲，其中一点就在于，农村的传统社区彻底被败坏了，其人口结构的完整性被破坏了。

张俊（同济大学社会学系）：

"社区是否存在"是城市社会学中的一个经典问题。针对这一问题，学界主要有三种看法：第一，社区消失了；第二，社区仍然存在；第三，社区的内容发生了演化。这恰恰回应了 Olof 教授所提到的虚拟社区的兴起。

今年中央文件提到要逐步将封闭的社区进行开放，引发了全民讨论。居住和生活是密切相关的。以前我们中国人总把自己称为"无产阶级"，而如今房子就是我们最大的财产。我们系和同济城市与社会研究中心在 2014

年曾做过关于社区的大规模调研，其结论和 Authier 教授的结论有很多共性的地方。在中国的城市化进程中，我们过度强调空间，大量更新，拆除了很多老社区，其实也摧毁了其中的社会关系。那么新建的物质空间能够形成社会关系么？这正是我们所担忧的。我们的调查结果显示，在上海的老街坊当中，虽然其物质条件相对较差，但人际关系更为紧密。如今上海的新城区建设仍如火如荼，如果把社区规模做小，这不仅是一个社会问题，还是一个政治经济问题。我们之所以建立大规模的居住区，是为了节省政府的开发成本，我们的出发点是城市的整体利益。而个体居民的城市认同和城市经验是截然不同的，是存在地方性和差异性的，这正是被我们忽略的地方。

最后我还有两个问题：Authier 教授您做的街区调研是如何深入的？有什么好的经验可以和我们分享？街区和邻里之间的关系是怎样的？

Jean-Yves Authier（法国里昂第二大学社会学系）：

关于张老师的第一个问题，我们主要是通过电话的方式在法国五大城市的九个大街区进行了访谈，每个访谈的持续时间在 50 分钟至 90 分钟左右。关于街区和邻里的区别，后者更强调社会关系，前者更强调空间性。关于调研当中空间和社会元素的选取，首先是有法国统计局的帮助，协助完善受访者社会属性的信息；而空间要素中比较重要的四个是：区位、规模、街区构成以及商业类型。

回应于老师，我们在巴黎的研究发现，大城市的社区也同样需要街区效应。最近巴黎有一个很流行的术语叫作"地址效应"：当你说出你住在哪条街道的时候，你的谈话对象就能迅速判断出你的身份背景和社会地位。身份认同是属于个体的，但和你所处的街区也有很大的关系，街区的历史、居民的居住史以及街区的社会属性都会对个体身份的塑造产生影响。

Olof 教授为我们展示了街区和社会的关系，以及网络技术对街区发展的影响。但在某种程度上虚拟社区和真实社区也有相互促进的可能，比如很多年轻人现在线上结成社群，再寻求线下的聚会和互动。

于海（复旦大学社会学系）：

最近在中国出现了一个很有趣的现象，那就是广场舞在全国范围内的流行。人们纷纷走出家庭，来到广场，广场成了人们重建社会关系的场所。也有闵行的退休音乐老师，打开家门欢迎邻居来唱歌交往，这恰恰反映了人们对人际互动的渴望。

周俭：

我有三个问题。第一，法国的"街区"是谁来划定的？社会学家所认为的街区边界在哪里？第二，从街区的作用来看，它对哪些社会群体最重要？第三，如果城市没有街区这个空间层次，就是一栋栋住宅，之后就是城市空间，那么它会带来怎样的社会后果？

Jean-Yves Authier（法国里昂第二大学社会学系）：

巴黎的街区划分实际上已经有一个世纪了，与政府的市政管理和选举相关，税收、财政、公共设施配套、教育、医疗都是根据街区来分配的。关于第二个问题，哪个群体对街区的依赖性是最高的，我认为这取决于我们如何定义"对街区的依赖"。因为低收入人群的社会生活是根植于街区内的，他们的社会生活非常地方化，流动性、流动能力都较弱；而很多中产或者收入相对高的人（小资阶层）则依赖于街区带给自己的社会身份认同和高品质的生活；法国很多街区在中产阶级化（绅士化），中产阶级对街区的依赖是建立在身份认同的象征意义上的，虽然流动性在增强，但是他们对街区的投入却非常多。关于第三个问题，就法国的情况而言，我认为街区是不可能消失的。

Jan Olof Nilsson（瑞典隆德大学社会学系）：

对街区的传统看法就是，有广场、有工作、有街道——很多街区都是这样。很重要的一点是，建筑的现代性实际上破坏了街区。街区实际包括房屋的正面和后面，有一些你可以在其中捉迷藏的庭院、有私人空间。现代建筑造成的改变就是"没有私密性"，所有的东西都必须是公开的，城市规划带来的最大变革就是对街区的破坏——这也摧毁了空间的私密性，从而影响了人们对邻里、社区等的看法。我们能在后现代的反应中看到一种对抗现代性的思维方式，是关于街区重建、拯救邻里和社区的。现代性的思维认为我们没有社区，邻里并非社区，你创造其他的社区，从属于机构，你去邻里之外的地方运动、做事。当前有一个伟大的梦想——和谐社会。我们应该创建和谐的生活方式，应该友好、互相帮助，这是对的。而社会并非哲学，总是迫使我们相互竞争。我觉得我们应该意识到，我们生活在一个反社区的世界中，房子总是在被推倒。我生活在一个西欧国家，很像上海，那里消灭了大部分的街区。但是我觉得每个人都渴望一个社区。唯一的问题在于，我们可能是通过不同的方式创建社区的。我认为这里存在一些关于技术、偏好、被迫流动等方面的不同传统，这些也就意味着我们创建社区的方式可能是不同的。正如鲍曼所说的"流动的现代性"一样，总是在改变，我们必须为流动做好准备。当我们知道他明年要搬走、我后年要搬走，我们如何能在社区或者社会中制造紧密的联系？所以，流动的社区，实际上在某种程度上变成了"想象的"社区。现在一些现代化的区域在建立新的认同和社区的时候，发展出了一种基于移民的新型认同和社区。很多西方城市的案例表明，封闭的移民社区的认同感很强，而这种新的情况与和谐社会是有一些矛盾的。

孩子们的城市：巴黎与
旧金山比较

让－伊夫·欧迪尔（Jean-Yves Authier）*

研究孩子的城市有两个目的，第一是看孩子的居住方式和生活方式，第二是看孩子是如何"社会化"的，即如何与社会建立关系。对儿童的研究分布在社会学的三个分支中，分别是城市社会学、儿童社会学以及社会化社会学。法国的城市社会学中对儿童的研究非常少，而且年代较早，这里主要提两个，一是1959年关于儿童教育设施在城市里的分布，二是1979年（Chombart de Lauwe）做的关于6至12岁儿童在城市中的空间实践，特别是他们的居住方式研究。这两个研究时间比较早，现在情况已经发生了很大的变化。当下的法国社会学对这方面的研究仍然不多，新的研究更多是地理学上的研究，他们的工作是观察和分析儿童在城市的居住轨迹和他们占据和使用空间的能力，这需要地理学和心理学的合作。法国社会学研究中的儿童问题较多关注郊区和移民青少年，这些研究认为青少年的社会化和他们的居住轨迹有很大的关系。现有的研究认为儿童对城市空间的使用有四个特点：①封闭性，儿童的居住空间与外界的公共空间缺少联系；②公共空间的私有化，孩子们倾向于占据城市公共空间进行活动；③儿童和青少年在城市中的活动空间具有流动性；④儿童对空间的依赖性越来越强。封闭性、私有化、流动性、依赖性导致了两个结果：第一，儿童和他们所在街区的连接逐渐减弱，甚至产生某种断裂；第二，他们与其他街区的儿童互动增加了，形成更广泛的社会交往。法语学界对儿童的研究从

---

* 法国里昂第二大学社会学系教授。

2000 年开始受到重视，最早开始于两支，分别是家庭社会学和教育社会学，但这两支并不关注空间维度。儿童研究逐渐成为一个独立分支，因为儿童使用空间有其特殊性，与其他人群不一样，这是新趋势，研究的关键在于理解儿童的差异化和他们使用空间的差异化，以及关注儿童在空间中如何社会化，即儿童如何在城市空间中互动，通过居住和共同居住、使用和占据空间来与周边的群体进行连接以及完成社会化。法国社会学家认为社会化分为两个阶段：初级阶段和第二阶段。后者多针对成人，对初级阶段即儿童阶段的研究不够重视。所以我研究的重点是对儿童研究中空间维度的关注，即儿童如何利用城市空间，如何选择活动场地和居住场地，通过这些空间行为对儿童社会化的进程进行一个清晰的解释。

第二部分介绍研究的具体工作。首先是调查方法的设计。这包括田野的选择，选择何种儿童、调查方法和工具等。选择研究巴黎、伦敦和旧金山的不同街区（本次讲座主要介绍巴黎和旧金山）是有原因的：这些城市的街区通常都拥有较高的绅士化程度，而且街区中的儿童已经表现出一些特殊的问题。对每个城市的研究都会涉及两类街区，一类是中产及富裕阶层街区，另一类是平民、中低收入者居住的街区。这是为了进行两个层面的比较，即街区间的比较和城市间的比较。研究从学校入手，每个街区选择两所学校，包括一所公立学校、一所私立学校，在学校中选择不同年级的孩子，主要是 9 至 11 岁的孩子。选择该年龄段是因为，心理学家的研究显示 8 岁以上的孩子具有了一定的空间自主性；而上限为 11 岁是因为在法国孩子 12 岁时进入初中，家长为了孩子的教育，通常将家搬到更好的学校周围，孩子因而不能根据自己的意愿活动，需要跟随家庭搬迁到教育条件更好的街区。研究者首先对学校教师进行系统访谈，教师会介绍班级中孩子的基本情况以及孩子之间的关系。其次，在专门给孩子组织的工作坊中，请孩子画下他们眼中的社区地图，绘制地图没有任何的引导，表达方式也是完全自由的，目的是观察孩子如何理解街区空间。第三，对孩子进行一对一的访谈，访谈不能在教室中进行，以免孩子误认为这是课程的一部分。研究还采用了摄像技术，向孩子展示一些街区的照片，询问他们对街区、学校、生活的印象，使用街区商业店铺的照片，看他们是否熟悉街区的商业店铺，还有街区的公共空间如绿地、公园的照片，看他们是否在那里玩耍，对这些空间是否熟悉，是否在课余时间使用这些场所。研究特地拍摄了街区边界的图景，让孩子们辨认这些地点在街区内还是街区外；还用到了一些公交车站和地铁站的照片，其中有一些是位于街区外的，看孩子们是否认识。通过孩子对不同照片的辨认，观察孩子对街区的认知程度以及他们如何使用街区空间。调查者记录孩子讲述照片的顺序，他们首先选择哪张照片进行讲述，就意味着他们对那些空间更加敏感，感知度更强。对儿童的调查时长从45分钟到两个小时不等。第四，在儿童调查之后，研究小组对儿童家长也进行了调查，了解家长是如何限定孩子对空间的使用、对社会混合的态度、是否希望孩子和不同阶层的孩子交往等，通过这样的方式来了解不同家庭之间，以及同一家庭中不同孩子之间的差异。

第三部分是研究的初步结论。在绅士化街区中，孩子对街区的评价普遍是正面的，对街区的熟悉度也很高。从对街区的绘制和照片指认上，可以看出他们对街区的认知度比较高，由于他们喜爱自己的街区，所以对街区空间的使用率也较高。孩子对学校的认知度高是不奇怪的，但是他们对街区商业店铺、泳池、公园等公共设施也十分熟悉。研究还发现，孩子对街区的熟悉和使用程度与他们的家长有很大的关系。在调查过程中，有些家长常常不能识别孩子画的街区，这表明孩子已经脱离了父母的控制，孩子在城市空间的使用上具有了一定的自主性。此外，也有一些孩子对街区的认识已经超出了所在街区的物理边界，他们的社会关系已经不限于自己的街区。巴黎的学校一般在街区内，旧金山的学校往往则距离街区有一定距离，但这两座城市都出现了孩子对街区的认识超出所在街区范围的情况——街区是他们活动的重要场所，但不是唯一的场所，他们拥有更大的社交和活动范围。绅士化街区成为孩子们社会化的场所，儿童群体出现了一定的社会混合状态，而中产家庭也鼓励孩子与中低收入家庭的孩子进行交往，向孩子们灌输社会混合的价值观。这些儿童的社会化过程是非常多元的，差异性也很强。这首先是由于城市间的差异较大；第二，与孩子家庭所处的社会地位有关系；第三，街区形态也会对此产生影响；第四，与孩子自身特征有关。比如在巴黎和旧金山的研究中，很容易区分出男孩子的街区和女孩子的街区：男孩子普遍外向，他们经常出现在公园、广场等地；女孩子相对内向，更多出现在自己的住宅楼里。总之，不同阶层的孩子在社会化过程中对街区空间的使用是不同的，这与居民的社会身份以及对街区的归属感有很大的关系。但在某些空间的使用上并没有出现阶层差异，例如中产阶级家庭和中低收入家庭的孩子都去公园。还有两种特殊的情况,即低收入街区中的高收入家庭的孩子如何与这个街区中其他低收入家庭的孩子相处,以及高收入街区中的低收入家庭的孩子如何与其他高收入家庭的孩子相处。这两种情况比较复杂,除了学校,更需要考虑街区的因素。本研究的一个初步结论是,绅士化街区实际上有助于不同阶层家庭的孩子进行相互交往和社会化。因为研究还在进行中,之后会提供更深入的结论。

嘉宾对话:

黄怡(同济大学建筑与城市规划学院):

这个研究的视角非常独特,是一个关于城市绅士化和社会混合,以及儿童在城市中社会化的研究,方法很有针对性,对我们很有启发。对于儿童的研究,在法国是非常少的,在中国也是同样的,一个原因可能是因为儿童所占的人口比例较小——2013 年 0 至 14 岁人口占全世界人口的 26.3%,不同国家的比例差异很大,发展中国家的儿童人口比例高于发达国家。另一个原因可能与儿童本身的特征有关——儿童是一个被动的群体,他们没有话语权。这两个因素导致我们对儿童的关注比较少。我的学科背景是城市规划,城市规划的落脚点在城市设施的使用,比如住房、教育、医疗设施,环境的安全性也是很重要的一个方面,不同阶层的孩子所表现出的流动性不同,中产阶层家庭的孩子的活动范围更广,种族社会中孩子们的活动范围也有很大的差异。最后,关于比较研究,现在有巴黎、伦敦和旧金山三个城市,以后也许会形成一个调查网络,可以囊括上海。城市本身就存在差异性,孩子间也存在差异性,孩子的年龄跨度导致展现出的主体意志也存在很大的差异,这就需要分段地进行研究。孩子中还存在城乡差异,他们占用和使用空间的差异是很大的。还有安全的问题,在中国,从纵向时间来看,儿童的自由活动越来越受限,在中国几乎看不到单独活动的儿童。以后该如何更细致地关注儿童,为他们创造更好的社会化的环境以及社会混合的环境?

Authier(法国里昂第二大学社会学系):

在安全问题上,我非常认同您的观点,即使欧洲家庭通常有好几个孩子,我们仍非常关注孩子的安全问题。不同年龄段的孩子的行为和思考方式、社会化的过程都非常不一样,即使是在 9 至 11 岁这个年龄段内也存在这个问题，我们的研究正是抓住这些差异的划分。选择 9 至 11 岁的儿童是基于心理学的研究，8 岁以上的孩子开始有自主性，而在 11 岁以后，孩子的社会混合的特性很快下降，原因在于法国的儿童 12 岁开始进入初中，所以 9 至 11 岁是儿童自主性最高同时也是社会混合度最高的阶段。最后关于流动性的问题，我也非常同意您的观点，但是关于社会化过程我想提一个不同的意见。我必须要说，在某些情况下，来自穷人家庭的孩子的流动性比中产阶级家庭孩子的流动性更加丰富，虽然中产阶级儿童去的地方可能更远，但经常有家长陪同，而穷人家庭的孩子更自主和独立，他们所能到的地方也更多。还有一点是关于自主性，孩童的确有很多自主权上的限制，但通过我的研究，我想和大家说的是，要真正仔细地分析细节。举一个非常简单的例子，孩子上下学的路线可能是由父母带领的，但也可能上学时由父母带领、放学自己回家，或者相反。上下学可能走同一条路，也可能走不同的路，这其中有很多值得挖掘的细节。

王甫勤（同济大学社会学系）：

我非常同意黄老师说的，可以将上海纳入比较研究。不过，有一些问题可能需要注意。根据相关的人口地理统计数据，巴黎的人口相当于上海的闵行区，巴黎的面积相当于上海长宁、卢湾、黄浦和静安四个区的集合，旧金山的人口密度相当于上海的金山区，上海相当于 10 个旧金山和 250 多个巴黎，所以将来在调查操作性上会有一个很大的问题。另外，上海区域之间的差距也非常大。最后，还有一些关于研究结论的问题，总的研究结论我非常同意，但有一些细节希望进行探讨：关于儿童对城市空间的认知和熟悉度的影响因素，我认为还有以下几个因素值得考虑，第一是童年经历，0 至 8 岁的经历是否对他们利用空间产生影响？第二，在街区中居住的时间也会产生很大的影响，还有街区自身的特性，是否这些街区本身就非常有名？或者有一些必须使用到的设施？第三，在这个研究中，儿童对城市的认知是作为因变量来进行解释的，儿童对城市认知的差异会对将来产生什么影响？因为我们的研究主题是社会化，街区的差异导致了孩子社会化的差异，对他们将来的生活机遇会产生什么样的影响，不同的认知是不是导致将来发展机遇的不同，是否需要进行一个跟踪的研究？

Authier（法国里昂第二大学社会学系）：

非常感谢您的问题。首先，您的意思是中国的儿童问题更多在农村而不是城市，那就应该去农村研究儿童问题，这是非常值得的。其次，关于在伦敦、旧金山、巴黎、上海这些差异很大的城市进行比较研究是否有意义，我认为这恰巧就是我们要进行比较研究的原因，因为在不同的环境下找到相同的结果，才是研究的意义所在。现在回答您的问题，关于到底是什么结构化了孩子对街区的使用。实际上有非常多的影响因素，我非常同意您刚才提到的因素，我们在研究中也都有考虑到，并进行了相关调研，很遗憾没有在刚才的演讲中展现出来。有两个非常有趣的例子：在巴黎的街区有很多"双重居住"的情况，例如父母离异，孩子可能住在两个街区；另一个例子是，即便是在同一个街区，拥有一个孩子的家庭和拥有多个孩子的家庭在空间使用上也呈现出差异。我认为这些细节都非常值得考量。关于街区特性和设施，我想指出两点：第一点，孩子对于居所通常是没有选择权的，而在父母的选择中，学校的质量是最关键的；第二点，我们在第二期的调研中对孩子进行访谈，让孩子描述他们想象中的街区是什么样的，他们能想象出来的最美的城市是什么样的，"如果有魔法棒，你最想改变城市中的哪里、变成什么样子？"但是这部分的数据还在分析过程中，所以没有结论。最后一个问题是关于孩子的未来，我是社会学家，不是预言家，不过越对儿童进行研究，我们就越考虑长时间调研的问题。事实上，我们计划在几年之后再调查这群孩子，了解他们未来的情况，访谈中我们也设置了一个非常有趣的问题："你认为你将来会住在哪里？"

绅士化：全球自由主义时代的城市命运？

让－伊夫·欧迪尔（Jean-Yves Authier）[*]

绅士化近年来是一个热点问题，可以看作是城市中心变化的一个主要元素，同时也是一个与城市政策相关的话题——尤其是在新自由主义发展的时代。但是我们也要用多样、批判的眼光来看待城市化问题，因为城市化并不是同质的，它在有些地方并不一定与新自由主义政策有关，也并非当今城市的唯一命运，而且在某些地方会遭遇抵抗。今天的演讲分为三个部分，第一部分从 Neil Smith 的论著讲起，介绍到底什么是绅士化；第二部分我们讲讲绅士化论述提出来之后的一些后果及受到的普遍认可；在第三部分我希望以一种批判性的、差别化的眼光来看待绅士化。

引言　绅士化的含义及其概念的扩大化

绅士化概念最早由英国地理学家格拉斯（Ruth Glass）于 1963 年提出，其定义是：在城市化过程中，一些中产阶级或上流阶层的家庭搬迁到一些老的市中心街区，改造当地破旧、衰败的房屋，逐步替换原有的老城居民。该定义中有几个关键点：第一，这是指中心城区发生的变化；第二，它会带来人口的流动和变化；第三，其中伴随改造的过程。

绅士化过程会带来一些影响：比如城市结构的变化，原本以出租形式存在的房子可能会变成私有的住宅，也会引起房价上涨，原来的居民会离开街区，替换进新的社会阶层的居民，同时也会给城市形象带来很大变化。

---

* 法国里昂第二大学社会学系教授。

所以，绅士化是一个非常复杂的现象，它是物理的、经济学的、社会学的，同时也是文化上的。

随着时间的变化，尤其是在最近几年，这一含义有所扩大，表现在三方面：第一方面体现在城市政策和规划希望为市中心的老城区注入活力；第二方面体现在空间上，早期格拉斯提出的定义涉及市中心的街区，现在扩大到其他相对边远的地方以及其他用途的地块（如商业地块等）；第三方面，绅士化涉及的阶层扩大，不仅涉及中产阶级，还有其他的精英阶层，我称之为创意阶级。

绅士化含义的扩大有三个背景：第一是资本主义经济的重新规划，第二是城市之间的竞争，第三是新的地方经济发展理论的传播。在这三个背景下，城市会努力把人才吸引到它的市中心。随着新的人口进入市中心，会有一些新建建筑的活动，我们在英文中称之为"new build gentrification"。

1. 绅士化：从地方性现象到全球城市战略

（1）Neil Smith 的绅士化理论（2003）：作为全球和普遍的城市战略（绅士化）

在 30 年前绅士化刚提出的时候，它还只是一个地区的，甚至是反常的现象，但现在它已经成为现代城市化进程的一个主流现象；尤其在西方的大城市中，还会和公共或私人的、不同的城市合作伙伴产生非常大的关联。Neil Smith 主要基于对纽约的研究而提出绅士化理论。他提出了绅士化的三个阶段：第一阶段是"零散的"绅士化，从 20 世纪 50 年代中期到 70 年代，绅士化只涉及纽约的小部分街区，主要的参与者是一些艺术家和知识分子；第二个阶段是绅士化的固化阶段，从 20 世纪 70 年代末期到 80 年代末期，其特征是绅士化现象在空间上的扩大，涉及更多的街区，而且也有一些房产开发商介入其中；第三个阶段是普及阶段，从 20 世纪 90 年代之后，绅士化的空间范围更广，涉及一些非中心城区的地段，而且落实了一些整体的、经过协商的城市战略。整体的、经过协商的城市战略是指，当地各级公共决策者与一些私有的市场合作伙伴联合推出一些主要为中产及以上阶级服务的房子（包括住宅和办公、娱乐、消费的场所），通过地方政府的计划归入城市发展战略中，而这些消费场所也可以吸引其他社会阶层的人。

Neil Smith 在提出这个理论的同时也指出，这三个阶段并非普世的模型，但绅士化的普及却是一个全球化的现象。这一现象会与房产、金融和其他的社会参与者相联系。Neil Smith 还指出，绅士化的普及其实就是现在盛行的新自由主义经济在城市化方面的一种表达，当前很多城市在推动的城市计划、城市项目，其实已经扩展到整个世界范围，和国家以及地区经济紧密相连，而且这种现象也会引发市中心居民的迁移。

在其他学者的论著中也有关于绅士化的普及、与新自由主义的联系，以及推动城市更新等方面的讨论，例如德里达、萨森等。

（2）绅士化：全球城市的另一面（Saskia Sassen）

对于萨森而言，绅士化是全球城市的一个侧面，随之而来的是工人阶级的边缘化。萨森的全球城市理论认为，新经济的发展是一个全球化的现象，精英阶级在其中拥有较高的受教育程度、较好的工作；在这一进程中，富裕阶层和无产阶级的对立会加深，贫富差距会拉大，而这种差距也会体现在城市空间上——富裕街区会更加明显——绅士化正是和这一理论紧密相连的。

萨森的理论和 Neil Smith 的理论有很多相通的地方：在城市更新、新自由主义发展、城市阶层融合过程中，中产及以上的阶层会努力重新征服城市，世界范围内的城市面貌会比较一体化，商场等场所在世界各地都是一模一样的。

这就是我们在演讲之初提出的问题起点：绅士化是不是现代城市的一个共同命运？

2. 绅士化：城市更新和全球性的自由主义城市规划

（1）大量城市普遍存在的现象

绅士化现象在很多城市中都可以观察到，这与"全球城市"的概念是有紧密联系的。绅士化对纽约、伦敦、柏林等西方全球城市产生了深远的影响。法国的第三大城市里昂，虽然还不能称为全球城市，定义上更接近于"正在形成中的世界城市"，但是绅士化和城市政策依然对它产生了很深的影响。绅士化还影响到英国的圣菲尔德这样的"失落的城市"——这些城市会推出一些绅士化的政策来吸引新的人群（一般都是中产及以上阶级的人）到市中心去，为城市注入新的活力，改善城市的形象。绅士化也会对非中心的城区产生影响。巴黎周边也有街区表现出显著的城市绅士化现象。绅士化不仅发生在西方国家，巴西的圣保罗、智利的圣地亚哥，甚至上海的田子坊也是非常好的绅士化案例。

（2）自由主义的城市政策

Neil Smith 提出的绅士化理论比较集中在中心城区，是与当前自由主义经济的政策和趋势紧密相连的。从自由主义经济的角度来看，绅士化现象实际是城市政策的一个转型：从重新分配的参照转向竞争力、吸引力的参照——地方政府的政策转型为企业化的政策，设置最好的条件来吸引投资者、企业和游客。不同学者对不同城市的研究均表明了这一点。学者们认为，全球城市进程的共性是政府决策的目的和过程改变了：为了吸引更多的私人投资者，为了吸引更多的中产阶级，城市政府会对城市空间展开治理，结果会使一些普通阶层离开那个街区。所以，绅士化现象在全球都有体现，和新自由主义经济相连，会给城市面貌带来新的变化。

总结一下，Neil Smith 在他的论著中讲到两方面的内容，一方面是绅士化的普及性问题，另一方面是绅士化与城市政策和新自由主义城市更新进程紧密相连。但是我们也应该以一种批判的、多样性的眼光来解读这个理论。

3. 有差别的场景

为什么我们要以一种批判的眼光去看待绅士化呢？

首先，城市绅士化的表现形式并不是一致的，而且并不总是与自由主义城市政策（城市更新）相关。

我们以全球城市中的伦敦和柏林为例，它们的城市绅士化现象不同，而且涉及的参与者也各不相同。在英国伦敦，绅士化是一个比较大范围的现象，主要的参与者是 professional 和 manager，总是和一些金融活动相连。而柏林无论从量上还是涉及的空间范围来说，都要比伦敦更小，其绅士化主要涉及在知识界和创新界工作的文化精英阶层。

在不同的城市或者国家，绅士化有时是一个有计划的政策的产物，有时是一个自发过程的产物。法国很多街区的绅士化并非出于公共政策，而是人们自主投资街区，然后街区逐渐自然地出现绅士化的面貌。以里昂的 La Croix-Rousse 街区为例。这个地方的绅士化进程完全是由当地人自发形成的。最开始的参与者以艺术类学生为主；之后，稍微富有的人愿意到这里来投资，因为他们觉得这个街区非常有诗意，而且有商业、贸易；到了第三个阶段，因为价格上涨，更加富有的人入住这个街区。整个绅士化的进程并没有当地政府的政策参与。所以，绅士化并非一定与国家或地区的政策相关，也不一定与城市更新计划相关。

即使与城市政策相关，这些政策也是各不相同的——例如，我们是要赋予老城区活力，还是要给它建造新的建筑？法国 Roubaix 的绅士化主要是为了让市中心文化遗产的更多价值能够得到挖掘，而 Sheffield 则是通过新建筑的设计和建造来打造一个绅士化的街区。瑞士很多城市的绅士化注重新城区的打造；而南欧如西班牙、意大利的城市更新，主要着眼于赋予原有文化遗产新的价值。城市绅士化政策还可以有其他一些表征，我们以拉美的一些城市为例：墨西哥或者智利的圣地亚哥的城市绅士化政策是针对商业用途的地产，把当地的商业按照中产及以上阶级的品位标准来改造，吸引中高阶层的人到市中心来，但是这些阶层的人本身并不住在市中心，把他们吸引过来之后会带动其他一些街区的绅士化。我认为上海的田子坊就是一个商业型的绅士化过程而非住宅型的绅士化过程，因为当地虽然有居民，但是这些居民并不属于中产及以上的阶层。

这里最后还要补充一点，对于普通居民而言，绅士化的效果在各个城市也是不一样的。纽约的绅士化实际上逐渐将普通阶层的居民驱逐出市中心了，但是在圣地亚哥还有不少居民是留在原来的街区的，我所居住的里昂 La Croix-Rousse 街区也没有产生原住民大量离开的现象——因为这个地区已经被遗弃很长时间了，已经没有很多的居民了，所以这个现象就不明显。

其次，绅士化并不是所有自由主义城市的唯一出路。

巴黎只有一小部分街区经历了绅士化的进程。萨森所讨论的阶级对立现象，在巴黎完全没有出现。马赛是法国的第二大城市，但是直到今天也没有经历任何的绅士化过程。在很多城市中，多种城市化进程同时进行，而绅士化只是其中之一；我们在某些城市可以看到资产阶级化加重的现象，这与绅士化是不同的——绅士化是原来的普通阶层居民逐渐被中产及以上的阶层替换，但是这些街区本身就是资产阶级化程度非常高的，随着同一阶层的人不断聚集，其资产阶级化程度不断上升，也会给城市面貌带来进一步的变化。

第三，在世界的不同地方，存在不同形式的绅士化抵制活动。

这些抵抗运动有时候是一些公共的抵抗行为，或者当地居民与新进入者之间产生矛盾、争夺公共空间，还有移民形成的、阻碍绅士化进程的力量。

4. 总结

Neil Smith 的绅士化理论在世界范围内产生了深刻的影响，但是我们也要以批判的、差异性的眼光看待。我认为，不能把自发的绅士化进程与绅士化的公共政策分离开来。以里昂的一个街区为例。这个街区中有很多学生、中产及以上阶级的人居住，是一个传统的（格拉斯提出的）绅士化过程。街区位于罗纳河的右侧。当地政府进行了一些河岸治理，中产阶级进驻这一街区与政策并没有直接的关系，但是我们可以反过来想，河岸整治过程与他们自主进入街区可能也是有联系的——因为环境更好，中产阶级才愿意来入住。

嘉宾对话：

卓健（同济大学建筑与城市规划学院）：

以前我对绅士化有两点理解：第一点，我从前理解绅士化是一种后果，是其他目的引导下的公共行为的后果，不是行为本身的目的，而是一种副作用。例如新天地的再开发，当时的目的是改善生活，最后导致的副作用是绅士化。第二点，以前我隐约觉得绅士化过程是偏向负面的，我们经常说公共政策要"避免绅士化"。今天听了讲座之后我觉得，可以把绅士化理解为城市发展演变的一个正常过程，可以更中性地来看待这个问题。

我有三个问题想请教一下 Authier 教授。首先，能否从概念上把绅士化和城市空间的一般改善分开？绅士化的指标是什么？其次，"绅士化"的反义词是什么？有没有另外一种与绅士化相抗衡的城市发展的进程？第三，自发的绅士化和与公共政策相关的绅士化反映了绅士化中的两个要素：人群要素和城市空间要素。在自发的过程中，通常是人的重新分布导致城市空间的更新和变化；公共政策的绅士化往往通过改善城市空间来吸引高端人群。我不知道我的理解对不对。

Authier（法国里昂第二大学社会学系）：

有绅士化现象，也有其他更加资产阶级化的现象（embourgeoisement）；反之，也有贫困化现象。在欧洲城市治理过程中，确实有一些政策是从绅士化角度出发的。您说到了规划的绅士化和自发的绅士化涉及人群、空间两个要素，这是很有道理的。但是规划的绅士化对空间的治理并不一定能吸引它所希望吸引的人群。例如，墨西哥中心城区推出了很多绅士化的城市规划，希望吸引更多中产阶级入住市中心，但是中产阶级始终不愿意入住。

绅士化并不都是负面的，尤其是自发型的绅士化。在这类绅士化过程中，我们经常会看到不同的社会阶层共存。有学者专门做了研究，对成年人来说，他们即使住在同一个街区，相互的交流也是很少的；但是在孩子当中却不是这样，不同阶层的孩子之间会产生交流——这是一个比较特殊的现象。

章超（同济大学社会学系）：

关于两种类型的绅士化，在上海也有类似的案例。比如田子坊早期是一种自下而上的绅士化，苏州河早期的整治、棚户区拆迁之后变成中远两湾城这样的高端社区，跟您所说的里昂的案例非常相似。上海的绅士化与西方有很多不同的特点。首先，在上海，通过新建住宅的方式实现城市空间变迁、阶层替代的绅士化方式比较常见，而不是通过重新利用旧城区的房子实现绅士化。其次，上海市政府在绅士化过程中扮演的角色特别重要，在 20 世纪 90 年代末开始实施土地批租政策，并进行了房地产市场货币化改革。第三，法租界、田子坊一带的旧式建筑的产权非常复杂，很多是公房，老百姓向房管局交纳比较低的房租获得居住权，居住史也有非常复杂的变更，在绅士化过程中有一些比较难处理的情况。

我现在与社会学系几位老师在共同关注上海旧城更新过程中新迁入里弄建筑的群体，我们希望探索新迁入居民（包括外国人、中高收入职业阶层，不包括外来务工人员）为什么要迁入这些地方（如湖南路、高安路、衡山路等），他们的居住体验如何，他们的入住给街区带来哪些影响，他们与原住民有没有社会交往，邻里关系如何等。我认为如果城市绅士化过度、过于被推广是比较危险的。因为在城市中，我们不需要每个地方都有很时髦的商店，因为大多数老百姓的生活都是平凡的，过度绅士化，或者过度商业化是与日常相脱离的，会带来住房、交通等很多问题。现在有旅游绅士化，越来越多人不去同里、丽江、凤凰，因为觉得那些地方都差不多，所以旅游绅士化也会陷入一个死循环，因而是比较危险的。

最后我问教授两个问题。第一，法国社会学界对绅士化，有什么不一样的态度？社会学、经济地理、城市规划等学科之间对绅士化的态度有没有不同之处？第二，伴随着商业化的绅士化，是否难以避免过度商业化的趋势？政府是否有可能有策略去限制发生在绅士化过程中的过度商业化？

Authier（法国里昂第二大学社会学系）：

西方的阶层问题也带来了很多困难。中产阶级内部的消费结构有很大差异，平民阶层也是各不相同的。我觉得通过新建建筑来完成绅士化并不是上海的特性，其实很多国家、很多城市也是通过新建建筑来完成绅士化的。不知道是不是中国的中产阶级和西方的中产阶级在消费品位方面有所不同。我觉得田子坊非常契合西方中产阶级的美学品味特征，如果是在西方，那里居住的人大概全部都变成中产阶级了。不同国家的社会学家对绅士化的见解各不相同。绅士化在法国刚兴起的时候并没有受到很多负面批评，但是在德国很快就受到了社会学家的批判。这是绅士化在不同国家的不同历史进程所造成的。现在在法国也有一些学者在批判绅士化了。我同意绅士化有很多的负面影响，但是我觉得绅士化还是一种可以促进社会交流的方式，这在当今各个阶层相互隔绝的背景下是一个难得的社会交流空间。关于公共政策与绅士化和商业化的关系，绅士化可以仅仅是居住绅士化或者仅仅是商业绅士化，并不一定两个都会涉及；政策可能会有两类——鼓励绅士化发展或者阻碍绅士化发展，而且绅士化也可能是居住型的或者商业型的，二乘二之后，情况已经变得更加复杂了。而且政策是鼓励还是限制，不同国家有差异。例如在法国，政府对商业地产很少有引导或限制性政策，除非是针对酒吧，因为需要酒精许可证，所以政府会有相关政策，对于其他的商业，政府几乎不会有政策引导。

听众对话：

张俊（同济大学社会学系）：

听了您的讲座很有启发，绅士化是城市更新过程中的一种现象，芝加哥学派在很早以前就讲过生态过程，概括了城市更新的一个机制（城市空间变化包括集中与分散、浓缩与离散、侵入与接替等生态过程）。在绅士化过程中必然就会有中低收入阶层的迁出。我们很想知道基于自由市场的绅士化更替机制是怎样的，在法国有没有这类例子？

Authier（法国里昂第二大学社会学系）：

有。法国的自发绅士化多于规划绅士化。

李晴（同济大学建筑与城市规划学院）：

我跟卓老师的观点相似。原来都是把绅士化作为负面的词，现在感觉有一点给它"正名"了。这样以后我们在实践中胆子会更大一些。刚才通过卓老师的提问，我们看到"绅士化"的反义词就是"贫困化"，在当今自由主义经济全球化的背景下，要么就是往前走，要么就是往后走，所以要么是绅士化，要么是贫困化，这个道路好像已经被指明了。我们绅士化的一个重要影响因素就是产权，所以更新方式会有很大差异。当前中国——包括上海——强调跟国际接轨快速发展，在追求效率的同时，也在追求公平、公正，而不是完全把穷人甩开。例如在顾村，人们做了大量工作以便从物质空间和社会空间方面支撑迁到郊区的居民。我的第一个问题是，您前面讲到马赛没有空间绅士化，我不知道它跟全球化的关系是什么，为什么没有受到全球化的冲击？是否它处于全球化的低谷？第二个问题，如何实现一种均衡的公共政策，兼顾穷人和富人，尤其是中产？经济发展总的导向肯定是城市要使越来越多的人变成中产。为了把负面影响减到最低，其他国家是怎么做的？

Authier（法国里昂第二大学社会学系）：

先讲一下马赛。它没有绅士化，简单来说是因为穷，没有足够的中产阶级。绅士化是需要城市有一定数量的中产阶级的。马赛中产阶级比率较低，属于一个平民的城市，所以绅士化进程比较困难。它与全球经济联系比较弱，因为历史的原因，在经济上主要与北非（如突尼斯）的一些城市往来更多。您讲到让中产阶级变得更多的问题，这取决于如何定义中产阶级。有些人自认为是中产阶级，但在学术定义上却不一定是。在法国有65%的人认为自己是中产阶级，但是真的有这么高的比例吗？最后我想再重申一下我的立场。首先我本人并不是一个规划的绅士化政策的支持者，我对其主要持否定态度；但我觉得自发的绅士化是一个非常好的社会现象，因为它可以带来新的社会融合。

法国的大型居住社区：从新城神话到城市更新

让－伊夫·欧迪尔（Jean-Yves Authier）[*]

引 言

"大型居住社区"（下文简称"大居"）在法语中是一个专有名词，很难在法律上对大居进行严格的定义，但一般认为大居具有五个特点：

①街区肌理与传统城市有明显差别；②建筑形态上多为多层连排或塔式高层住宅；③从规模上一般超过 2500 户居民；④性质属于国家出资建造的社会住房；⑤大居包括住宅和周边完整的公共服务设施，是一个完整的居住单元。综上，大居可以这样定义：它是一种集合住宅，具有独特的城市形态，外观呈现为多层或高层塔楼，是现代主义建筑的一种实践，是深受《雅典宪章》影响的一种居住区。大居一般处于城市郊区，至少在城市边缘地区。法国的大城市，如巴黎、里昂、马赛的边缘地区都有。

1. 大居源头：新城神话

法国第一个大型居住社区建于 1935 年，位于法国东部工业城市 Muette，是为企业建造的职工宿舍。大居的大规模建造始于 1958 年《城市优先发展区》政策颁布之后，受到 1963 年新法律影响（规定禁止建造超过 500 户的集合住宅），20 世纪 70 年代以后的大居建造逐渐减少。20 世纪 50 年代到70 年代集中建造大居有四方面的原因：

①满足大众对住房的迫切需求。直到 20 世纪 50 年代，法国的城市住宅

* 法国里昂第二大学社会学系教授。

中有四分之一没有卫生间、三分之一没有自来水、五分之四没有浴室，300
万居民处于住房拥挤的状态。建造大居是为了满足大众对住房数量和质量
的迫切要求。②防止城市大规模蔓延。50 年代之前法国的新增城市住宅主
要以郊区别墅为主，这类住宅对城市土地的消耗非常大。③安置不同类型、
缺少住房的居民。选择大居的居民主要有三种类型：第一类是城市中心区
住房拥挤的居民，第二类是从农村涌向城市的农民，第三类是法国特有的，
即海外殖民地独立之后的移民。④与 50 年代以来的新城政策相关。

20 世纪 50 年代末到 70 年代初，法国建造了大约 600 万套大居住宅，
其中 80% 由国家投资建设。在那个时代，大居的社会形象是相当正面的，
"舒适"和"现代"是大众的普遍印象，大居代表了一种现代化的生活。此
外，大居的初期居民中既有工人和移民，也有中产阶级，这与"不同阶级
居住在不同街区"的传统格局截然不同，可以说大居既是一种空间理想，
也是一种社会理想。当时不少社会学家对大居的评价是非常积极的，例如
P. - H. Chombart de Lauwe 认为大居有利于在空间上消除社会阶层差异，
H. Lefebvre 也相信大居为人们创造了新的社会空间、提供了新的自由。但
是，后来的事实证明，大居的美好愿望并没有实现。

2. 空间临近与社会距离：大居及其人口聚集——一篇预言性文章

《空间临近与社会距离：大居及其人口聚集》这篇戳破新城神话的预言
性文章发表于 1970 年 *Revue Française de Sociologie* 杂志上，由两位法国社会
学学者 Jean-Claude Chamboredon 和 Madeleine Lemaire 共同撰写。文章的核心
观点是：通过大居希望缩短空间距离来消除阶层差异的理想是不可能实现
的，因为大居居民在职业生涯和居住轨迹方面的差异造成了共同生活的紧
张和冲突。大居并未成为一个魔盒，反而成为一个制造新的差异化的场所。
大居接下来 30 年的发展完全印证了这篇文章的预测：经济条件稍好的中产
逐渐离去，更加贫困的阶层补充进来。20 世纪 70 年代以后大居在社会环境
和空间环境两方面出现了恶化。90 年代以来的调查显示，大居居民的失业
率和低文凭者比例越来越高，公众对大居的评价也逐渐趋于负面。

3. 大居：法国新的贫民窟

有些法国社会学家毫不客气指出，90 年代以后的大居是法国城市新的
贫民窟。Didier Lapeyronnie 和 Eric Macé 都分别写过相关论著，他们认为当
时的法国大居实际上与美国贫民窟是同样性质的。但也有些社会学家持相

反意见，例如 Loîc Wacquant，他借用芝加哥学派 Louis Wirth 的研究，指出美国贫民窟有三个特征：①文化单一，②居民构成多元，③与城市相对割裂。而法国的大居情况与之不同。法国大居居民单一，但文化多元；除了职业和收入，法国还有少数民族问题；大居虽然呈现一种封闭状态，但这种封闭是有层次的，即对外部相对封闭，但内部流动性强；与美式贫民窟相比，大居与城市还是存在一定的联系。此外，大居还出现了一种新的特征：即对于低收入者来说，大居在某种程度上也是他们社会生活的一种资源。

4. 城市更新的国家政策

法国政界的很多人将大居与美国贫民窟联系起来，媒体报道中也经常出现。从 20 世纪 80 年代末到 2000 年，中央和地方政府也通过各种手段对大居进行改造，其中比较重要的两个政策是 1989 年的《郊区计划》和 1997 年的《城市敏感区》。

2003 年的城市更新政策中，政府提出要打破大居格局。这一政策计划在未来的几年中彻底改变包括大居在内的 500 个问题街区的空间形态和居住方式。这一政策有两个目标：①住宅供给多样化，增加街区中的中产和高收入住房比例，达到社会混合的目的；②重塑地方性，彻底改变公众对这些问题街区的负面印象。为了达到上述目标，政府采取的具体措施包括：①拆除 20 世纪 50 年代到 60 年代建造的、较差的高层塔楼；②在拆除后的原址上建小体量住宅；③对达不到拆除标准的老旧住宅进行改造。通过这一轮的更新行动，全法拆除了 25 万套大居住宅，新建了 25 万套小体量住宅，改造了 40 万套，有大约 400 万居民的住房得到更新。到 2013 年，拆除和新建各 140 万套，改造 300 万套住宅。全法国 20% 的社会住宅都在这次更新中得到了改善。

5. 这一轮城市更新计划的社会效果

以里昂的 Minguettes 街区为例，这一街区在 1970 年建造了全法知名的大居，有两万居民。2000 年里昂市政府开始着手对其进行改造，十几年的更新行动（拆除一部分旧房，新建小体量的新房）并没有解决居民贫困化的现象，居民的社会属性也没有发生变化，社会混合的理想并没有实现。调查显示，住房重建之后，50% 的原住民还是选择住在改造后的大居里（住房形式变化，但没有离开大居），40% 的原住民搬到街区所在的镇上，只有相对年轻、职业相对稳定、收入相对较高的少数居民迁出，补充进来的又是周边相对贫困的居民。实际上，改造在一定程度上加剧了贫困人口的聚集，而这些动迁安置行为完全是居民自己的选择，不是政府的规定。这些居民选择回到原来的大居是因为他们对自己街区的归属感非常强。

因此，条件好的年轻人搬离了大居，而留下的居民都是没有条件离开的。新建的中产和高收入住房的售卖情况非常差，我认为是由于这一地区的负面印象迟迟没有消除。实际的更新后果是：①低收入人群中出现新的社会分化，加深了社会阶层分化；②贫困人口在空间上更加聚集；③处于改善住房条件的新设计却造成了邻里关系的紧张。比如设计师在新的房型设计中布置了美式开放厨房，但在不同饮食习惯的居民之间制造了新的紧张。

没有进行调整。居民在空间上仍是临近的，极少有中高收入居民进入改造后的大居，社会混合的愿望并没有实现。相反，大居内部又形成新的社会分化，居民的就业、子女教育等问题也未能得到充分考虑。以"新城神话"、"和谐社会"为目标的大居理想并没有实现。

嘉宾对话：

孙明（同济大学社会学系）：

我这里有几个问题想请教 Authier 教授。第一，很多实证研究表明，人都是同质聚居的，一个居住区内部人口异质性越强，越会削弱其社区凝聚力、归属感等，带来一系列分歧和冲突。这是否意味着，居住区内部邻里层次的社会混合既是不现实的，效果也是不好的。那么，社区层次的混合，即小（邻里）同质、大（社区）混合是否更好？Authier 教授的介绍中还涉及一个穿插方向的问题，将小体量的中产、富人小区穿插在大居中效果不太好，因为中产很少会进入大居；那么在法国有没有相反做法的成功案例，即将一些小体量的社会住房或者贫困人口小区穿插到中产阶层的社区？第二，Authier 教授提到，大居内部是有流动性的，那这个流动性是居住的流动性、还是社会流动、还是指大居与城市之间（通过就业形成）的联系？第三，虽然最后的改造并未实现理想的社区，但是刚才您提到了法国的大居对底层居民而言也是一种资源，这个"资源"具体的意涵是什么？是否像《落脚城市》里所说的"作为一个跳板"，或者一种过渡性的居住场所，让他有一个安身立命之所、然后实现向上的社会流动？

Authier（法国里昂第二大学社会学系）：

第一个问题是关于社会混合尺度和方向的问题。在 2003 年的法国政策文件中是以街区为混合尺度。里昂边上这个街区的混合尺度与上海顾村馨家园的街坊差不多。因为中产不去大居，所以大居内部居民的异质性是有一定限度的。我们谈的社会混合一直是在大居尺度下谈的，实际上是固定在一个低收入群体中谈，从整个城市尺度来看，社会混合并没有实现。关于混合的方向，法国存在把平民阶层放入富人区和把中产放入低收入街区的双向混合。目前来讲，把富人穿插到条件不好的住宅区的情况见多。把低收入人群安置到高级社区是一种理想，但是从法国城市的现实来看，这对低收入者而言也是痛苦的，因为富人区生活成本很高，周围没有适用于他们的公共设施，他们很难在这里生存，所以难以实现真正的融合。

第二个问题，大居内部的流动性并不是指社会流动，也不是居住流动，而是日常生活的流动性。大居居民并非像贫民窟居民那样活动限于街区内部，他们实际上会到城市的各个地方活动，生活圈相当广。比如我们在调查中发现，大居青少年的流动性甚至大于富人街区的青少年。

第三个问题，大居对于其中的低收入居民是一种资源，体现在①团结，居民间有一种团结力量，在价值观上相互认同；②生活中互助；③大众文化。以上三点构成了大居的"资源"。法国有很多关于这方面的研究，例如 Stephane Beaud 对工人街区的研究表明，这些街区的一些青少年因为没有通过考试、没有好的文凭，很难在城市中找到好的职业，但可以在街区内部找到工作、为社区居民服务。

孙明（同济大学社会学系）：我想再追问一下，能否进一步说明一下大居的文化共同性？

Authier（法国里昂第二大学社会学系）：

第一，街区人际关系可以体现出大居的大众文化；第二，大众文化体现在居民的空间实践中，比如居民喜欢在街上、面包店聊天，其方式具有独特性；第三，对街区内部青少年找工作有帮助，大居街区的居民喜欢雇用在本地长大的孩子；第四，从更大范围为来看，饮食习惯、消费习惯都是街区大众文化的一部分。

侯丽（同济大学建筑与城市规划学院）：

教授的演讲很有启发性，但是也让我觉得很沮丧。可以说，它彻底否定了我们这个专业存在的基础——它认为环境不能决定社会行为，空间不能影响人，似乎把同样收入的人放在一起不能促进相互交往，把不同收入的人放在一起也不能促进相互交往，那么是否存在一种能够让社会更接近理想状态——例如平等、尊重、和谐——的空间策略？城市占社会的比例越来越大，其重要性在不断提升，这说明空间的接近和人群的聚集还是有其积极意义的，我们如何能发现其中的秘密？我认为干预总比不干预要好，例如南美的最底层低收入人群，他们并没有因为不受干预而过得更好。刚才教授讲到的教育、就业是一个方向，但是在上海的小学的案例中也会发现，虽然我们已经向民工子弟开放，但是又出现了新的分化，因为本地家长会想尽办法把自己的孩子从有民工子弟的学校转走。当我们可以自由选择的时候，教育仍然会形成区分。上海的大型保障房是不对民工和外来人口开放的，它仍然针对的是本地低收入人群，尤其是动迁户，而他们并非社会最底层的人群。民工和外来人口聚集于虹镇老街这样的"城中村"、也就是上海的传统肌理中。

Authier（法国里昂第二大学社会学系）：

很抱歉今天让在座的规划师们难过了。我今天主要对社会学家的工作进行了整理，提到大居在社会融合方面的失败。但这不是否定规划师在提升住房条件方面的贡献，比如自来水、电等现代化的居住设备。而且，大居涉及的问题很广，跟整个社会背景有关，责任不全在规划师。但是在操作层面要请规划师注意，不要认为我们创造的空间就是居民所需要的，使用者具有主动性。规划师不介入，像巴西贫民窟那样也有负面效果，介入似乎也效果甚微、甚至有些负面效果。面对这两种情况，社会学家不一定是最好的回答者，但还是要试着回答。我个人觉得规划师还是可以介入，但要采用警惕介入的方式，要考虑政治、社会的因素，例如不同阶层在生活习惯和居住方式方面的差异。此外，不平等现象不仅体现在社会阶层分化和居住分异方面，还体现在教育资源方面。在法国也是一样，中产和中低收入阶层的孩子都是在不同学校就学的，特别是在小学（孩子 11、12 岁）以后，家长开始主动选择更好的学校，避开不良的环境。这涉及一个根本性的问题，即当代社会中人与人之间的关系是怎样的？大家对多元文化是越来越开放了吗？这个问题涉及哲学和伦理，没有办法仅从社会学的角度进行回答。虽然今天讲的是大居，但并不意味着大居之外没有贫困人口。法国很多城市中心是有贫困人口的，甚至有些没有固定居所的流浪人口分散在市中心。

李晴（同济大学建筑与城市规划学院）：

三个问题，第一，能否介绍一下法国大居居民的失业率情况？第二，法国与德国在郊区大居问题方面的对比。第三，大居内部居民既存在分异，也有共同的文化，两者之间如何平衡？

Authier（法国里昂第二大学社会学系）：

现有调查表明，大居所在的街区中年轻人的失业率要比周边街区高很多，这是今天大居客观存在的问题。德国的经济总体上比法国好，德国总体失业率比法国低，郊区失业率法国远远高于德国。同时，德法差异还有历史和政治制度方面的原因。郊区问题一直是法国学者关注的重点，在法国的城市历史研究中很重要。这个涉及共和国的理念，也包括政治家如何介入。法国中央政府有很大权力，一直强力介入郊区问题；而 20 世纪 50 年代到 70 年代法国郊区问题之所以特别严重，是因为海外殖民地移民的大量回归，法国至今也不能很好地处理这些移民融入社会的问题。所以大居也是法国外交和移民问题的一个片段。关于大居内的多元文化、大众文化与冲突之间的关系，没有统计表示这里的关系有多少是和谐的有多少是不和谐的。我认为这两种关系是共存的，而且是在变化的。

听众：

教授刚才讲到，空间的邻近并不能解决居民间的社会融合问题，国家的城市更新政策也没有实现社会混合。教授关注的政策实际是街区尺度的，据我了解，法国在 2000 年的时候还有一个《社会团结与城市更新法》（SRU），这是否是一种从更大尺度实现社会混合的方式？我们读到的文献很多是规划方面的，认为这一目标在一定程度上实现了。我想听听社会学家对 SRU 法案的看法，这一法案是否实现了社会混合？还是造成了另一种隔离？

Authier（法国里昂第二大学社会学系）：

感谢你提醒了我 SRU 法案。这一法案是在市镇尺度上对社会混合进行了规定。但是该政策并没有得到很好的实施，因为那些不愿意实现混合的人可以想办法绕过这一政策——例如富人区可以通过补交罚款逃避实行该法案。在谈社会混合的时候，要区分两种混合，第一种是社会构成的混合，即人群的混合，即低收入者和高收入者占多少比例；第二种是社会关系的混合，这是真正的混合。现在是第一种混合做到了，第二种混合还没做到。

"发展权"转移下的空间金融化

——台北版的都市更新

杨友仁 *

引 言

TDR（transferable development right，发展权转移）是一种非货币补偿或者非货币诱因（non-financial compensation/incentive）的规划工具，最早产生在美国，目的是解决城市历史建筑的保护问题，即透过市场的方式进行历史遗产的保存治理。台湾则在财源缺乏的情况下，将 TDR 运用于公共设施用地的取得上，并在 2006 年之后开始采用容积奖励的办法大力推动城市更新。

台湾采用发展权移转和容积奖励（TDR bonus）作为都市规划系统的杠杆，以促进房地产投资和解决累积的城市问题，TDR 也是台湾非常重要的历史保存手段。自 1997 年建制以来，TDR 在台湾一直扩张，乃至于 2013 年之后各市设定容积银行，如大台中市整个行政范围内就建立了容积银行，而且扩大使用 TDR（发展权转移）。TDR 慢慢变成不只是一种非货币补偿，而是变成地方政府新的财政手段。

研究问题

（1）在台湾城市规划体制中，如何理解所谓"发展权转移土地（如私有历史建筑、私有公共设施保留地、老树所在农地）"（TDR land）的"地租"？

（2）容积治理作为过去文化资产保存的手段，如何被整合成为台湾都

---

* 杨友仁，台湾东海大学社会学系副教授。

市更新的重要一环？建立在发展权转移和容积奖励上的都市更新机制（以下简称"都更"），如何驱使地主把自己的房子当作纯粹的金融资产（pure financial asset）？这样的都市更新产生了什么样的社会空间冲突？

（3）如何理解2010年之后台湾的容积银行？与美国的发展权转移银行（TDR bank）或印度的公共设施融资工具是否相似？

1. TDR（发展权转移）的含义

TDR可以理解成一种虚拟资本（fictitious capital），类似于一种股票、债券的人为金融商品，这个系统具有不断自我增值、不断自我运作和扩张的趋势，类似衍生性金融商品的扩张趋势。TDR可以理解为一种阶级垄断地租（class-monopoly rent），价值来自人为的稀少性，因为容积总量管制，产生容积移转的机会，是在人为垄断的情况下产生的。戴维·哈维的阶级垄断地租概念强调"空间"的重要性，透过阶级力量形塑某种资源的稀缺，并透过金融手段，创造乘数效应。

2. 台湾TDR的治理进程

（1）1993年，台北是台湾第一个实施全市容积率总量管制的地方。TDR最早是为了保留台北的一个重要历史街区——迪化街，才研究出整套容积率总量管制的办法。

（2）1999年，台湾所有的都市计划区都实施容积率总量管制。

（3）1999~2002年，TDR被政府用于公共设施保留地的取得。

（4）1999~2003年，政府用容积奖励的方法促进城市更新，解决台湾"921地震"灾后重建危机。

（5）2005年左右，可以使用TDR的地区范围逐渐扩大，扩大到全都市规划范围都可以用。

（6）2006年，台北版都市更新模式出现，台湾制定都市更新容积奖励制度，之后逐渐形成容积奖励浮滥。

（7）2013年之后，台北市等政府设立所谓的容积银行。

（8）2015年，设定新的容积率上限，一个地方的容积奖励最高不能超过原本基准容积率的1.5倍。

3. 容移地：衍生的金融资产

2000年之后，公共设施保留地可以作为发展权移转的土地，进而出现了发展权交易市场，可以买卖容积，有专门的中介公司，买卖交换别的地方的发展权，这就是台湾出现的容移地。2005 年后台湾的容移地可移入同一都市计划区全部范围，也可移入同一都市计划区特定范围，可移入的范围逐渐被放宽，由中介来协调容移地主与开发商的交易。2014 年，全台有超过 13000 位容积中介。容移地交易存在着市场失灵与投机倾向，类似期货，可以低买高卖，也可能被套牢，而且价格常受房地产市场与都市规划政策影响，波动很大，透过都市更新可实现价值、产生了所谓的乘数效应。

4. 郝龙斌市府的"台北版都更（2006－2014）"

郝龙斌市府的都市更新以容积治理体系为核心，加码都市更新容积奖励，搭配简政放权之行政审批程序、公权力介入权利变换，加快推动都市更新脚步，在时间上试图由过去的 7 年缩短为 3 年，并且搭配着其他政策。例如，为美化"花博"期间市容，郝龙斌市府发布公告《台北好好看》系列，对于老旧闲置建物之业主，如申请办理基地腾空绿美化，于绿美化完工后 18 个月，可改建申请最高 10% 的容积奖励，其后出现了 74 处绿美化基地。这个计划因绿地只维持 18 个月，之后就变成了建筑工地，被称为"假公园计划"。

5. 台湾都更体制的特点

（1）浮动式自定范围　建筑商与地主皆可自提都更单元，其范围不需要在都市计划所划定的更新地区，而是全市皆可。

（2）小面积更新单元　更新单元（如士林文林苑）指的是权利变换范围，台北市更新计划范围只要超过 2000 平方公尺，就可提出都更。因为面积过小，改善外部环境的公共效益有限。

（3）容积奖励提高投资诱因　提高了都更单元的潜在地租（potential-ground rent），此租隙是体制安排下，建筑商主动去标定运作的，并非建筑自然老旧以致建筑物贬值、让居民希望改善环境而加入都更。

（4）从民间"协议合建"到公权力介入的"权利变换"　在实施上有两种方式，一是过去民间常见的"协议合建"分屋，属于建筑商与业主间的私契，另一种则是新导入公部门力量的"权利变换"分配。前者需业主百分之百的同意，后者同意门槛较低。后者由建筑商委托三家估价公司估价，计算更新前各业主、权利人之权利价值的相对比例，以及建筑商出资成本（共同负担），提出"透明而公开"的"价格"，依各自贡献比例，作为分配更新后房地权利的依据。这套体制具有公法保障，享有租税奖励；台北市政府制定法规，可对 15 户以下不同意户强制拆屋。

（5）建筑商主导的圈地　在小面积单元、浮动自订范围下，依规定只要取得超过十分之一的地主同意，实施者即可提出"确定范围"的都市更新事业概要。建筑商可结合若干地主、地方头人操作，重划都更范围以达到事业计书同意门槛，在与住户互动过程中，建筑商乃至中介等，掌握绝对资讯、筹码与主动重划单元的发球权。

（6）都更权变计划同意比例不需百分之百　基于所谓"多数决"原则，关乎建筑规划与实质权益的更新事业计划与权利变换计划，依规定不须得到都更范围内所有业主同意。实施者只要取得人数超过 2/3、面积超过 3/4 的地主同意书，即可申请核定计划，进行权利变换。

（7）民众参与被忽视　利害关系人表达意见、主张权利的公众机制缺乏，虽然《都市更新条例》规定至少须举办三场公听会，然前两场都是"私办"，只有第三场在事业计划拟定、送主管机关审议核定前，需由政府举办公展及公听会。

（8）不愿参与的原住户，被剥夺原地居住权　对于不同意都更权变的住户，以"不承担开发之风险"为由，规定实施权利变换后，建筑商发予不同意户被估算为更新前权利价值的"现金补偿"，之后便可强制将其宗地范围上的权利交给实施者进行开发。

（9）强拆条款介入　都更事业、权变计划核定后，政府可强拆不同意户。

注意：与日本的"等价交换"精神不同，日本是居民主导的。中国台湾的业主与建筑商间的关系，接近强制性合伙开发，而且没有土地所有权，就没有进场权利。

6. 台湾都更体制执行结果

（1）房价飙涨的 2010 年，台北市推出中古屋容积奖励，"行政院"核定"都市更新产业行动计书"，台北市平均房价从 2010 年第三季的每坪 41 万，至 2011 年第一季已升高为 58 万，旧公寓市场行情亦由每坪 39 万余元，升高至 43 万余元。

（2）地产利益至上的都更实施范围　都更单元多落于精华区段（如大安），屋龄不过 30 年，而非需要改善环境、公共设施缺乏的老社区（如万华、大同）。

（3）圈地运动、浮动多数决、"钉子户"都更体系将公共利益界定为

"多数决",建筑商可先在一小范围内得到100%的地主同意,再向外圈扩充,把其他区段土地吃下来。就算某地主不同意,也会被隔壁建筑商说服的同意户比例稀释掉,分母可被操作,使不同意比例下降到低于都更权变门槛。引起争议之不同意户,是制度设计安排下的"少数人",他们容易被塑造成贪得无厌的"钉子户",是为了钱谈不拢,而不愿参加都市更新。

(4)土地产权持有人发展出股东心性(share-holder mentality),家园金融化、社区关系紧张。

(5)公有地私有化、产权重整。

7. 容积移转与容积奖励的浮滥

(1)蓝绿两党领导人都将都更提升到"产业政策"议程,它们在媒体与政治市场上深受欢迎,具体成为"产业政策"中的"十大重点服务业"。

(2)利用容积金融化与其他金融工具结合推动都更,如不动产融资(trust loan)、证券化(securitization),受益权(beneficiary agreement)等等,并且开放寿险业、邮政基金投资、加大投资力度"倒逼"都市更新。

(3)政府不断增设各种奖励方式,使得容积奖励过于泛滥,超出主管机关的管控能力,2010年11月"监察院"就此对"内政部"提出纠正案。

8. 社区冲突:文林苑

2012年3月28日士林文林苑都更案强拆王家,引爆社会运动对此都更体制的强烈抵制。士林王家业主刚完成修缮整建,不愿意参加都更权变,要求将其划出更新单元。社会运动对强拆"违宪"的要求,亦引起关于普遍权利的争论,在冲突爆发前,法律界、学界、立法部门发动联署,主张都更条例"违宪",申请"大法官释宪"。拆除王家一年之后,大法官会议做出第709号解释,宣告都市更新条例部分条文"违宪",主要理由是:"与宪法要求之正当程序不符",要求"内政部"进行修法。"违宪"理由包括:①主管机关"核准都更事业概要"的程序规定,未明定应设置委员会等适当组织审议,没有让利害关系人有知悉相关信息及陈述意见的机会;②只要得到都更权利人及面积超过十分之一的比率支持,就可申请核准都市更新概要,法定同意比率太低;③拟定都更计划或变更后送审的程序,未要求主管机关将相关信息分别送达相关土地所有权人;④未规定应举办听证会,也未规定需将采纳与否理由核定后,送达当事人和关系人。

新的都市运动形式:很多不同意的业主卷进都市更新,慢慢地累积成冲突的力量。郝龙斌拆迁时组成了"都市更新受害者协会",这个都市更新受害者协会很多是个别小业主和一些"无壳蜗牛",以及文青愤青组成的新的都市运动。形成结盟,变成新的都市运动。都市运动提出了一个口号"今天是王家,明天是你家"。也就是说,每个人家都有可能会变成王家,只要是在都市计划区都可能被圈地。新的都市运动也形成了新一轮的家园政治。

9. 都更制度下历史建筑文化资产的投机:文萌楼案例

文萌楼原来是公娼馆,陈水扁废除性产业之后废止。此楼是私人产权,于 2001 年被圈进都市更新计划,但是后来作为古迹保留下来,在旁边盖楼。

文萌楼 TDR:把地上土地小块面积拍卖修缮变成公共设施,得到容积奖励,加上容积奖励与建筑商盖楼。公共设施捐赠给政府,政府会给予(容积)奖励。

10. 容积银行

由于民间发展权交易市场太乱,台北市等政府收回管控发展权转移,进而设立了容积银行。每个地方对容积银行的态度不一样,在台北市要申请容积奖励只能一半是在 TDR 交易市场买公共设施保留地,另外一半是与政府买,三年之后就不得进行公共设施保留地(如道路用地)发展权转移,台北市采取这样的做法后,整个容移道路地价格大跌,地主、从业人员等利害关系人上街抗议。之后台北市议会在审预算时,有议员主张不再编公共设施征收的预算,而是全部都用卖发展权,拿到容积代金。到底能不能这样买空卖空,它说你这个 TDR 发展是空的东西,没有连着土地,它到底是一个物权呢,还是一个债权,它变成一个可以买卖的东西,地方政府这样卖到底合不合法,存在一些争议。之后 TDR 会变成怎么样,还有待观察。

嘉宾对话:

潘天舒(复旦大学社会发展与公共政策学院教授):

我可能先问一些完全无关的。这样的一种做法和都市社会学家一直反对的新自由主义主导下的做法有什么区别?这个 TDR 做得好的话,是不是与英国撒切尔政府退出完全市场化有所区别?

杨友仁(台湾东海大学社会学系副教授):

我的理解方式是,用博兰尼的概念来说,即是双向运动(double movement）中的市场化，把土地这种本来不是商品的"虚拟商品"，变成真正的商品。一开始是 TDR 有一个好的 intention，最开始采用发展权转移并不是完全不好，政府没有文化资产保存资金，但不能眼睁睁看着老街被拆掉，所以采用这种制度操作。刚开始这样做的立意是好的，只是后来完全失控，全部丢到市场上去，过度商品化，变成一种纯粹的虚拟资本、投资的对象。而它是不是某种新自由主义？新自由主义这个概念比较混乱，我不太倾向于使用它，的确这个制度某种程度上是在忽悠人，它有一个很好听的口号，促进都市更新，促进现代化，背后是有一个现代性的东西在，而且是非常整齐的那种现代性，产权很明确，而且彼此的市场交换和价格非常经济理性，也给老百姓特别是有土地的业主非常大的福利，但是它的代价是用具有公共财政意义的容积来补贴它，补贴这些地主，你可以直接一坪换一坪，鼓励利用自己的房子去赚钱。我选择用金融化来加以概念化，当然也可以说它的确是一种新自由主义模式没有错，政府并不是完全不干预，政府是积极给予容积奖励，用具有公共利益的都市建设说法包装，但其实是在补贴这些财主。我觉得用"金融化"（financialization）比较适切，新自由主义是比较 fuzzy 的概念。

周俭（同济大学建筑与城市规划学院教授）：

杨教授今天所说的话题也是我们做规划的一直在讨论的，中国大陆的很多专家在保护历史街区古迹的时候一直在说容积奖励和转移问题，这个一直在讲，但是一直都没实施过。中国台湾地区有这样一种做法，其空间发展在台北怎样变成法律的一部分？没有发展权就不知道奖励多少，转移出多少合适，不同的地区转入价值不同，现在上海市也在提，可能是搭配式。讲到容积率转移，想请杨老师介绍一些，台湾容积率转移实现的背景和过程。容积率转移的确很有意思，从纽约开始实施，但不是每个国家都在实施。就台北这里说到转入区，只有管控好，才不出现文明楼的情况，转入区一定要有规划。关键是转入到什么地方，转入地区的价值是多少。转入区交通环境都是我们要注意的问题。不知道台湾在这方面有没有管控，如果没有管控会出现很多问题。还有就是奖励问题，如果比较理想的话，奖励问题应该跟容积率银行一起来操作。转入区是城市中最需要开发更新的地区，全市都可以转，但是可以有不同的范围转入和转出。通过这种转入和转出的规划控制机制才能推动旧区的更新，我觉得应该是这种思路来做 TDR 的转移。另外一个问题是怎么计算容积率的金额，在中国大陆这是很难计算的，奖励价值是多少很难平衡。容积奖励和容积银行，我觉得这是一个机制，政府提前把土地的开发资源卖掉，政府硬性规定容积率，资金不足，再提高容积率。问题是把这些容积率卖掉后，政府是否有空间把容积率降下去，像通货膨胀一样，货币多了涨价，但是容积率多了不可能涨价。我也想了解台湾这个容积率最后这样做下去大概是什么状况。同时，想问一下现在台湾用发展权给容积率，除了公共设施和历史保护，还有什么其他的，是不是每个人都给容积率？

杨友仁（台湾东海大学社会学系副教授）：

第一个问题"为什么发展权会是一个权利"。这个是学美国的概念。美国有一种复合产权经济权（a bundle of rights），中国台湾过去就有一种权叫做设定地上权，还有像他项权利等，之后再把发展权放进来，用文化资产保存法来赋予它正当性，创建的一个权利。在台湾不是每个都会给容积奖励，有一些政策目标，它要解决它的一些问题，比如说刚讲的绿美化，不可能全覆盖，全覆盖的话发展权就会贬值。我刚才讲了实施 TDR 立意是好的，但是后来失控，失控是因为 2004 至 2006 年把所有的 TDR 全部放宽应用到整个城市范围，因为台湾有很多公共设施保留地未征收，被限制发展的地主非常多。古迹的 TDR 可以应用到全市范围，公共设施保留地数量比较多，TDR 移入区相对有一些限制，但是移入区限制可以配合都市计划，不是法定的，地方的行政可以放宽。这里就是失控的来源。转入区完全去管制化，是一个非常大的问题，太泛滥就会没有效果。不同层次的 TDR 价格不同，一般是参考一个地方附近的土地价值评估。我个人的看法是 TDR 可能只限制于古迹，能够用于古迹转移的 TDR 移入地方是策略性发展的地方，台北虽然号称是市场化，但是非常不理性、非常粗放。价值的计算现在是交给所谓的民间市场，但里面的运作与治理存在很大的问题，容积本来是垄断地租，因为稀缺性产生这个资源。容积银行现在看起来政府不用出多少资金，能够充实"国库"，但背后可能会发生很大的冲突，有很大的弊端。我认为 TDR 是个有意义的制度，它是都市规划的一种政策手段，不是每个国家/地区都采用这种手段，台湾的所谓发展权变成所谓的政策手段，主要是实用主义（pragmatism），觉得好用从而拿来解决眼前的问题，十年后可能变成非常不可控的情境。因此，不能用实用的角度去想这个问题，一定要慎重。这背后是一个虚拟资本的概念，用这个去做投资的对象，最后这个资本还是要实现它的价值，所以运用 TDR 还是要非常慎重。

朱伟珏（同济大学社会学系教授）：

感谢杨老师非常精彩的演讲，我是做社会学研究的，我比较感兴趣的是社会公平的问题，也就是说发展带来的普遍的公平性的问题。最近，我们系在做老式里弄的调研，这些老式建筑很多是保护建筑，是不能拆的，但是外面看上去很光鲜，里面实际上已经贫民窟化。我们上海发展 30 多年，很多很差的里弄都已经被拆迁了，9000 多条里弄一直拆到现在 1400 多条，但是可能有几百条里弄我估计可能是永远不会拆的。那么怎样也让住在里面的居民享受中国发展进程的成果，包括经济上的享受？周老师已经思考的特别透彻，我觉得提供了一个非常好的解决途径，杨老师你们那边的政策执行的比较久，导致了金融化，然后导致了虚拟资产的无限膨胀，我们现在的房产已经变成了虚拟化的财产，但是我们容积率还没有执行。怎样解决上海的容积率，不管它后来变成什么金融。如果卖 TDR，能让这部分非常贫困的人富起来是非常好的事情，不能总让有财产的人更加富，还要让几十年贫困被社会的发展边缘化的人富起来，就现在来讲，我觉得是件好事情。我们上海现在房价也涨了，很多人特别恐慌，因为手里的钱贬值了，是不是金融衍生产品也能保值增值，有没有这种可能性？虽然过度的发展，导致高度泡沫化并不好，但是我觉得特别好的有保存的价值的东西能不能给它金融化，比如上海的法租界和英租界是不是能给它金融化，是不是也有一定的意义？

杨友仁（台湾东海大学社会学系副教授）：

非常感谢朱老师的问题。我大概只能回答一部分，上海旧区的老屋先不管实际情况如何，是不是一定要做 TDR，因为上海其实每个社区也不一样。假设一个非常纯粹意义上的老屋，理论上怎样做 TDR？首先确定权利主体，即明确土地的产权人，通过社会发展的正当性，设定特定的 TDR，照顾这个地方，多获得一些容移及资源。如果这个地方不是这种情况，那不见得得无中去生一个 TDR，可透过其他方式给一些修缮的资金。如何让旧区居民享受发展成果，我认为修缮系统很重要，旧屋还是有很强的居住功能，旧屋并不是完全无用，老房子是租赁市场的来源。拿到租金把旧屋好好修缮，居民在社区规划师的协助下修缮，就有可能让旧区居民享受发展成果。我个人认为不是所有的金融化都是不好的，金融当然是很重要的一个手段，但看具体怎么操作。对于老房子，需要有很大的勇气去设计改善。现阶段我是倾向于去杠杆化，我觉得去杠杆化，如果整个泡沫硬着陆，整个就贬值了，我个人对这个部分会持保留意见。

周俭（同济大学建筑与城市规划学院教授）：

我追问一个问题，做 TDR 一开始是为了保护房子，给业主发展权，可以去卖给开发商或者挂在银行里，那么这个房子后来怎么修，由谁负责来修？

杨友仁（台湾东海大学社会学系副教授）：

台湾是鼓励屋主你可以用 TDR，但是屋主要负责修缮，修缮之后再给容积奖励。所以古迹的保存再利用率是做得非常好，屋主已经不用靠现有的房子的租金赚钱。

于海（复旦大学社会发展与公共政策学院教授）：

我今天听了一个非常好玩也是非常复杂的游戏的描述。我说两点，第一点，大家知道，我们社会学一直讲社会和自然不一样。今天又听到一个案例，自然界没有无中生有，但是社会一天到晚都是无中生有。政府手里没有土地，刚才周老师说得很好，容积率我说二就是二，我说四就是四，就是刚才所说的地租的垄断权。TDR 是什么，是人为的无中生有，那么无中生有是谁来无中生有呢？这个庄主是谁呢？现在是国家，但是这里面实际上发展商、营建商也是庄主，有地的地主，就变成庄主，但问题是不可能所有人都是庄主，在社会里面只有一部分人能做上庄主，所以庄主就设置游戏规则。如果要加入这个游戏，要有资格，要有土地，就可以来玩游戏。如果是承租户或者没有土地的人，只有地面上的建筑，实际上这部分居民也不能玩这个游戏。社会生活就是一出戏，最最厉害的社会学家讲到最后都是社会就是一台戏，彼德伯格、布迪厄都说过社会生活就是一出戏，今天你就看懂这出戏是怎么演的。第二点是周老师刚才说这个计划不错，但事实上这都不是计划的结果，我们每个人参加游戏都是高度的目的性，最后的产品无疑是社会行动的后果。即使是一个公正的出发点，最后结果也是不公正的。我们大部分人类看到的东西都不是你想要的，所以杨老师最后讲到的还是批判的。这是一个金融衍生产品，这是谁玩的？华尔街玩的，华尔街最会玩这类东西。就是一个杠杆加一个杠杆，我们看起来大家都是高度理性，非常有目的性，但是文明最后的历史告诉我们实际让大家受罪。包括我们自己的制度也是让大家受罪。这个制度中国台北政府刚开始可能是为了保护古迹，到最后什么都可以开放。本来这个 TDR 就是人为设置的，人为设置本身也是骗局，人为弄的稀缺性，到最后大家都觉得有利可图，全部奔进去就会滥用，无论是转进去还是转出来，一个好的想法到最后只要有利可图，基本人性都是奔着这些目标走，都可以玩分母。

杨友仁（台湾东海大学社会学系副教授）：

非常感谢于教授的评论，于老师讲的我基本上同意。这个城市更新制度是先上车一开始会得到些利益，但是你要上车要有基本入场券。这里基本的入场券是一定要有土地，这样的设计是人为的，日本就不同，日本的权利变换中，承租户都有一定的资格。何以很多建筑商认为中国台湾都市更新会赚钱？估价方式以土地为主，房子是不值钱的，可以予以人为贬值（artificial devaluation）、操作利润空间，但是这会引起产权重新洗牌，台湾很多人到现在才知道原来他住的房子地不是他的，而是祭祀公会的，还有的地是庙的，因为争产权，甚至引起械斗。如今 TDR 发展成非常庞大的社会经济体系，如果所有业主把所有的房屋置于立基于 TDR 的城市更新游戏规则下，房屋不是用来住，而是用来投资、投机的，土地原本的价格机制就会完全崩溃掉，古典地租理论至少还有一个交通成本，会有某种土地的使用价值概念在里面，某些地方贵是有一些道理的，区位在那里。但是有些烂房子很贵，根本不是它的使用价值，而是它在特定人为制度安排下的交换价值。所以说，无论规划有什么理想，规划工具的使用都要非常谨慎。

观众：

杨老师，您好！非常感谢。我刚听到一半，觉得这个 TDR 更像一个金融衍生产品，我想可能是华尔街研究出来的，后来一查真的是华尔街。第一个例子就是在纽约，就是华尔街边上的那些地方。我是学规划的，讲一些国内我们知道的案例。刚才说的衍生产品就两件事情，一个事情是定价，定价里面有太多东西，历史保护很重要，但历史保护的价格是多少？不能总说历史保护物都是无价之宝。有一则新闻，说南京有一颗古树，几百年了，但是要修建地铁，古树得移走，而这颗古树是很多人小时候的回忆，是无价之宝。但经济学上不是这么说的，经济学说什么都是有价的。如果说所有东西都是无价之宝，那城市规划就不能开展了，这有一个交易的问题，那么这个交易的价格从哪来呢？如何去定这个价格？经济学里第二件事情叫作兑现，就是所谓的买空卖空。周老师可以问您一个问题吗？刚才您说到，在上海居住区容积是 2.5，中心城区容积是 4，这两个的兑现可能性就是零。我想问您的是我们在做规划的时候，我们知道某个东西是有价值的，但是这个价值不能说是无价之宝，我们在做规划的时候，要砍一棵树应该怎么办，轨道也很重要。规划中定价到底是怎么定的？

周俭（同济大学建筑与城市规划学院教授）：

不管是一棵树、一条河，还是一栋房子，不能说是无价之宝。肯定还是有价格的，在做规划的时候肯定是按有先有后的原则，后应该尊重先，这是基本的规律。不能说后建轨道交通就要让前面的所有东西都绕路。有些东西又不能用钱来算，还有古迹保护问题，有国家级和世界级的遗产，还有一般的历史建筑，这时候就看不同的情况，也很难有科学的判断，不要因为不同时期的价值观不同，就改变以前决定的东西。房子不动迁就只能停留在那里，或者等着房屋涨价，提出容积率发展权，不是所有人都能拿到容积发展权，只有保护建筑地区居民有发展转移权，把这些发展转移权放到容积银行或者政府保管，不放到市场上。政府需要开发，就可以把容积卖给开发商，每个开发商都规定可以拿多少平，去给老百姓兑现。这个做法的好处是老房子里的原住民可以保留下来。以前的保护措施是房子保留下来，人离开了。或者人还在，但房子没有了。这样的做法就可以要求业主把房子修缮好、利用好，然后再拿钱给业主兑现。有可能可以采用这样的做法。

构想历史：20世纪和21世纪的纽约

莎伦·佐金（Sharon Zukin）[*]

我要谈一些关于纽约市在过去一百年来的变迁。不过我的目的是要让这个关于纽约的内容也可以应用在不同的城市上，而且是跨界的讨论——对建筑师和城市规划者说，也对社会学家说。所以我就想：普遍的主题是什么？当每个人都有同样竞争力的时候，什么样的举动可以结合起来？如何解读城市景观（Urban Landscape）？当我们看着当下的城市，我们可以了解到城市的什么？

对我来说特别重要的是，一个城市要如何在迈向未来的同时，还是可以保有它的历史？当我在纽约行走的时候，我总是能看到过去的"幽灵"。就算是已经没在使用的老建筑，你还是可以看出其中的历史。把过去的"鬼城"保存下来是可行的吗？他们可以有什么作用？好的方法是什么？可以让所有纽约市居民都平等使用的方法又是什么？

纽约跟上海一样，充满老的跟新的建筑，但除非你恰好住在某个遗产保护区旁边，不然你根本不会注意到，当你走在路上，你就是在过去和未来之间穿梭。

这并不是一个建筑问题或技术问题，而是一个社会问题和经济问题，一个文化问题，也是一个政治问题。我们可以谈到，这些混合过去和现在的空间是如何产生的？第一，这个城市的结构因为经济社会变迁而有所改变。第二，土地拥有者和开发者，在城市结构变迁上有很大的决定权。第

[*] 美国纽约市立大学布鲁克林学院与研究生中心社会学教授。

三，跟政府制定的政策框架有关。第四是移民。在中国，国家内部的移民是近来一个很大的议题。而在纽约，跨国移民则是一个重要的现象，而且这些移民对"新空间"的产生有很大的影响，特别是在纽约。第五，社会贫富阶级和种族，也会造成对不同空间的不同需求。第六则是很多理论都忽略的，就是人们要什么？那些有能力去选择的人们，他们有他们的品位：他们喜欢什么？他们想要住在什么样的地方？这些都是会有影响的因素。所以这是一个非常复杂的模型，开始于权力，结束于人们的欲望。不过我想这些因素，身在上海的你们应该也不陌生。

纽约最早开始的城市变迁，来自于从工业化时期过渡到后工业化时期的转变。例如把废弃的铁路变成公园。这是一个在后工业化时期，再造工业化时期的"鬼城"的例子。

而城市变化也带来了一些转变：你不再在街上看到人们工作的身影，相反的，工作地点移到了隐秘的办公室。这也是上海在过去10~15年所面临的转变。理发店、卖衣服的地方，从街上转到了店里。而你在纽约也不再能在路上看到肉贩处理肉品的景象。这是纽约和上海在经济转变上十分相近的地方。所以我在解读纽约的同时，也看见了上海城市的变化。

纽约除了新跨国移民浪潮之外，也有"绅士化"，也就是比较有钱有闲的阶级，想要搬到城市的中心。所以他们也造成了经济向城市中心迁移。而在近来几年，纽约面临了大量的跨国投资，跟上海一样。数字经济的崛起，越来越高的房价和收入的两极化，接踵而来。

20世纪50年代，由于服务业的大量成长，纽约建起了很多的高楼大厦、办公室和高速公路。20世纪60年代，服饰工厂成为纽约最大的工业，也是提供最多工作机会的产业。因此，大量的房子、道路系统等在乡村建立起来。而这个年代许多拉丁美裔、波多黎各和加勒比海人也先后迁移到纽约，由于大部分新移民比较贫穷，也为纽约带来了新的问题。一些新移民甚至取代了整片小区原本的居民，形成一个独特的小区文化。我们必须要了解，对于白人来说，说出"白人应该有比较好的工作，非白人应该要有比较不好的工作"是比较容易的。所以在20世纪初，当"非白人"移民增加时，白人想要跟非白人在居住空间上有所区隔，拥有自己的城市空间。

在20世纪50年代到70年代，城市更新（urban renewal）也如火如荼地展开。而在这个时期，所有的政策都是由政府决定的。但政府为了做城市更新，也必须破坏一些本来的建筑，所以当时的状况，从很多种观点来看，其实是负面的。联邦政府并不为新的公共住宅、交通等出钱，而纽约市政府必须付这笔钱。但是市政府此时因为很多公司外移，已经少了很多收入，根本没有钱来付公共服务的费用。不过为中产阶级建造的房子则是例外，这些房子不管是建筑还是租金都很不错。总之，我们必须谨记的是，这个时期所有的城市更新计划都是由政府决定的。

城市中的冲突是多方面的，包括地理的、种族的和社会的。为了解决这样的问题，1964－1965 年美国的公民权利法规定公民不论种族、性别、国籍，都有权利可以在自己想要的地点，建造自己想要的房子。另外一方面，由于大家都想要比较好的学校，有时候小区民众甚至会以一种接近暴力的方式来控制自己区域内的学校政策。当时的法律也主张提供比较好的工作，警察的权力应该被控制，以及防治犯罪和毒品。这方面的背景，与上海就有差异性。

在 20 世纪 80 年代到 90 年代，来自中南美洲、中国跟非洲的新移民大量涌入，为纽约的社会经济结构，以及城市景观都带来巨大的冲击。他们有自己的艺术、自己的街头语言。举例而言，你可以很轻松地看出拉丁美洲人居住的小区。你也可以看出各式各样来自不同文化背景的新移民所居住的街区，包括宗教标志等，甚至是住满艺术家的便宜街区。艺术家总是群居到最便宜的地区，所以随着租金的上涨，他们的据点也不断移动。

至于来自中国的移民，则有很有趣的现象，有有钱到可以投资房地产的中国人，也有只能在贫民窟勉强生活的中国人。因为政府永远不会向投资者说"不"——我想在上海也不会吧——所以投资总是持续进来，这或许提供了好工作，但是这也伤害了本来就已经快要付不出租金的居民。这里有一个很有趣的现象，在布鲁克林有一个叫"大西洋广场"的地方，在中国移民投资以后，就改名叫"太平洋公园"了。而在这个时期，纽约盖起了非常高的建筑，而且没有很多人住在里面，形成了"幽灵塔"，在伦敦也有一样的状况。很多人讨论，这个问题该怎么解决，但是现在还没有定案。

而从 2010 年至今的挑战又是什么呢？我会说环境适应力、"可负担的"房租，以及与小区之间的妥协，而这三点与上海惊人的相似。尤其是政府与小区居民之间的妥协，在今年是一个很重要的议题。市政府必须跟这些人/单位协调：纽约州政府、纽约州立法者、房地产开发商、当地小区组织、市议会成员、公听会，以及得到独立城市规划者的协助，共同决定、讨论，达成一个比较好的城市规划、地区变化和租金上涨的决定。

在 21 世纪，我们如何保护这些历史的变化，纽约的城市景观会发生什么变化，而上海又会发生什么事呢？

问答部分

1. 我在硕士期间接触过城市社会学这个学科，其中一个案例用的是您对布鲁克林和纽约的研究。据我所知，影响纽约、影响西方社会的最重要的力量之一可能是社会组织和社会运动。但是我认为到目前为止，中国的社会组织并不活跃，在此背景下，中国应该如何应对城市中的多样性呢？

Zukin：如你所见，我觉得大部分城市并非由社会运动创造的。但是社会运动可以表达弱势群体的愿望、表达他们对当权者的反对，从而使很多空间变得更加民主、更加开放。对于城市规划领域，我觉得倾听居民的声音是很重要的；同时，也不能拒绝考虑未来的经济力量——工作从哪里来？在纽约及其他美国城市，人们一直在问：将来的工作在哪里？当前的人口如何在未来获得工作？就像在上海，很多的工厂正在消失，服务行业工作人员越来越多——例如商店服务员、饭店服务员、大厦保安等。这些工作不是最差，但也不是最好的。在纽约，地方政府一直在考虑"如何可以创造工作机会"的问题。我认为，协调居住最核心的问题在于就业，好的工作可以为每个人提供好的住房。这不是社会学家可以解决的问题，也不是城市规划师或者建筑师可以解决的问题，而是必须通过不同领域的合作来解决。所以，很抱歉我并不能真正回答你的问题。

2. 您提到了"我们如何能保存那些'老的鬼城'"的问题，但是另一个问题是，如何才能避免那些"高大的现代鬼城"？纽约有几座非常高的建筑，其中一些是由著名建筑师设计的标志性建筑物。纽约的情况跟上海有什么不同吗？例如社区组织的影响力？您能否给我们一些关于社区组织成功阻止了这样的"高大的鬼城"的产生的案例？

Zukin：是的。当开发商想建造一座需要区域法律批准的建筑，也就是说开发商想建一座不在法律规定范围内的建筑物的时候，开发商就需要获得社区委员会的批准，然后是城市规划委员会、市议会、市长的批准；在这种情况下，有时候社区组织可以改变这个建筑物，他们可以要求建筑物高度更低、重新设计等。所以，在法律不支持开发商的情况下，社区组织可以发挥很大的影响。有时候有些专业委员会，例如城市生活委员会会参与进来。纽约有个"市艺术协会"，它在关于城市设计和建筑方面很有影响力，虽然它并没有权力。而且媒体也有很大影响力。例如《纽约时报》，假如它上面有文章批评一座建筑物太大、不受社区喜欢，那也有可能对市政府产生大的影响。

如果开发商的开发计划符合法律规定，尤其是符合区域法律规定的话，要反对它的计划是不太容易的，因为法律是支持它的。例如，我所居住的社区人居尺度很好，大部分房屋高度都是六至十层，但是一个开发商买下了相邻的街区，准备建 20 层楼高的建筑物。居民不想要这么高的建筑物，但是要反对它非常难。大家开始拉标语、写信——我也写了一封信给市规划委员会，它回信说"非常感谢"——但是并没有产生什么影响，因为那个街区不在遗产区域，社区委员会想通过法律规定来使开发商重视遗产社区周边区域的风格一致性，但是并没有法律支持这样的想法。

我给你们讲一个很有名的不同的例子。20 世纪 90 年代的时候，市政府有一个计划，想更新时代广场。雇佣的建筑师设计了一个非常无趣的水泥建筑，市艺术协会、很多人（包括建筑师）在《纽约时报》上发声，表示他们非常愤怒、他们不喜欢这个建筑，这将破坏时代广场的流行、娱乐等特征。这些声音产生了很大的作用，市政府完全改变了计划，并且为时代广场制定了一部法律，规定时代广场的所有建筑物必须有巨大闪亮的灯。

另一个例子是"9·11"之后世贸中心的重建。多家大的建筑公司竞赛，最后有六家公司提供了最终图纸。建筑师们在《纽约时报》上评论，城市设计社团组织起来，反对这些设计，认为这些设计都非常糟糕。他们推动了新一轮的竞赛。但是因为城市掌权者不喜欢最终赢了新一轮竞赛的建筑师的设计，强迫他跟另一位建筑师合作，而合作者的想法甚至凌驾于赢了的那位建筑师。所以，在非常有限的几个案例中，公众确实有影响力，但是有时候并不会对问题产生根本性的影响。

3. 我阅读了您的《裸城》一书，对于"原真性"概念有点疑惑。

Zukin："原真性"是我最喜欢的概念之一。"原真性"是一个非常复杂的词。在英语中，Authenticity 有好几种意思。它既代表旧，同时也表示新；它可以指代个人才能，也可以指代一群人的集体愿望。所以，它的含义是有争议的。Authentic 的意思是"有一种特殊的特征，看起来样子特殊，能创造一种特别的感觉"。一个有着非常特别的样貌、感觉的社区，基于住在那里的人们拥有的可见的文化产品——例如标记、建筑物、路边的树、社会互动等——我觉得这就是"原真的"感觉。但是如果你或者我进到那里去、购买了那些住房并推倒、重建一些跟其他地方没有区别的住房，把那里的饭店改成麦当劳、星巴克、中餐连锁饭店等，整个地区就变得跟其他地方没有区别了。我喜欢用"原真的"来指代一种非常特定的面貌、感觉以及居住在那里的人们的文化感。"原真的"并不指向设计，而是指向样貌、使用方式，以及目前居住在那里的人们的社会互动。如果那些人搬走，那将出现新居民的新的"原真性"。

4. 有时候我们相信，通过对建筑物的物理性的改善，我们可以获得更好的生活。但是有时候这种改善可能会被视为"绅士化"。艺术家偏爱非正式空间，他们在城市更新过程中扮演着非常活跃的角色。我们应该如何看待这种被艺术家、规划师所绅士化的空间？您能否给予在座的规划师和建筑师一些建议和评论？

Zukin：绅士化的第一种形式是老建筑的绅士化。艺术家利用旧工厂空间、旧的住房等，因为那里租金便宜。20 世纪六七十年代的美国，艺术家开始有一点钱，他们用这些钱来付租金。艺术家开始拥有自己的机构，像公司、画廊、酒吧、咖啡吧等。这对于艺术家而言是好的，但对于已经住在那里的居民却并不一定。因为他们不想要那些东西，他们想要自己的商店，可以做点生意，他们想要自己的邻里。一般情况下有一股力量来打破他们的平衡。在美国，在上海也是一样：房地产进来，然后说"艺术家、咖啡吧，真是好的城市更新点，我们得造一些新的东西"。于是第二类绅士化开始了，房地产商开始造更贵的新房子，然后街区的情况就彻底变了。每个人都喜欢艺术家，但是一般居民很少有人喜欢紧跟着艺术家进来的富人。所以规划师面临的问题是，保持区域内多样的居民之间的平衡。

5. 在纽约，租房的人和拥有房产的人之间有什么差异吗？因为在上海，很多租户是被排斥出社区政治的，他们很少有机会在社区中表达自己的诉求。

Zukin：在纽约，在这类规划问题中，租户有可能，而且已经表现得非常活跃，尽管他们仅仅是租住的，他们也会感觉到跟社区联系很紧密。而且，在绅士化过程中，租户是比房东更弱势的，他们的住房有可能会消失。所以租户感觉，如果自己不行动、不表达的话，将会面临风险。当然，很多人没有时间去参加会议、参与谈判，所以纽约有很多社区租户协会，几个不同公寓的租户联合起来限制房东涨房租、要求市政府保护他们的权利。

你的提问让我想起一些有趣的东西。在纽约，拥有房产、拥有大楼的人通常欢迎绅士化，因为他们的房产价格、房租会上涨。所以，在租户和房产拥有者之间还是有差异的，而且不同区域的房产拥有者之间也是有差异的：一些希望维持社区邻里关系，一些则比较逐利。

6. 是否应该有一些保护艺术家的措施？

Zukin：一般有两种方法可以保护艺术家。一种是建造为艺术家保持低租金的艺术街区——我们从未见到这样的地方。有限制阁楼租金的法律，但并不完全是为了艺术家。任何一个在特定时期开始居住在阁楼中的人——有可能是艺术家，但不一定是，如果大楼业主同意的话，租金每两三年只能上涨一定的幅度。另一种可能性是创建一些协会，从而为艺术家住房募集资金。但是，假设你是纽约市长，你的很多市民在住房方面都需要某种程度的帮助，你真的敢说"我要去帮助艺术家而不是所有人"吗？毕竟艺术家只是少数人，要给予一个很小的群体特殊照顾是很难的。

居住区的空间范围和空间构成：
美国内战后南方的隔离

约翰·罗根（John Logan）[*]

美国内战是在 1865 年结束的，随着北方大胜，奴隶解放，出现了以黑人群体为主的城市化进程。我很关注的话题就是，在这个过程中，这些人是如何融入城市中去的。实际上这不是一个容易的过程，因为仅仅是五年之前，他们的身份依然是奴隶，还是农村的居民。关于他们的融入过程，我采用了一个独特的视角，黑人白人居住区的隔离。我会谈如何看人们的空间安排，以及我们如何观察这一空间规律。

作为一个美国城市社会学家，种族隔离是我们很关注的话题。种族界限恐怕是在我们社会中间存在的最为明显的、时间最为持久的、影响深远直到现在的一个社会界限。我们总体的一个诠释是，从居住角度来讲，奴隶制时代南方的城市里不见得有这么明显的两者之间的隔离，因为有这样一个传统，就是黑人奴隶他们经常会居住在他们的主人的家中，便于他们提供服务。因此我们对于在这一时代的居住隔离并不是那么关注。隔离开始于 20 世纪早期黑人从南方大规模向北方迁移过程当中，这其实是由官方公共政策所鼓励的，国家支持这样的居住隔离。1970 年开始，随着民权法的出台，公共政策有所改变，白人有关种族的态度有所改变，这种隔离的举措就开始减弱。这就是我们听到的比较常见的故事版本。我对此论调有所怀疑。我要展现的就是，在南部城市里面确实还是有种族的隔离，以及这种空间范围和空间结构的样子；在 1970 年有大片的黑人居住区、有贫民窟，

---

* 美国布朗大学社会学系教授。

我们应该更加仔细地去看这些现实，而且要了解这个模式究竟是怎样的。

既然我要说种族是隔离的，那么种族隔离的模式是怎样的呢？它的地理范围，以及区域分布的范围是怎样的？这两个问题如果不解决的话，我们就没有办法去说种族隔离的程度是如何的。社会学家很少从空间的角度看问题，我是城市社会学家，我希望把空间的这种思维纳入到社会学的思维中来。你可以从人们在空间的组织上面了解到很多东西，这些分布都是有意义的。

传统上计算隔离程度有基尼系数和非相似性指数两种方法，但是我觉得二者都有缺陷。社会学家们，尤其是那些做量化分析的人，很容易被数据所迷惑，没有注意到更多的实际上存在的东西，比如他亲眼所见、亲耳所闻，这些东西都不在数据分析中体现。我自己是一个量化分析的社会学家，我也意识到了数字的陷阱。

我用的是 1880 年的时候的人口普查数据，其中有 5000 万人的记录。我对他们进行 GIS 绘图，通过他们居住的地理位置匹配每一个人。我现在要给大家解释我怎么使用这些数据。我将会描述四种居住模式，它们从空间尺度到空间构成都各有不同。

1. 小巷规律（ally）

每一个长方形都代表的是一个建筑物，白色的一个圈代表这是一个白人居住的建筑物；黑色代表当时人口统计中黑人居住的区域。如果说我们按照人口统计的说法，实际上黑人住户和白人住户他们在同一个街区是紧密居住在一起的，所以他们根本没有隔离。这就是空间尺度的区别所在，在更加精密、细致的尺度上，你能看到空间的组成，能看到大街和小巷之间的区别，这不是距离的差异，这是形态的差异。小巷拥挤、狭窄，不适合居住，华盛顿每一个街区都会有这样的小巷，这些都是黑人住户。

2. 院式建筑结构（backyard）

在南拉罗来纳州 Charleston 这个城市，19 世纪 60 年代的时候，那些黑人奴隶就住在他们主人的家庭的后院里。在内战之后，他们不再是奴隶，这个就变成了出租的房子，那些迁移到 Charleston 这个城市的非籍美国人，他们会从白人手中租借这些房子来住。这是不是也是一种隔离呢？这恐怕取决于我们对隔离的定义。1880 年时的华盛顿国王大街，一些黑人会住在主大街街面的建筑物里，但大多数的黑人还是住在这些建筑物的后院里。

主大街街面的建筑物和它们的后院，它们之间其实是紧密相邻的，但它们是两个不同的世界。这样的规律在 Charleston 城市随处可见。黑人和白人在主大街上的主要建筑物里面混居，这种情况也确实存在，但更主要的是，我们要看到黑人住在后院的这种模式。

3. 胡同模式（side street）

这里有一张 1940 年巴尔的摩（Baltimore）South Bethel 街的照片。它很窄很窄，有点像一条小巷子，我们把它叫作小边街或者胡同。在 20 世纪 80 年代，这是居住区的一种种族特点。沿着这条巷子，这里有一点点白人的居住区，但是几乎可以忽略不计。我刚开始的时候想说，这么长的一条线性的小巷，不能叫作居住区呀，因为我一生中都没有看到过这样的一个区域，那么我怎么去解释它呢？有一个历史学家指出，它不仅仅很长，还非常窄，在这个窄的巷子里，开发商做了很多非常非常便宜的小房子，专供下层的工人居住；另外一条平行的街就有一些更大更宽敞的房子，让收入更高的白人来住。这就是我们所说的分区，有社会等级以及种族的分区。这些所有的长的街，要么全部是白人住，要么是黑人住，而且隔得非常近，往往就在转角就有巨大的差异。

4. 住区模式（neighborhood）

巴尔的摩有一块看上去并不像是一条小胡同，而有点像黑人居住区，因为这有一个中心，有好多不同的街区，且全部都是黑人。但事实上在 1880 年的时候，在华盛顿街有点像刚才我们所说的后院的这种分区居住，所以你要知道你在衡量种族隔离的时候究竟发生了什么。

空间的范围和结构可以更好地衡量隔离的情况，我可以了解什么样的人住在后院，什么样的人住在小巷里，什么样的人住在小胡同里面，哪一个非洲裔美国人没有计算在内，是什么决定了这一切呢？贫民窟化不仅仅是因为隔离情况很严重，还因为你是这个种族的，所以你就住在那个地方，这才是真正的贫民窟化的过程。

嘉宾对话

周俭教授：

我是搞规划的，空间的思维是一个非常主要的方面。今天 Logan 先生讲的这个问题，我觉得对我非常有启发，我相信对社会学的研究者也是同样的。城市的规划问题肯定跟社会有关系，我们也一直在寻找结合点，提出我们的结合点能不能把空间作为研究对象？空间是我们大家都可以去考量的客观对象，在空间当中发生什么问题？社会问题在空间中是怎么表现的？发生在空间的哪个层次？在什么尺度下它成了问题、在什么尺度下它不是一个问题？这样的话，对城市规划来讲，能够针对性地划定一些区域，或者制定一些政策，或者制定一些导则来做城市各个方面的改善；社会学怎样能找到一种空间方法，而城市规划又怎么样从空间建设的视角转到社会的视角，两者之间能够融合在一起。

第二个就是尺度问题，在什么尺度上隔离，在什么尺度上不算隔离，我相信每个人会有不同的体验，不同的文化不同的社会背景，对这个概念的理解是不完全一样的。同样一个社会问题、城市问题，在什么尺度上分析它，和你对城市生活的所看所感要联系起来。

任远教授：

Logan 教授的讲演主要是关注美国南部城市的居住隔离，从方法上和理论上来说是一种突破，因为针对的是更精密的、更小的城市空间和尺度，这对我们来说是很好的一个借鉴。

目前隔离研究的局限性就是，研究者仅仅有着市辖区层面的整体人口统计数据，还有包括这种地理编码数据，还没有更多的新的数据源来帮助我们做城市研究。这篇论文最让人振奋的就是它使用了一种崭新的视角和方法，用空间分析，从一种微观层面上、家庭层次的居住格局来看隔离的现象。这个研究不再从行政区划的角度来看隔离现象，而是借助地理信息研究工具的支持来做深入的研究。数据能够帮助我们做更多的城市研究，如果我们考虑到社交媒体的数据，以及基于手机的位置数据，还有网络上的数据，我们就进入了城市研究、空间研究的新时代。这些不同来源的数据都能够提升我们的研究质量，给予我们更多的有关城市空间的一些新的思路和想法。有些时候我都会觉得我有点过时了，因为我对于新兴的技术、有关大数据挖掘的方法和技术还真的是知之甚少。但是，正如 Logan 教授所提到的，数据和技术是重要的，但是了解社会也很重要，甚至更为重要，我们要在了解社会的前提下来使用数据和工具。

我们怎么知道空间尺度以及空间构成？我要试图来回答你这个问题。实际上历史文化和文化机制可以更好地帮我们来理解不同的空间组成，后院式的结构是基于美国南方黑奴制的历史。我们有城中村、有石库门，同一个城市中不同社群所居住的区域是截然不同的，他们的空间组成也是截然不同的。另外，城市总是处在不断地更新换代过程之中，因此它的空间尺度和空间组成也是不断变化的。美国的南方城市有着传承历史遗产的传统，但是中国的一些城市，也许十年前后的状况就截然不同了，在这种多样化以及快速转型的城市变迁图景之中要采用这种纵向的历史性的研究手段的话就会有一些问题和困难。同时，这样的隔离到底是种族隔离还是阶层隔离有待商榷，尤其是在 20 世纪 90 年代的时候奴隶制度已经被废除。另外，如果放到一个更细小的尺度上，总归会出现更高水平的隔离。有没有例子能够告诉我们，在更小尺度上面，我们看到这种隔离的趋势是下降的情况呢？

朱伟珏教授：

刚才 Logan 教授主要是从空间的角度研究了不平等，他思考的是种族的隔离，我感到非常有启发。

中国改革开放以后，随着农村移民大量的进入和城市更新过程中大量的市区居民的住房被拆迁，阶层隔离问题变得非常尖锐，它就是由微观的隔离来取代大规模的贫民窟的方式。上海是怎么样的呢？上海分为内环、中环和外环郊区三个空间区域。根据我的经验观察，郊区的外来移民聚居是比较明显的；另外，在我们城市更新的过程中，把原来市区的普通上海居民迁到了郊区。一些比较高级的住宅区建在中环，现在中环就产生了一些富人区，居民包括很多富有的移民和上海大部分的中产阶层。但是中环也有比较贫困的移民，根据我的观察，他们住在一些破旧的老厂房和旧里当中。内环就比较复杂。内环地区的很多历史建筑被政府保护下来了，但是里面的居民是怎样的情况呢？实际上这里面的街区是衰退的，有经济能力的年轻人基本上已经渐渐地离开了，里面主要是老人和一些外来移民，外来务工人员主要住在一幢房子中面积非常小的"亭子间"以及遗留下来的、质量比较差的一些建筑里面。还有一些小的房产中介公司租来重新装修一下，又转租给以欧美人为主的年轻的中产阶层。所以在同一幢房子里面，也会有很多不同的阶层。实际上空间隔离的情况也跟 Logan 先生讲的一模一样，在微观的尺度上是非常厉害的。

我们从 2014 年开始跟上海同济城市规划设计研究院合作，做上海市区空间的分异、社会融合等问题的研究，2015 年开始聚焦到老城区。因为 Logan 先生的启示，我也准备画一个图，看看我将要回到的那个街区（上海仅剩的五个完整的历史街区之一）的每一间房子到底住了哪些人，我觉得这将是一个非常有意义的比较。

Logan 教授：

我最有兴趣的就是你们已经对于空间有了非常好的观点。我也希望你们进一步地研究，做好自己的地图，做了地图以后很可能会给你新的发现。我还很高兴听到说，在讲到空间构成的时候，大家要了解它是如何构建的，是历史、经济，或者文化方面的原因造成的，它从哪儿来的，我觉得这才是城市社会学家最要去了解的。我们要了解它从何而来，而且还要了解它对今天有什么影响，这是非常重要的。

孙明副教授：

您用数据和图非常详细地向我们展示了一个微观层面的美国战后黑人的聚居情况，并且反驳了一个令人迷惑的结论。我想问您，这种空间居住形态的社会后果是什么？在我看来，虽然在很小尺度，一条胡同黑人是聚居的，但其实他跟白人的居住距离并不是很远，这样居住的空间形态对于黑人公共资源的享有、黑人的就业机会、跨种族的社会交往、黑人儿童的社会化等社会后果产生了怎样的影响？

Logan 教授：

尽管他们住得很近，在 19 世纪的时候没有什么好的影响。说到公共教育，有黑人学校、白人学校，他们完全是不一样的学校，不管你住在哪里，你还是要去不同的学校；不管你住在哪里，黑人都必须坐在汽车的最后面；不管你住在哪里，黑人必须从黑人的水池里喝水，要使用黑人的卫生间；如果餐厅有黑人区的话，必须坐在餐厅后面的位置。居住的这种模式也展示了社会的界限。如果今天像这种空间的布局，很可能确实就会有很大差异和影响了，那么也许就是白人黑人去同样的学校上学，但是现在空间的范围和空间的构成已经变了，我们现在有非常非常大的居住区，学校都不会离得太近，没有办法让人们就近上学。

任远教授：

您提到了在 1890 年的时候，黑人不可以去白人的餐厅、学校，我想问一下这个情况是什么时候改变的？这个里程碑是什么时候？为什么？

Logan 教授：

首先是在北部城市变化，然后是南部城市变化，南部北部不一样。种族隔离的情况在 20 是 70 年代的时候才有比较大的变化，现在实际上我们关注的是白人和黑人如何受到警察的区别对待。有很多有趣的研究表明，当警察听说警察被黑人打死的消息时反应很强烈，他们都会在街上拦住黑人检查甚至打他们一顿；如果是白人杀了警察，就没有这样强烈的反应。这种情况表明，即使是现在，这种根深蒂固的种族差异依然存在。很多美国人都说，因为 1968 年我们颁布了《民权法》，所有的这些行为就不再存在；但实际上真正的改变要晚的多。

陈晋博士：

您描述了他们居住区里的生活，还有没有其他的利用空间的方法呢？比如说普通居民会不会去偷窃公共空间的用品，在您的著作中我们没有看到，这一点可能对我们了解空间对于人们最终意味着什么非常重要。

Logan 教授：

谢谢，这是一个非常好的、很有深度的评述。我也要承认，我在研究人们居住的地方的时候，我只是讲到了人们生活中的空间的很小一部分，这是我唯一可以从 1880 年的人口统计学的数据中了解到的。我阅读了历史学家的书，我也研究了其他的一些文献，比如说阅读了一些日记、小说，我看到了其他的一些定性的研究，我确实援引了这些文献，但是这不是我的强项。刚才你说要去发现，方法就是要人在那儿，而且更多地去研究，我肯定会这么做的。

朱伟珏教授：

我一直被社会融合问题困扰。我在前年住回了老街区，我住的一栋楼里面的人员构成非常混合：我是一个大学教师，后面的亭子间里面住了一对年轻的外来民工夫妇，二楼住了一位 87 岁的老人，底楼是一个咖啡馆。如果很多不同的人住在一起的话，是不是就能够形成一种没有紧张感的、和谐的邻里关系，我对这个问题实际上是感到困惑的。您有没有什么建议或者经验？

Logan 教授：

我觉得冲突是自然的，而且有不同背景的人产生这种冲突也是非常正常的，人们选择住在那些喜欢他们的人的附近也是一种天性。这里的根本问题就是有关隔离的根本问题。如果隔离意味着不公平以及获得资源的可能性，意味着你的孩子将会去一个更糟糕的学校，那么对我来说这就是最核心的问题了。这并不是要求人们与那些他们不想住在一起的人们住在一起，实际上我们要做一种新的投资：你愿意花多少钱来投资从而与喜欢你的人住在一起呢？或者是你愿意花多少钱去投资跟一个你不那么喜欢的人住在一起、从而获得平等的资源权利呢？

在美国的背景之下，我们没有面临这样的问题，因为从住宅的角度来讲，我们本身就已经是一个高度隔离化的社会，很多情况下我们的公共政策都是根据住处来划分的，这种社会隔离已经嵌入到我们社会体制和体系当中去了，所以我们确实也有一种使教育机会平等化的压力，但是我们缺少政治支持、公共支持来做相关的投资，来达到这样的目的。其实美国在这个领域里，根本没有取得什么实质性的进展和成功。

刘刚副教授：

城市里的社会总是充满流动、充满很多变化，而城市的空间总是相对静止的。空间是社会的一个后果，那么相对静止的一个空间对于一个充满变化和流动的社会而言，又有一种怎样的反作用或者塑造的作用呢？我觉得这对于理解上海城市的发展和上海城市空间的价值很重要。因为城市化有社会进程，也有空间进程。我觉得建筑学特别重要的贡献是关于类型的研究，特别在住房类型上，它对于我们理解上海城市空间是怎样联系、又怎样区别的，有非常重要的作用。相对稳定的住房类型和它在城市化时间进程里对于城市社会的塑造作用，同时也反映了这个城市很重要的一些特征。从我的研究出发，看到的是相对于静止的空间类型特别是住房类型，在塑造一个充满流动的社会空间或者社会形态上面有什么作用。

Logan 教授：

尽管你描述城市形态在中国是相对稳定的，但是相比较美国来说，中国的变化太大啦。我们的立场不一样，所以看起来我们对这个变化的速度的理解也不一样。但总体来说，建成环境总会有一些过去的遗留。在一个相对稳定的建成环境里面，会有哪些不断迁移变化的人群，这是有趣的，但这并不仅仅是建筑结构本身留了下来，同时还有从过去传承而来的这些结构里面的居住权，或者说是拥有权。我觉得在中国的环境之下有趣的是过去曾经是公有房，现在变成了私有的房子。这是一种机制性的遗产：到底什么样的一些建筑物被建起来了？谁有权住在这里面？以及居住权随着时间的推移是如何改变的？现在这样的一种改变，这样的一种遗留产物也变成了一种隔离的社会形态。因此建成环境的一种遗产既是物理性质的，也是体制性质的。在这个过程中，有些人成为有产者、房东，而有一些人却被排除在这样的拥有权之外，所以我们看到了体制的遗产，以及在这个国家政策变化过程中所产生的新的体系和新的阶层，这是一个非常复杂的过程。

周俭教授：

作为一个结束词，我想讲三点。我们现阶段城市规划的一个特点是政策+空间+建设，很多规划是在政策的框架下来做。

第一点，在物质空间上很漂亮、很干净的地方，可能会隐含着一些社会风险。比如动迁小区看不到城市的社会活动；反而在城市很多另外的地方，空间不是那么干净，但是它很有社会活力。那么通过城市建设改造、变得干干净净漂漂亮亮之后呢，这些社会活动都到哪里去了？我们一直在跟社会学家，跟建筑、历史专家探讨。

第二点，城市的形态跟不同时期的政治、文化、历史、社会、经济相关联。上海的住宅演进其实就四个阶段：租界以前的老城区，就是每家每户的小私房；租界就是里弄，分为洋房和石库门；新中国成立以后一直到80年代末90年代初就是工人新村；之后就是房地产开发的商品房，这里面政策导向就非常重要。每一个城市中，住宅所占的建筑量和占地的比例都在50%以上，所以说每个城市的空间形态跟其中住宅的类型、住宅或住宅区的形态是直接相关的，都是有规律的。比如工人新村住的就是当年的工人、现在的老人，以及外来租户。因为它的空间很小，只适合老人，或者一些低收入的人临时居住，他没有更高收入能够住更高更好更大的房子，我觉得住宅类型就是这样决定的。因此我认为，住宅的类型和居住区的类型既影响了城市的特征、城市的格局、城市的空间，也影响了社会的阶层分布。

第三点，现在我们中国的一线、二线、三线城市都在扩张，扩张的结果大部分就是一种空间的重组和社会的重组，我的直观感觉是，现在这种空间扩张、空间重组背后的社会流动，最重要的就是城市开发和建设的政策，政策当中最关键的除了住宅类型的选址、定位，就是公共资源，包括学校、医院、文化设施、体育设施。空间重组带来的社会阶层布局在每个城市可能都不同，因为它的政策不一样。

我觉得不管是什么尺度的社会隔离都是很自然的，因为人的本性就是物以类聚，只不过在不同的社会背景下，大家能够接受的程度不同。我们（跟同济社会学系）一直想探究，什么样的混合尺度和什么样的同质化的尺度是比较好的。因为每个城市的发展背景和社会环境不一样，它肯定是不同的，所以我们想结合上海住宅的空间类型的分布、城市空间结构的格局去做这样一些地图，关键的问题就是我们怎么去判断社会后果，也就是刚才 Logan 给我的启发。总的原则就是，居民是不是能够获得均等的社会公共资源和公共服务。在这个过程当中，政策和规划能够去推动这些变化的可能性。

法国城市中年轻移民后代的
都市融合与分异

罗兰（Laurence Roulleau-Berger）*

大家好！我非常高兴回到同济大学。我记得一年半以前在这里介绍过自己研究的领域，非常高兴在同济大学再做一次发言，我们一起讨论、一起调查现代社会，无论是中国社会还是法国社会。

研究法国城市年轻移民后代的隔离过程和融合化的过程，在法国是很重要的一个课题。你们大概知道，这个话题在法国很敏感。我在里昂和马赛做过很多研究，可是我从 2002 年开始也在中国做了很多关于农民工和流动人口问题的研究，所以我有很特别的经历——我一方面是法国人，一方面是中国人，我们今天有机会一起讨论很重要的共同的理论问题。

我现在向你们介绍法国的情况。首先向大家介绍年轻移民后代的处境和流动的情况。对你们而言，流动的概念很明显，因为在中国年轻人有很强的能力流动。可是在法国，比方说住在很贫穷的地区的年轻移民后代，其实我们分析他们也有能力在普通城市做很大的流动。第二，介绍城市劳动力市场中经济融合化和隔离化。第三是全球融合化的过程。第四是个体化的过程。

韦尼雪（Vénissieux）是法国的一个工人城市，从 1960 年到现在一直有很多移民。对法国社会学家和人类学家而言，韦尼雪是一个很重要的城市，因为在 20 世纪 80 年代，那里有很多反抗。35 年以来，在很多大城市有很多的骚乱，之后我们将分析这些骚乱。杜切尔山（La Duchère）在 20 世纪

---

* 法国国家科研中心社会学研究员、里昂高等师范学院教授。

50 年代还是一个以农业为主的地区，1960 年以后出现了很多从埃及利亚、马诺、非洲来的移民。从照片上看，杜切尔山很美，很像中产阶级的居住区，但是里面有很多年轻移民后代没有工作，那里的失业者大部分都是移民后代，他们感觉被法国社会排斥。政府的目标本来是将杜切尔山作为工人和中产阶级的城市，可是没有成功。

1. 法国城市中的年轻移民后代、束缚和流动性（Young descendants of immigrants, captivity and mobility in French cities）

在法国和欧洲城市我们发现，30 年来，贫民化的过程越来越明显。在芝加哥、纽约可以说有很多贫民，可是在法国很难说。可是贫民化的过程，或者隔离的过程是什么？我们需要把空间隔离、社会隔离和经济隔离以及法国城市的变化联系在一起。法国政府提出了"敏感区"的概念。在敏感区，大部分人口是移民和年轻移民后代。现在有一个新的移民人群——难民，这是一个刚开始被研究的很敏感的问题。敏感地区的大部分人口，有的是失业者，有的是没有稳定的工作，还有的是正式的工作和非正式的工作相结合。在敏感区，非正式的工作越来越多元化。他们一方面固定在一个地方，另一方面他们也有能力在不同合法性的城市之间流动。大部分移民后代没有稳定的工作，社会工作者一般认为他们是被动的。可他们不是被动的，他们也是行动者，也有反思性和行动的能力。我跟农民工做过研究，他们也是主动者。空间分层化在法国城市的意义，一方面是囚禁（captivity），另一方面是不同的流动模式。在隔离化的过程中也有融合化，过程非常复杂。融合化是指他们有能力在不同的地方做不同的活动，可是大部分没有很稳定的工作。

2. 城市劳动力市场、社会经济融合化和隔离化（Urban labor markets, socio-economic integration and segregation）

接下来讨论劳动力市场经济融合化和隔离化。40% 从北非来的年轻移民的父母是工人，23% 住在城市敏感地区，在他们职业生涯的头七年中，平均有 27 个月处于失业状态，而法国本地年轻人的这一比例不足 11%。他们很难找到第一份工作，平均找到工作的时间晚于法国本地年轻人。在法国劳动力市场上有一个不稳定和种族歧视的双重过程。由于经济的不稳定性，30 年来出现了不稳定的多元化的模式，过渡期职业的多元性和灵活性摧毁了劳动合同。在中国，中国政府希望借助很清楚的劳动合同，可是在法国有很多年轻人没有劳动合同，1980 年以前他们都有劳动合同，现在也出现了很多临时工。同时，民族身份的过于可视性导致人们对他们职业身份的忽视，忽略其专业性，只从少数族裔的身份看待他们。这种劳动合同新形式的分层导致移民后代在经济地位上的污名化。

污名化的过程很复杂，在不同的机构中有不同的歧视模式，比方说有制度的歧视。在教育制度中，如果移民后代很想当老师，但是存在一个拒绝他们进入的培训制度，还有社会歧视和情境性歧视，因为每个国家都有自己的历史，引起了不同的歧视模式。

3. 跨国循环和全球一体化（Transnational circulations and global integration）

移民后代面临本土隔离化的困境，但是却可以进入全球化的整合过程，这是很有意思的一点。在法国城市劳动力市场上的种族歧视过程也产生了抵抗，体现在催生年轻移民后代自我雇佣。这些拥有多元文化背景的年轻企业家和贸易者在跨国运动中追溯新型全球化市场的轮廓：例如很多非洲裔的年轻移民从事非洲物品或者珠宝、食物、衣服的贸易。我们可以看到空间运动是如何被镶嵌在社会关系中的，法国城市中的移民如何通过操控空间资本从他们原来的国家中获取，或者继承资源，他们如何依靠这些资源整合跨国网络。创业形式也围绕着艺术、文化、高科技领域的非物质产品的生产建立起来。

4. 城市职业和个人经历分叉（Urban careers and biographical bifurcations）

接下来我们关注个人的经历。在经济不稳定、加剧的歧视和不平等的背景下，这些移民后代的人生轨迹产生复杂的路线，呈现多样化。事实上，年轻移民后代的职业是被分叉建构的，这种分叉契合城市劳动力市场的变化。1980 年，经济危机开始了。1980 年以前个人拥有连续性的经历，例如在以前的中国，爷爷奶奶、爸爸妈妈在一样的单位工作，而现在的你们没有和父母一样连续性的经历。在西欧，弱势年轻群体有很多的分叉，这些分叉反映个体化的过程。我和同事们经常讨论在中国个体化的构成是什么，在欧洲个体化的过程是什么，有共同点可是也有区别。这些分叉都不尽相同，有性别的问题、有社会出身的影响，还有学历水平等，非常复杂。有一些经历很像城市融合的过程，有一些很像排斥，还有一些处于中间的状态。通过年轻移民后代的经历也可以理解法国社会分层化的过程。在中国，国内的移民也有社会分层化，不能说流动人口都是一样的，我们需要纳入分叉（比方说换地方、换工作），理解社会分层化的过程和融合化的过程。我区分了四个不同的城市经历模式：整合与排斥之间的城市职业（urban careers between integration and disaffiliation）；经济整合与城市向上流动（economic integration and urban upward mobility）；犯罪经济与城市排斥（criminal economy and urban disaffiliation）；多锚的城市职业（multi-anchored urban careers）。我通过区分四个不同的模式理解年轻移民后代经历的复杂性。

5. 公民社会、中间空间与公民能力（Civil society，intermediate spaces and citizens' competencies）

刚刚描述了个体化的经历和过程，这些年轻移民后代有能力在我们看不见的空间组织网络和活动，一方面他们是弱势的公民，另一方面他们有能力互相支持。他们要求社会身份，因为他们没有社会身份。法国城市产生排斥和边缘化的中间空间，在这些空间中，个人和集体行动者发展城市技能、占领这个地方及其象征性的、经济的和社会的资源。其中的一些空间被作为"道德领域"弥补公共项目和机构的空缺。这些中间空间包含谨慎的社会形式、零散的创造力，是弱势群体用以对抗强势群体的不对称战术的一个清晰的案例。在这些空间中，基于共享规范，尽管是非主流规范，共识被慢慢建立。个人能力通过集体被公众评估和认可，在不同的尺度和背景下，个人能力变成社会能力。中间空间揭示了这些不被看见的年轻人如何在法国城市中通过他们的社会能力使自己能够要求获得"能力权利"，个人基于独立于法律和市场秩序的符号性中介和平地获得共识。这些空间不能消除支配，但可以让移民被重新定义为用创造性的方式来实现"最弱"对抗"最强"。

6. 集体行动和城市骚乱（Collective action and urban riots）

在法国，30 年以来一直有很多骚乱，这是一系列复杂因素共同作用的结果：高失业率，恶化的环境和居住条件，不平等、无助的感觉，种族歧视等。制度性的、城市的、社会经济的暴力产生驱逐和污名。骚乱的出现并不是突然的，城市骚乱表达了他们对公正和公民的需求。这些脆弱的、被污名化了的、被遗忘的人口需要新的社会和公共认可。骚乱是"政治现实化"（political actualisation）的时刻，在其中，新形式的集体行动建立在传统的政治领域的边缘，要求尊重是由于感受到不公正。民主是在失业、劳动力市场不稳定和歧视下慢慢崩溃的，公共空间成为表达个人和集体的恐惧和不确定性以及社会蔑视的主要场所。

在法国和中国的大城市中，弱势群体受到很多不平等对待，我们的社会有越来越多的多元化和不平等的模式，他们要求社会认同，在此，对我们最重要的问题是解决"什么是一个得体的社会？（what is a decent society?）"。

朱伟珏教授：刚才罗兰教授提出的问题很严峻，法国的移民后代其实是新的法国公民，他们大部分处于没有稳定工作、没有稳定经济收入的状态，可能还因为宗教的因素导致一些极端的宗教激进主义者采取极端的行为，在这些行为的背后，罗兰教授给我们揭示了很多社会因素，年轻的移民饱受侮辱、得不到尊重、没有安定的工作，所以极端宗教组织很容易吸引这部分年轻移民。他们在这些组织中仿佛会感受到一种认同，于是在这样的背景下，产生了一定的骚乱。但这些骚乱并不是我们所认为的是一个突发的、偶然的事件。刚才罗兰教授已经指出，它是一些微小的冲突的积累，达到一定的程度就爆发了，对法国社会来讲这是一个悲剧，但是对这些年轻移民来讲，他们其实是有诉求的，最后罗兰教授提出我们如何建立一个得体的社会，让这些移民在他们安身立命的地方感受到尊严，不再遭受来自主流社会的歧视，这个问题对法国社会很重要，对中国社会尤其上海这样的大城市同样非常重要。一方面居住在一个城市中的所有居民都有权利获得尊重，另一方面城市本身也需要安定，这个安定只有在互相尊重的基础上才能获得，这是我个人的理解。

稿　约

　　《城市社会学评论》是以当代中国和世界城市问题作为研究对象，面向国内外学术界的社会科学类中文集刊，由同济大学社会学系和社会科学文献出版社联合编辑出版发行。

　　《城市社会学评论》倡导明确的问题意识、扎实的理论基础、科学的研究方法，对当前中国和世界城市发展过程中的各类社会现象和问题予以深入的个案研究、比较研究和量化研究，她将努力成为社会学、城市规划、环境、人文地理等诸多学科学者进行学术交流和研讨的重要阵地。热诚欢迎海内外广大学者不吝赐稿。

　　本刊设有"城市研究"、"理论与方法"、"田野研究"和"大师论坛"等四个常规栏目，主要刊登与各栏目设置相近的原创性研究（相关成果未在国内外学术期刊或论著中公开出版）。

　　城市研究：聚焦当前城市发展与规划、社区治理、城市融合、公共空间、隔离与分异等热点问题的跨学科交叉研究。理论与方法：对社会学经典理论的诠释、批判与反思；对当前中国社会发展过程中的矛盾与问题进行科学的测量与分析。田野调查：展现最新的田野调查成果。大师论坛：国内外著名学者在同济大学社会学系开设讲座时的全文讲稿。（同济大学社会学系邀请国内外城市社会学研究专家，定期举办"城市与社会"对话系列讲座，演讲内容均为讲者尚未出版的最新研究成果。也欢迎学术界同仁推荐相关研究专家的讲座文稿，但需要提供演讲专家的书面许可证明。）

　　本刊目前采用集刊形式出版，每年出版一期，拟在每年的10月底出版。

　　本刊对来稿的格式要求和说明如下：

　　1. 稿件的篇幅在10000～15000字左右。

2. 稿件第一页需说明以下信息：（1）文章标题；（2）作者相关信息，包括姓名、单位、职称、学位、联系电话、通讯地址、E-mail、身份证号码等。

3. 稿件第二页需说明以下信息：（1）文章标题；（2）中文摘要（300~500 字左右）；（3）关键词（3~5 个，中间使用空格符或逗号隔开）。

4. 稿件正文的文内标题、表格、图、公式以及脚注应分别连续编号：一级标题用编号一、二、三……二级标题用（一）、（二）、（三）……三级标题用 1、2、3……四级标题用（1）、（2）、（3）……一级标题居中，二级标题左对齐，三级标题左缩进 2 格；文中每张图、表格均应达到出版质量，并在行文中标明其位置。

5. 稿件如采用他人成说，需采用文内夹注说明，即在引文后加括号注明作者、出版年份，详细文献出处作为参考文献列于文后，以作者、出版年份、书名（或文章名）、译者、出版地点、出版单位（或期刊名）排序。文献按作者姓氏的第一个字母依 A-Z 顺序分中、英文两部分排列，中文文献在前，英文文献在后。引文中的英文书名及期刊名用斜体，论文题目写入" "号内。作者自己的注释均采用当页脚注连排，标号为①、②、③……

6. 稿件研究成果需遵守学术行为规范，严禁一稿多投、剽窃或抄袭行为。成果一经发表，著作权即归属《城市社会学评论》编辑部所有。凡涉及国内外版权问题，遵照《中华人民共和国版权法》和有关国际法规执行。

7. 投稿方式。本刊暂时仅接受电子投稿，所有来稿采用 word 或者 pdf 格式，以附件形式发送至电子邮箱 tongjisoc@163.com，邮件主题为"城市社会学评论投稿+作者姓名+作者单位"。本刊编委会在收到来稿后三个月内给予是否录用回复，如三个月内未收到回复，可自行处理。

8. 来稿一经刊用，即赠样刊 2 册。

《城市社会学评论》编辑部

图书在版编目（CIP）数据

城市社会学评论. 第一辑 / 朱伟珏主编. -- 北京：
社会科学文献出版社，2017.10
ISBN 978 - 7 - 5201 - 1570 - 4

Ⅰ.①城… Ⅱ.①朱… Ⅲ.①城市社会学 - 文集
Ⅳ.①C912.81 - 53

中国版本图书馆 CIP 数据核字（2017）第 250332 号

城市社会学评论·第一辑

主　　编 / 朱伟珏

出 版 人 / 谢寿光
项目统筹 / 谢蕊芬
责任编辑 / 谢蕊芬　刘德顺

出　　版 / 社会科学文献出版社·社会学编辑部（010）59367159
　　　　　 地址：北京市北三环中路甲 29 号院华龙大厦　邮编：100029
　　　　　 网址：www. ssap. com. cn
发　　行 / 市场营销中心（010）59367081　59367018
印　　装 / 三河市尚艺印装有限公司

规　　格 / 开本：787mm × 1092mm　1/16
　　　　　 印张：17　字数：270 千字
版　　次 / 2017 年 10 月第 1 版　2017 年 10 月第 1 次印刷
书　　号 / ISBN 978 - 7 - 5201 - 1570 - 4
定　　价 / 79.00 元